任继愈 著　本书编委会 编

任继愈文集 4

国家图书馆出版社

目 录

中国哲学史研究三
专集三

墨子与墨家

韩　非

中国哲学史研究四
论文一

墨子与墨家*

编者献辞

　　中国是世界文明古国之一。古代世界曾经辉煌灿烂的文明国家,多数没有能够继续维持下去,有的中断了,有的随着文化重心的转移而转移到另外的地区。唯有中国这个国家,既古老又年轻。从原始社会到形成国家。有文字可考的历史有五千年以上。中国和中国文化屹立于世界之林,一脉相承,历久而弥新。

　　中国文化是个发展的、历史的范畴,具有包容性与持久性:除了时代差异外,尚有着地域与民族的差异性。它是在连绵几千年中,以华夏民族为主体的中华民族各地域文化(包括中原文化、齐鲁文化、荆楚文化、巴蜀文化、吴越文化、岭南文化、闽台文化等)和各民族文化(包括壮、满、蒙、回、藏等中国五十六个民族的文化)长期地、不断地交流、渗透、竞争和融合的结果。从这个意义上说,中国文化的发展是具体的、历史的,又是多地域、多民族、多层次的立体网络。中国文化是

＊　商务印书馆,1998 年版。

起源于上古贯穿到现在,在黄河、长江及其周围地域形成并延续至今的中华民族共同的文化、共同的社会心理与习俗的结晶。

继承中国文化遗产,并不是对中国古代文化毫无选择地一概接受,而是要继承其优良传统,摒弃其封建糟粕。

今天中国正处在同现代化迈进的新时期。了解过去的优秀文化,正是为创造未来的新文化。这对于提高民族自尊心,增强民族凝聚力,有着极为重要的意义。青少年是国家的未来,民族的希望,对他们进行传统文化的教育,既是当务之急,又是长远的目标。要让中学生和具有中等文化程度的读者掌握中国文化史的基本知识,了解中国文化辉煌的历史,继承、发扬优良传统,为建设具有中国特色的社会主义新文化打下基础,这是一件宏伟的事业,也是我们编辑这部丛书的宗旨。

对文化层次较高的成年读者以至专家来说,个人的专业知识总归有限,本丛书对于成年人也不失为一种高品位的、可信赖的文化知识读物。

本丛书的前身有一百一十个专题,涉及历史文化的各个方面,由商务印书馆、中共中央党校出版社、天津教育出版社、山东教育出版社联合出版。现由编委会对类目重新加以调整,确定了考古、史地、思想、文化、教育、科技、军事、经济、文艺、体育十个门类,共一百个专题,由商务印书馆独家出版。每个专题也由原先的五万多字扩大为八万字左右,内容更为丰富,叙述较前详备。希望这套丛书能多角度、多层次地反映中国文化的主流与特点,读者能够从中认识中国文化的基本面貌、了解中华民族的精神所系,这就是编者的最大愿望。

对于本丛书的批评及建议,我们将十分欢迎,力求使之趋于完善。

中国文化史知识丛书编辑委员会
1996 年 4 月

一　墨学产生的时代条件

春秋后期,生产有所发展,根据地下出土的器物,证明春秋时代已在广泛使用铁制的生产工具。有了先进的农业生产技术,对于荒地的开垦和水利灌溉事业的兴修,也造成了有利条件。因此,农业生产得到进一步的发展。

由于坚固而锐利的铁制工具的应用,手工业也得到了进一步的发展,加之交换关系的进步,手工业逐渐由分工而走向专业化。当时已有木工、皮革工、冶金工、陶工、缝工和织工等,总称为"百工"。

随着生产力的发展和社会分工的扩大,商品经济的比重日益增加,货币流通也日益广泛,并出现了金属货币。这时,商业资本已较发达,各地的物产大量交流。贵族以外的大商人也出现了,如弦高、范蠡、端木赐(子贡)等人都是。

在春秋时代,大小国家很多,它们各霸一方,不断地进行兼并掠夺战争;战争的规模也更为扩大。

在战争中,大国对小国进行掠夺;即使在没有战争的时候,掠夺也从来没有停止过。当然在战争中,无论大国小国,最受痛苦的是小农和小生产者,他们是战争的人力和物力的主要担负者。当时小农和小生产者,即使在战争中免于死亡,也不得不忍受饥寒的痛苦。齐国的曼婴说齐国"三老冻馁",晋国的叔向说晋国"道理目望"。像齐、晋这样的大国,人民尚且不能免于大量冻死和饿死的威胁,其他小国人民的悲惨情形,也就可想而知了。

人民不但在战争中担负人力和物力,而且在平时还要承受统治者的各种残酷的剥削,因而他们日趋破产,青壮年人批逃亡,老年死于饥寒,人民开始用各种方式来反对统治者的掠夺和压迫。

在这种战争、掠夺和商品货币关系的剧烈冲击下,旧日以血缘关系为基础的世袭贵族制度逐渐瓦解。当时,已出现新的土地占有者,也出现了逐渐脱离贵族羁绊的独立的手工业者、小私有者。

在这样的情形下,从不同阶级出身的"士",纷纷要求参与政治,企图创立一套新的学说或方法来适应当时的情况。而各国的国君和卿大夫为了政治上的需要,便礼贤下士,招揽贤能作为助手。因此,士的阶层就逐渐扩大起来,并且得到了广泛活动的机会。

士这一阶层的一个来源是由旧贵族没落下来的知识分子。他们曾受过贵族教育,在社会秩序变动剧烈的情况下,他们没有法定的政治地位,不能世袭,也没有固定的财产,依靠出卖知识技能维持生活。士这一阶层的另外一个来源是由于社会经济的变动,从小生产者上升起来的知识分子。所以士是一个流品复杂的阶层。像孔子所代表的儒家是前一个来源的士,他们多半是由一些没落的贵族成为士的;墨子和他代表的墨家是后一个来源的士,他们是由当时的小生产者、小手工业者上升为士的;老子、杨朱则是由旧日没落贵族降为农民或小私有者而成为"隐士"的。老子这一派和前两派的不同之处,就是他们不积极向当权的世袭贵族靠拢,而采取和当时的统治者不合作的态度。墨子和老子所代表的士,都不轻视体力劳动,这一点却是和一向轻视体力劳动的儒家不同。

墨子自己曾说过,"翟上无君上之事,下无耕农之难"①,可见他既不是直接统治人民的人,也不是直接参加"耕农之难"的人。他的任务不在于直接参加生产,而在于宣传并实行自己的学说和主张。

当时,士的任务在于"上说下教","坐而言义","遍从人而说之"。

墨子和他的绝大多数弟子是手工业者出身的。在西周时代,"工商食官",当时设有专门负责管理奴隶工匠的工官。到春秋时,一部分工官失去职位(不止工官,如祝、巫、史和乐官也都流散到各地),一部分工奴得到解放,加入本来就有的独立的小生产者的阶层。《论语·子张》中说"百工居肆以成其事",就说明了这一情况。墨子本人原来也是一位精通制造器械的人。而且他制造器具,重在实用。他的技巧,特别是在制造防御战争中用的器械这一方面的造诣,远远超过当时举世闻名的公输般。我们从《墨子》书中《备城门》以下各篇,以及后期墨家所表现的对力学、光学、几何学和一般物理学方面丰富的知识,完全有根据说墨子和他的学派是兼通器械制造技术的。墨家学派的成员并非都是从事器械制造的。其中也有从事耕田的,也有以织草鞋、编席子为生的,像《孟子·滕文公》篇所说的许行,"其徒数十人,皆衣褐,捆屦织席以为食",也是属于墨子学派。

照墨子和墨家的原则,他们反对"厉民以自养",反对剥削和过分享受的生活,主张自食其力。因此,他们一方面要国君行其

---

① 《墨子·贵义》,以下引文出自《墨子》一书者,只注篇名。

道,一方面尽量减低国君对他们的供养,《吕氏春秋·高义》篇记载墨子的话说:

> 若越王听吾言,用吾道,翟度身而衣,量腹而食,比于宾萌(即编民),未敢求仕。

这和战国时期孟子"后车数十乘,从者数百人,以传食于诸侯"(《孟子·滕文公下》)的作风迥然不同。墨子学派即使到战国时期士的活动范围更为扩大时,仍然经常过着极端刻苦的团体生活:"上功用,大俭约而慢差等"(《荀子·非十二子》篇),被儒家称为"役夫之道"(《荀子·王霸》篇),司马谈说墨子之道"俭而难遵"(《史记·太史公自序》),庄子说墨子之道"其生也勤,其死也薄",又说"后世之墨者,多以裘褐为衣,以跂𫏋为服,日夜不休,以自苦为极"(《庄子·天下》篇)。楚国大臣穆贺听了墨子所说的道理,很受感动,只是觉得"贱人之所为",楚王不肯采用。

墨子和他的学派反映了当时小生产者和劳动者的正当的愿望,控诉了贵族腐化生活的不合理,替人民群众喊出反对侵略战争的正义呼声,这些都构成墨子学派光辉不朽的一面。但另一方面,墨子和他的学派毕竟还是士,而不是百分之百的劳动者,他们还有求于当时的统治者,担心贵族不到墨家来找"严师""贤友"和"良臣",因而对王公大人们不得不表现出一定的妥协性。他们只能在不触动当时贵族世袭的社会制度下,提出他们改善生活、提高社会地位的要求,这就是墨子学派中保守的一面。但就这一学派在当时的影响来说,其进步性是主要的。

墨子和他的学派以伟大的自我牺牲精神,对反对侵略战争的正义事业做出了出色的贡献。一贯逍遥放任的庄子也不得不称赞"墨子真天下之好也,将求之不得也,虽枯槁不舍也,才士也夫!"(《庄子·天下》篇)甚至连敌视他,骂他为"禽兽"的孟子也不得不承认:"摩顶放踵,利天下为之。"(《孟子·告子下》)墨子这种伟大的自我牺牲精神,不但感动了当时的人民,也给后代的中国人民留下不可磨灭的印象。

二　墨翟与《墨子》一书

春秋战国时期,百家争鸣,学派众多,其中社会影响最大、门徒众多的学派有儒墨两家。儒家创始人孔子的生卒年代、讲学及从政活动都有详细记载,山东曲阜,泗水之滨尚有孔子墓,讲学地点杏坛仍有遗迹可寻。有关墨子的记载极其简略,其遗迹早已随荒烟蔓草湮没。

《史记》没有为墨子立传,仅仅在《孟子荀卿列传》中附记了二十四个字:

> 盖墨翟,宋之大夫,善守御,为节用。或曰并孔子时,或曰在其后。

墨子姓墨名翟,这在先秦已为人公认,散见各种典籍中,并没有发生过分歧意见。但到了元代以后,就有人搜罗些站不住脚的理由,标新立异,提出不同的说法。甚至捏造出墨子不是中国人而是印度人的说法。其实墨是中国古代的姓,《元和姓纂》说墨氏是由墨骀氏转化来的。

关于墨子生活的年代、出生地、学术渊源等,只能根据有限的材料加以分析勾勒。

关于墨子的年代,根据《墨子》书中的记载和先秦各家的传说,墨子和公输般同时,年纪比公输般略小。公输般生于公元前

489 年(孔子死前十年)。墨子也和孔子的学生"子夏之徒"同时。墨子"止楚攻宋"的故事,好多古籍中都有记载,可见这一件大事是相当可信的。止楚攻宋一事发生的年代应在公元前 445 到前 440 年之间,相当于墨子三十五岁到四十岁的时候。墨子在这一次正义的行动中,从北方赶到楚国,十日十夜不休息,可以证明他的年纪当不太老;而这时他已是当代的大师,有弟子禽滑厘等三百人。后来他又献书楚惠王,楚惠王在楚国就听说墨子"是北方之贤者",并尊他为"先生",可见墨子的年纪也不会太小。这时,孔子的弟子子夏、曾子约六十多岁;墨子的年龄约与子思的年龄相当,应在四十岁左右。

在《非攻下》篇,墨子曾说"今之好战之国,齐晋楚越",又说"唐叔与吕尚邦齐晋……四分天下而有之"。又在《节葬下》篇说"诸侯力征,南有楚越之王,而北有齐晋之君"。从《墨子》书中记载的当时各诸侯国之间的关系来看,田家还没有取代姜家的齐国;晋国还没有分为韩赵魏三个国家;北方秦国的势力还没有强大,南方的越国还没有衰亡。

根据以上所说,我们可以这样说:墨子姓墨,名翟,约生于公元前 480 年,约死于公元前 420 年,活了约六十岁。他出生的年代,约当孔子七十岁的时候。

关于墨子的出生地,古今学者约有六种说法:

1. 阙疑。司马迁的《史记》说:"盖墨子宋之大夫。""盖"是个不十分肯定之辞。"宋之大夫",是指墨子在宋国做过大夫,没有讲他是哪个诸侯国的人。

2. 宋人说。东晋葛洪《神仙传》说:"墨子者名翟,宋人也。"杨倞《荀子·修身》篇注说:"墨翟,宋人。"这两说可能是同一来源。明确而详备的考订,指明墨子为宋人的,有近人顾颉刚。他在《禅让传说起源于墨家考》中,指出墨子为伯夷之后,为宋襄公后人。

3.楚邑鲁阳人说。此说倡自清人毕沅、武亿。

4.鲁人说。《吕氏春秋》高诱注说："墨子名翟,鲁人。"清人孙诒让主此说。

5.墨子为印度人或阿拉伯人说。主此说者有胡怀琛、卫聚贤等人(见《墨子为印度人辩》及卫聚贤《古史研究》第二集)。此说轻率、武断,后来不再有人提起。

6.邾国人说。今人王献唐、童书业、杨向奎、张知寒主此说。本书赞同此说。

在我国古书中,如《通志·氏族略》引《元和姓纂》说:"墨子,孤竹君之后,本墨骀氏,后改为墨氏。"又说:"战国时宋人墨子著书号《墨子》。"据顾颉刚考证,《左传》僖公八年,载太子兹父与公子目夷互相以仁让国。兹父说,目夷长且仁,目夷说,能以国让,仁孰大焉!这颇与伯夷、叔齐互相让国的传说相似。墨子是伯夷之后,事实既相近,姓又相同,也许是一个传说的分化。墨子是伯夷之后,实在是公子目夷之后。宋国为殷人遗裔,宋襄公不擒二毛(老人),等到楚人阵列齐整而后战,可谓仁义之师。目夷之让国、墨子的兼爱天下,是不是带有殷民族行仁义而不争的传统印记呢?

目夷,商王朝同姓小方国。《史记·殷本纪》"……其后分封,以国为姓。有目夷氏"目夷入周后,即并为小邾娄国。公子目夷封于目夷,死后葬于目夷。其墓在微子墓侧,目前尚有宋代石刻。目夷的后人,生息于目夷,墨子为目夷子的后裔(参看童书业《春秋左传研究》)。公子目夷,乃宋襄公兄之长子,因封于目夷,名目夷子。

目夷地址,据晋人杜预《左传》注:"狐骀,邾地,鲁国蕃县东南有目夷亭。"明代万历十三年(1585)修的《滕县志》说"狐台

11

山"一名"目台山"。今人童书业《目夷亭辨》中确认"目夷亭就在今滕县境内"。学者王献唐《炎黄氏族文化考》说"滕东南有木石,即墨骀。"

近人从墨子学术文化渊源、文化类型研究,指出邾娄文化,即邹鲁文化。古人习惯说邹鲁(邾娄)文化,即因邾早于鲁,邾文化也比鲁文化先进。鲁文化始于周公,邾文化可上溯到夏、殷。邹鲁文化都尚和平,反对战争,讲仁义。

春秋战国时期,自然科学发展水平,以邹鲁为最高。古代舟、车、服、用器物,多称以邾或娄,可推知来自邾、娄地区。相传古代造车的奚仲,其墓地距墨子故里木石镇不过十多里。与墨子同时的公输般也生长在邾娄北端的卞山下(参见王子襄《泗志钩沉》)。

方授楚说:"邹鲁地区,其俗喜学术,好技艺,颇似希腊之雅典。明乎此种关系,则鲁为儒术最盛之邦,又为墨学渊源之地;以技巧言,输之攻,墨之守,乃同出于鲁人;庶可恍然知其故矣。"(《墨子源流考》)

近四十年来,由于大规模的考古发掘和大量的工程建设,地下文物有较多的发现,如长沙马王堆轪侯墓出土帛书《老子》《易书》《春秋事语》《黄帝内经》等,湖北出土云梦秦简,山东银雀山出土《孙膑兵法》《尉缭子》等兵书,临淄出土齐景公殉马坑,新疆出土汉唐文书,都大大打开了学术界的视野,解决了一些历史上长期不得解决的悬案。关于先秦诸子的研究,墨子出生地的考证,明确了千百年来争论不休的疑问:墨子为鲁人(大范围的鲁国管辖区),他诞生及早年从师的地点,即今天的滕州市的木石镇。这不能不说是千百年来关于墨子出生地研究的一项新成果。近代探索墨子出生地的方法:逐一排除宋人、鲁阳人等说法,立足于已有的论据,即墨子为鲁人的大范围内,再逐步缩小范围,根据史籍记载、文物遗址、学术思想渊源,一步一步落实到滕州境内的目夷(木石镇)。这种方法是较为科学的。

总的说来,我们今天所知道的,墨子约生于公元前480年,死于公元前420年。他是鲁之小邾国人,面色很黑(见《贵义》)。他生、长于邹鲁文化之乡,出身于社会下层。早年亲自参加生产劳动,是 一位已高超的能工巧匠,曾与当时著名的工匠公输般比过智巧(见《鲁问》)。他精通机械制造的原理和方法,能设计多种守城的防御器械,胜过公输般攻城用的云梯(见《公输》)。他在楚国游说,被楚国大臣称为"贱人"(社会地位低下的人),拒绝采纳他的意见(见《贵义》)。邹鲁地区处于泗水两岸,物产丰足,水陆交通便利,自古是经济、文化繁盛之地。当地民俗喜学术,好技艺。在这种环境和风气的影响下,他除了掌握一些先进的科学技术知识外,也接受过儒家思想,学习了历史文献。后来他脱离了直接的手工业劳动,进入"士"的行列,他说自己"上无君上之事,下无耕农之难"(《耕柱》)。他逐渐对儒家学说不满,创立了自己的学说体系,创建了组织严密的学派——墨家。他公开批评儒家学说,成为儒学的反对派。并长期从事教育、游说活动。他的门徒众多,大都来自手工业者。教育的内容包括他的社会政治思想、哲学思想、道德观念,以及科学理论和技术方法等。他四方奔走,上说下教,积极宣传自己的学说主张,曾北至齐,西使卫,南游楚(第一次到郢,第二次到鲁阳)。他深入社会,广泛交游,难得在一个固定的地方住得很久,往往灶上的烟囱还没有熏成黑色,他又到另一个地方游说去了,所以有"墨突不黔"的传说。他生活简朴,吃苦耐劳,见义勇为,坚信自己的主张和理想,重视实用,做到身体力行。他为下层劳动人民争取切身的利益,为解决或减轻他们的贫困和饱受压迫之苦而付出极大的心血;为实现学派的理想培养弟子,为宣传自己的主张奔波终生。

墨子的学术思想主要来自对春秋末期社会政治变化的深刻认识,对小生产者生活现状和要求改变现实处境的愿望的实际体验;其次则继承了前代文化和前人学术思想资料。关于墨学的渊源,较早的有《吕氏春秋·当染》篇的记载:

> 鲁惠公使宰让请郊庙之礼于天子,桓王使史角往,惠公止之。其后在于鲁,墨子学焉。

较晚的有《淮南子·要略训》的记载:

> 墨子学儒者之业,受孔子之术,以为其礼烦扰而不说(悦),厚葬靡财而贫民,(久)服伤生而害事,故背周道而用夏政。

这两种说法有所不同,并不互相排斥。史角为周史官,熟悉周礼;鲁保存周礼最多,又是儒家的发源地,孔子极端重视周礼。墨子的确是学了儒者之业而又反对儒者之业的。《墨子》书中曾多次引用古代史书和《书》《诗》等儒家经典,就是明证。后来,他看到儒家学说"其礼烦扰""厚葬靡财而贫民"等弊端,认为对国家民生有害,所以背离了儒家,创立了自己的学派。

墨子对传说中夏禹的业绩十分向往,《庄子·天下》篇中说:

> 墨子称道曰:"昔禹之湮洪水,决江河而通四夷九州也……禹亲自操槀耜而九杂天下之川;腓无胈,胫无毛,沐甚雨,栉疾风,置万国。禹大圣也而形劳天下也如此!使后世之墨者,多以裘褐为衣,以跂𫏋为服,日夜不休,以自苦为极,曰:"不能如此,非禹之道也,不足谓墨。"

这可能是前文所说的"用夏政"的重要依据。墨子和他创立的学派,吃苦耐劳、济世救民的思想和作风与此有一脉相承的关系。

墨子生息的邹鲁小邾国学术昌盛,经济繁荣,科技发达,所以当地人喜好学术、技艺。除儒家思想外,这里还保留着夏商遗风,尊天、重鬼神的观念还有一定的影响,这在墨子的思想中也有所反映。墨子是个手工业劳动者,他的门徒也大都是小手工业劳动者,他们长期劳动、生活在普通民众当中,认为天下之大患,在于"饥者不得食,寒者不得衣,劳者不得息"。只有亲身受过劳作之苦的人,才能有这样的感受。

以上这些对墨子都产生过影响,可以视为墨子学说的渊源。

《吕氏春秋·上德》篇曾记载墨者巨子孟胜为阳城君守国,至死不降的故事。这件事发生在吴起死后的公元前400年。巨子是当时墨家学派共同尊崇敬奉的领袖,并不限于一个诸侯国之内。巨子不见于《墨子》书中,而是在墨子以后,战国末期墨家以外的其他学派的著作中提到的。可见墨子活着的时候还没有确立这种世代相传的巨子制度。墨子死后禽滑厘继承了墨子的事业,讲学授徒。巨子制度的确立,最早也应是禽滑厘之后的事。孟胜这个人并不见于《墨子》,足证孟胜不但没有赶上墨子的活动时代,而且应在禽滑厘、耕柱子这些人以后。孟胜之后有田襄子任巨子……

墨家是一个有严格纪律的学术团体。它有以下几个特点:

1. 派遣学生到各诸侯国做官。

2. 派出去做官的弟子,如果背弃了墨家的基本精神(违反了"兼爱""非攻"的原则),墨家领袖可以随时把他召回。

3. 墨家有极严格的纪律和坚强的组织。孟胜为阳城君守城,孟胜和他的弟子一百八十三人同时殉难。墨家巨子腹𫗪住在秦国,儿子杀了人,秦惠王对腹𫗪说"先生年老,只有这一个儿子,我已下令赦免了他的罪。"而腹𫗪说:"照墨家的法律,杀人的要偿命,伤人的要处刑。这是为了禁止一切杀人伤人的行为,是墨家共同遵守的原则。国君虽然赦免了他的死罪,可是我不能不行墨家之法。"腹䵍没有听从秦惠公的劝告,终于把他的儿子杀了偿命。墨家服从真理的精神,不仅在当时,即使在几百年后,也还在被人一再地称道。

4. 墨子和墨家派出去做官的弟子,有义务把做官的薪俸的一部分供给墨家团体。

《墨子》这一部书,和其他先秦诸子一样,在中国流传了几千年。其中有墨子的弟子们记录的墨子的学说,也有些篇章是后期墨家的学说,它是一部墨学丛书。尽管不是墨子手写的,但是却不能因此说《墨子》这部书不可靠。正如郭沫若先生所说:"《论语》虽然不是孔子的手笔,《墨子》虽然不是墨子的手笔,但其中的主要思想我们不能说不是孔子和墨子的东西。"(见郭沫若著《青铜时代》)《墨子》这部书,据《汉书·艺文志》记载,一共有七十一篇,到了北宋时存六十三篇,保存到今天的只有五十三篇。

《墨子》是根据墨子的弟子们的笔记整理而成的。在同样的题目下,有些篇有上、中、下三篇,例如《尚贤》《尚同》《兼爱》《非攻》《节用》《节葬》《天志》《明鬼》《非乐》《非命》等原来都有上、中、下三篇,现在有的已不完全,缺了七篇。据郭沫若先生的研究,同样的题目,而有上、中、下三篇,可能是由于墨子的学说后来分为三派,各派所做的记录有详略的不同。上、中、下三篇的意思基本上是一致的。本书所讲的墨子的思想,主要是根据这一类的材料。

《墨子》书中还有一部分是讲机械制造和战争防御的,现存的共有十一篇(从《备城门》到《杂守》)。这一套战争防御的专门技术,对于墨子和他的弟子们,在反对侵略战争方面是起过作用的。这些技术知识在当时是师生当面传授的。可能附有图解,现在缺少了图解,文字记载又太简单,后人看起来就不大好懂了。如果研究工程史、战争史，这几篇却都是极其珍贵的原始材料。因为这一部分著作（现存的十一篇）和墨子的思想没有直接关系，本书从略。不过必须指出，这一部分在当时有它的实践的意义。墨家所以被当时各国诸侯重视，和他们这一套专门技术是很有关系的。

今天我们研究墨子和早期墨家的思想，以《尚贤》《兼爱》等二十四篇为主要材料。

此外还有和墨子学派的思想不合的，像《亲士》《修身》各篇，分明是儒家的学说而混入的《经上》《经下》《经说上》《经说下》《大取》《小取》这六篇，据梁启超、郭沫若等人的考证，认为是后期墨家的思想。这六篇（当时称为《墨经》）中包括了中国最早的关于几何学、光学、力学以及一般物理学方面的知识，其中包含了素朴的唯物主义的认识论和相当完整的逻辑学。因为这六篇的内容有些是针对公孙龙和惠施的错误学说所提出的批判，所以我们今天可以断定这是后期墨家的作品。这六篇中像注重实践的效果、保护私有财产的权利等等，是继承了前期墨家的思想。同时，这六篇中也抛弃了前期墨家"尊天""明鬼"的宗教迷信的成分。这六篇虽然篇幅很少，可是它的学术价值极高。

《墨子》书中《耕柱》《贵义》《公孟》《鲁问》《公输》五篇是记载墨子和他的弟子们的言行的，体裁有些像《论语》，是今天研究墨子的活动的直接材料。其中也有一些事件分明是墨子死后几十年到一百年才发生的，如《鲁问》有见齐太公田和的记载，《非乐上》有关于齐康公的记载，《亲士》提到吴起之死等，这显然是墨家的后学增补的。清代研究《墨子》最著名的专家孙诒让，就是完全尊信《墨子》书中的一切记载，并根据它来考订墨子的年代的，因而不得不把墨子的年龄延长到九十岁以上。这是不合乎事实的。我们今天除了根据《墨子》进行研究外，还要根据《墨子》以外的书和先秦的重大事件联系起来考察,才可以求得比较接近事实的真相。

《墨子》书保存下来,有残缺,两千年来还没有人对它做过全部的详尽的注解,只有孙诒让的《墨子间诂》算是比较可用的注解,有些疑难问题尚未解决。曾经成为最大学术流派的墨学,弟子中有姓名可考的不到四十人。

三　止楚攻宋的故事

　　墨子是一位十分注重实行的卓越的思想家、政治活动家。他的智慧、坚定和见义勇为的行动获得了历代人民的尊敬。鲁迅先生根据《墨子》书中《公输》一篇写成著名小说《非攻》。为了使墨子的光辉形象再现于读者面前,不妨把这个故事重新介绍一下:

　　公输般替楚国制造了攻城的器械——云梯,打算用来进攻宋国。墨子听到这个消息,急忙从鲁国赶往楚国,力图制止战争的爆发。他忘记了疲劳,顾不得休息,两脚在旧茧磨破后又磨出了新茧,终于以十天十夜的时间,克服了平常人所不能忍受的困难,赶到了楚国的京城——郢,并见到了公输般。

　　公输般看到墨子,就问道"先生这么远来有什么见教?"

　　"北方有人侮辱了我,"墨子说,"我想托你去杀掉他……"

　　公输般不高兴了。

　　"我送你十两黄金!"墨子又接着说。

　　"我是义不杀人的!!"公输般说。

　　墨子很感动地直起身来,拜了两拜,说道:"我有几句话说。我在北方听说你造了云梯,要去攻宋国。宋国有什么罪过呢?楚国有余的是地,缺少的是百姓。杀缺少的来争有余的,不能说

19

是智;宋国没有罪,却要攻他,不能说是仁;你明明知道,却不向楚王力争,不能说是忠;你即使向楚王争辩过,争了而没有达到目的,不能说是强;照道理,连少数人也不应该去杀害,反而去杀害多数人,这不能说是知类。"

公输般没有话回答。

"那么,不是可以歇手了吗?"墨子说。

"这可不成,"公输般说,"我已经对楚王说过了。"

"为什么不带我去见楚王?"墨子说。

"可以。"公输般说。

"现在有一个人,"墨子见了楚王说,"不要轿车,却想偷邻家的破车子;不要锦绣,却想偷邻家的短毡袄;不要米、肉,却想偷邻家的糠屑饭,这是怎样的人呢?"

"那一定是生了偷摸病了。"楚王说。

"楚的地方,方圆五千里,"墨子说,"宋国却只有五百里,这就像轿车和破车子;楚国有云梦,满是犀兕、麋鹿,长江、汉水的鱼鳖、龟鼋之多,哪里都赛不过,宋国却是连雉、兔、鲫鱼也没有的,这就像米、肉和糠屑饭;楚国有长松、文梓、楠木、豫章,宋国却没有大树,这就像锦绣和短毡袄。所以据臣看来,大王派兵攻打宋国,和这是同类的问题。我看大王如果发动战争,道理上既说不过去,而事实上也达不到目的。"

"确也不错,"楚王说,"不过公输般已经在给我制造云梯,总得去攻的了。"

墨子为了打消楚王攻宋之意,便和公输般在楚王面前试演云梯攻城和防御的办法。墨子解下自己的腰带来,弯作弧形,算是城,用些木片作为攻守的器械。公输般用了九种方法,进攻了九次,都被墨子击退。公输般攻城的器械用尽了,而墨子防守的办法却还有余。

公输般失败了,他却说:"我知道用什么法子赢你的,但是我不说。"

"我也知道你用什么法子赢我,但是我也不说。"墨子说。

楚王问他们说的什么。墨子说:"公输子的意思,不过是想杀掉我,以为杀掉我,宋国就没有人能守,可以攻了。可是我的学生禽滑厘等三百人,已经拿了我的守御的器械在宋国城上,等着楚国来的敌人。就是杀掉我,也还是攻不下的。"

"真是好法子!"楚王感动地说,"那么我就不去攻宋国吧。"

从以上的故事,我们可以认识到墨子这个具有智慧和勇敢的哲学家的不朽形象。墨子并不是向侵略者乞求和平。他除了用正义的言辞跟侵略者抗辩以外,还充分认识到,要有保卫和平的力量。事实证明,在强有力的保卫和平的力量支持下,宋国才免于遭受侵略。墨子为实现自己的理想,不辞艰辛,长途跋涉,甚至冒着生命危险去扑灭即将燃起的侵略战争的火焰。墨子这一伟大的行动,充分体现了中华民族一贯具有反对侵略战争的优良传统。直到今天,它对我们还有现实的教育意义,值得我们每一个爱祖国、爱和平的人记取。

四　非攻和兼爱

　　春秋无义战。当时贵族之间不断地进行残酷的掠夺战争。墨子接近劳动者，同情小生产者、小私有者，对他们在战争中所遭受的痛苦有深刻的认识，因而他反对侵略战争的思想感情也非常强烈。他坚决地、无情地揭发了当时侵略战争给广大人民群众带来的灾难。《墨子》书中写道：

> 以攻伐无罪之国，入其沟境，刈其禾稼，斩其树木，残其城郭，以御（填平）其沟池，焚烧其祖庙，攘杀其牺牲。民之格者（抵抗的），则剄拔之（杀死）；不格者，则系操而归（用绳子一串串牵回）。大夫以为仆、圉、胥、靡，妇人以为舂、酋（仆、圉、胥、靡、舂、酋是指做不同工作的奴隶）。（《天志下》）

《墨子》书中详尽描述了那些被围困在城内的人民痛苦的遭遇：男女老幼皆参加守城，民间粮食、布帛、金钱、牛马畜产等一切可用的物品，都被公家征用。自围城之日起，百姓便食不果腹，平均每天只吃三升多粮食，约合现在大半升。既有作战死伤，又要忍饿破产。沉重的力役负担和不可估计的财产损失已很惊人，如果战争长期不结束，围城中的人民就要遭受到更多的苦难。由于和侵略者的军队长期相持，有时甚至弄到"易子而食，析骨

22

而爨"(《左传·宣公十五年》)。至于城池被攻破后,百姓的命运将会更加悲惨。总之,在战争中,不管胜利或失败,受苦受难的永远是双方百姓。

被侵略的战败国人民的命运不消说是很悲惨的,那些强大的侵略国的人民又是过着什么样的生活呢? 他们的命运和遭遇并不比被侵略的弱小国家的人民好多少,疾病、创伤、破产、死亡的命运也在等待着他们。发胜利财的是那些王公大人;倒霉的却还是人民群众、小生产者。墨子也无情地揭露战争给侵略国人民带来的灾难:

> 春则废民耕稼树艺,秋则废民获敛。今唯毋废一时,则百姓饥寒冻馁而死者,不可胜数。今尝计军上(据孙诒让校,"上"字应是"出"字),竹箭、羽旄、幄幕、甲盾、拨劫(据吴敏江《墨子校注》改"劫"为"劫"),住而靡弊腑冷(据毕沅说,"腑冷"即"腐烂"),不反者,不可胜数;又与戟戈剑乘车其列住(整整齐齐地出发),碎折靡弊而不反者,不可胜数;与其牛马,肥而往,瘠而反,往死亡而不反者,不可胜数;与其涂道之修远,粮食辍绝而不继,百姓死者,不可胜数也;与其居处之不安,食饭之不时,饥饱之不节,百姓之道疾病而死者,不可胜数;丧师多不可胜数,丧师尽不可胜计……国家发(废)政,夺民之用,废民之利,若此甚众,然而何为为之?(《非攻中》)

罪恶的战争,对多数国家,对多数人民都是有害的。墨子曾用一个生动的比喻来说明战争的害处。他把战争比作医病,说比如有一种药,一万人吃了,只好了四五个人,这种药就是无效而有害的。战争的结果如果只便宜了荆吴之王、齐晋之君,这就肯定战争是极端有害的,所以应当反对(《非攻中》)。墨子在《非攻上》曾生动详尽地论证了战争是亏人而自利的:

今有一人,入人园圃,窃其桃李,众闻则非之,上为政者得则罚之。此何也?以亏人自利也。至攘人犬豕鸡豚者,其不义又甚入人园圃窃桃李。是何故也?以亏人愈多,其不仁兹(滋)甚,罪益厚。至入人栏厩,取人马牛者,其不仁义又甚攘人犬豕鸡豚。此何故也?以其亏人愈多。苟亏人愈多,其不仁兹(滋)甚,罪益厚。至杀不辜人也,扡其衣裘,取戈剑者,其不义又甚入人栏厩取人马牛,此何故也?以其亏人愈多。苟亏人愈多,其不仁兹(滋)甚矣,罪益厚。当此,天下之君子皆知而非之,谓之不义。

今至大为攻国,则弗知非,从而誉之,谓之义。此何谓知义与不义之别乎?

我们可以看出,墨子之所以反对战争,完全是为了反对统治阶级的侵略和掠夺,是为了劳动者、小生产者的利益着想的。事实再清楚不过,只要有战争,无论是大国或小国,无论是战胜国或战败国,首先遭到损失的总是出钱出力的老百姓。所以墨子希望实现和平,希望"饥者得食,寒者得衣,劳者得息",劳动者能获得起码的生活条件。他的主张是正义的,所以是正确的。这种憎恨侵略战争、向往和平的优良传统,直到今天也还鼓舞着我们。如果用一句话来概括墨子哲学的全部精华,那就是他热爱和平、反抗侵略的思想。墨子体现了中国古代劳动人民朴质、善良、坚贞不渝的性格。

墨子的"非攻"的主张不是无条件地反对一切战争,而是反对"强凌弱,众暴寡"的非正义的战争。他并不反对抵抗暴力、保卫和平的战争。不但不反对,而且用实际行动来支持抵抗暴力、保卫和平的一方。他认为汤伐桀、武王伐纣的战争是代表人民除残去暴的正义行为。汤对于桀,武王对于纣,虽然用兵,但不能算是侵略(攻),应该算是讨伐(诛)。讨伐人民的敌人,其性质和侵略战争根本不同,如果混淆了这两者的根本区别,那就是不知"类"。

如果结合墨子当时的社会历史条件来看墨子的反对侵略战争的思想,就会发现他的主观愿望和历史发展的道路是存在着矛盾的。历史发展要求从分散割据的局面走向统一的中央集权的局面。也只有迅速地结束了分散割据的局面以后,才会真正减少战争,而结束分散割据的唯一方式就是通过兼并战争。古代的历史就是从许多表面上看来似乎盲目的行动中,体现了历史发展的必然规律的。历史总是沿着必然的规律,向既定的方向前进着。墨子的主观愿望是好的,他不愧为一个同情人民、有高度善良愿望的思想家和政治活动家。但他无法科学地认识历史发展的必然方向,因而他反对战争的理想固然反映了一部分现实情况(像战争给人民带来的痛苦),却对消灭或避免战争提出了极不现实的办法,这一点集中表现在墨子的"兼爱"学说中。

墨子"非攻"的主张的理论基础就是"兼爱"的学说。

墨子不但反对一切侵略战争,并且企图消除一切侵略战争发生的根源。他认为:

> 圣人以治天下为事者也,必知乱之所自起,焉(乃)能治之,不知乱之所自起,则不能治……当察乱何自起,起不相爱。臣子之不孝君父,所谓乱也。子自爱不爱父,故亏父而自利;弟自爱不爱兄,故亏兄而自利;臣自爱不爱君,故亏君而自利,此所谓乱也。虽父之不慈子,兄之不慈弟,君之不慈臣,此亦天下之所谓乱也。父自爱也,不爱子,故亏子而自利;兄自爱也,不爱弟,故亏弟而自利;君自爱也,不爱臣,故亏臣而自利。是何也? 皆起不相爱。(《兼爱上》)

根据以上的推论,墨子认为当时国与国之间的战争都是由于"不相爱"。如果要天下治而不乱,那只有做到"兼相爱、交相利",以

"兼"来代替"别"。"兼",在墨子看来是大公无私、不分彼此、关心别人如同关心自己一样的高尚品质,具有这种高尚品质的士,墨子称他做"兼士";具有这种高尚品质的国君,墨子称他做"兼君"。和"兼"相对立的是只顾自己、不为旁人设想的自私自利的恶劣品质,墨子把这种品质叫作"别"。具有这种坏品质的士,墨子称他"别士";具有这种坏品质的国君,墨子称他"别君"。甚至后来墨家分化为好几派,他们互相称呼其他派别的墨家叫作"别墨"。

但是,墨子把战争的起源、社会的不合理现象,都归结为道德品质问题,却完全是以主观臆测对待客观存在的实际问题。

墨子从善良的愿望出发,反对不义的战争,把反对战争的理论基础安放在"兼爱"的学说上,却没有能够找寻侵略战争和互相争夺的社会根源,认为人间之所以有战争,是由于人们不明白"兼爱"的道理。墨子把社会混乱的根源归结为人类的认识错误,这显然是不符合事实的。

墨子把当时父子、兄弟之间的关系和国君、人民之间的关系看作同类性质的关系,这是原则上的错误。因为当时的国君和百姓根本不可能"兼相爱、交相利",事实上他们之间的关系除了有相互依存的一面外,还有对抗的一面。这种对抗关系在某种情况下还可能大大激化,演变成大规模的剧烈冲突。墨子的"兼爱"的道理并不难懂,可是以墨子的锲而不舍的精神,以墨学几百年来的广泛传播,却没有遇到个"兼君",倒是教育出了一些为国君忠心服务的敢死之士,其中的道理是值得深思的。

墨子"兼爱"的主张企图使统治者与被统治者之间相安无事,和平共处,尽量做到"强不劫弱,众不暴寡,诈不谋愚,贵不傲贱",可是按照墨子的办法,上下贵贱之分和旧秩序是实际存在而不能改变的。

当然我们也不应该仅仅根据墨子的思想方法的失误，连墨子的反映广大人民的求生存、爱和平、反侵略的合理的愿望也一笔勾销，这对于墨子和墨学的评价是不公平的，和当时的实际情况也是不符合的。

正因为反对侵略战争是反映了广大人民的正义的愿望，所以墨子的"非攻"的主张，构成了他的学说中强有力的核心部分。墨子对于侵略战争的认识是深刻的，他完全理解战争给当时的小生产者、劳动者带来的痛苦。正因为如此，在"非攻"这一问题上，他接触到了真理。无论如何，用千百万人民的生命，用广大人民创造出来的财富，去进行残酷的侵略战争，人民是有权利提出质问的。用千百万人民的生命争夺一个城市，毁掉当时最缺少的——人，以换取当时不缺少的——地，人民是有权利提出抗议的。

墨子反对侵略战争的理论根据，就是"兼爱"的学说。根据上文的分析，墨子所说的"兼爱"，是从精神方面、心理状态方面出发来对待人与人的社会关系的。墨子把千百万人民群众的正义的呼声——反对侵略战争——安放在一个善良愿望的基础上，造成了理论上致命的弱点。这一点是墨子自己不可能认识到的，反而把"兼爱"当作他和他的学派的积极主张，把"非攻"当作实现他的"兼爱"和"天志"（墨子"天志"的主张，见下文专章论述）的理想的手段，显然头脚倒立了。孟子发现了这个问题，全力攻击"兼爱"学说。孟子为了世袭贵族的利益，也提出了一些反对战争的口号。他也反对"争城""争地"的战争，也反对贵族过分地剥削人民。但孟子是因为担心贵族这样搞下去会垮台，认为人皆有"不忍人之心"，良心上过不去，所以应当不要杀人。这和墨子所主张的为了百姓人民的大利，在基本立场上是不同的。

27

　　总之,墨子的"非攻"的主张,是有事实根据的,是墨子学说中的精华部分。但墨子把"非攻"这一正义主张,安放在"兼爱"和"天志"这样的主观愿望的基础上却是错误的。墨子"非攻"的主张,诚然表达了当时人民群众的主观要求,但由于墨子受当时历史条件的限制,还远说不上从社会发展的整体利益来认识战争的意义。墨子固然也曾用"攻"和"诛"来划分正义和非正义的战争,但他把正义的标准安放在"天"的意志上,认为只有不敬鬼神的暴君,触犯了"天"的意志,才成了被讨伐的对象。这样,就把战争的正义或非正义的标准归结到不可捉摸的"上帝"或"鬼神"的意志方面去,人类也就不能掌握了。这种不正确的观点是必须加以指出的。

五 非乐、非命、节用、节葬

墨子从"国家人民之大利"的立场提出了节用的原则,至于非乐、非命和节葬的主张,实质上是"节用"原则的应用,是防止贵族浪费的具体措施。墨子认为最大的浪费是战争,因此主张"非攻",宣传"兼爱"。但是当时的王公大人、贵族们给人们增加的痛苦,绝不止侵略战争这一项。战争虽然常常发生,但毕竟有停歇的日子,而贵族压榨劳动者和小生产者却是无止境的,也是百姓所受痛苦的最大原因。

墨子为了减轻小生产者和劳动者的经济负担,为了改善他们的起码的物质生活,一方面要求增加生产,提高生产能力,另一方面要求贵族限制一下奢侈的生活。这就是墨子非乐、非命、节用、节葬的实际意义。

墨子自己曾说过:

> 凡入国,必择务("务"就是当前迫切需要解决的问题)而从事焉。国家昏乱,则语之"尚贤""尚同";国家贫,则语之"节用""节葬";国家熹〔(喜)音湛湎,沉醉酒中〕,则语之"非乐""非命";国家淫僻无礼,则语之"尊天""事鬼";国家务夺侵凌,则语之"兼爱""非攻"。(《鲁问》)

墨子的主张虽然分为十项,但这十项主张并不是孤立的,而是有联系的。墨子的基本思想,是"兴天下之利,除天下之害"。什么是"天下之害"呢?就是墨子所说的"饥者不得食,寒者不得衣,劳者不得息"(《非乐上》),墨子有时还补上一条就是"乱者不得治"。合起来看,那就是要求天下人民都能过饱食暖衣、和平幸福的生活,实现"国家之治,人民之众,刑政之治"(《尚贤上》)。他的十项主张,所说的还是一件事。

墨子主张"非乐",为什么主张废除音乐艺术的享受呢?墨子说,动人的音乐好听,但不能解决广大人民最迫切的生活问题,听音乐不能当饭吃,不能当衣穿,所以应当反对:

> 民有三患:饥者不得食,寒者不得衣,劳者不得息,三者民之巨患也。然即当为之撞巨钟、击鸣鼓、弹琴瑟、吹竽笙而扬干戚,民衣食之财将安可得乎?(《非乐上》)

墨子指出了王公大人欣赏音乐的害处。为了奏音乐,要一套设备,设备费是要由老百姓负担的。有了设备,没有人演奏还是不行,比如一口大钟如果没有人去敲它,和一只扣着的锅子没有什么两样。而演奏还是要乐人去效力。老弱都不能胜任乐人的工作,必定要年轻力壮的男女才行,男的耽误了种田,女的耽误了纺绩,这又浪费了劳动力。仅仅从演奏音乐这一点来说,已经使生产遭到了损失。但还不止此,演奏者、歌舞者决不能穿粗布短袄,歌舞的人决不能吃粗劣的粮食,否则营养不良,面黄肌瘦,看起来不免寒伧。这些本来可以从事生产的人,现在反而要靠别人来养活他们。所以墨子认为王公大人欣赏音乐歌舞就是"亏夺民衣食之财"。

墨子更进一步分析音乐艺术的享乐对国家政治和生产所带来的损失:王公大人喜听音乐,就会不理朝政,致使国家昏乱;士君子喜听音乐,就不能尽大臣的职责;农夫好听音乐,则不能早出暮归,好好耕作,致使菽粟不足;妇女好听音乐,则不能夙兴夜

寐,勤于纺织,致使布帛短缺(见《非乐上》)。最后,墨子得出了这样的结论:

> 故上者天鬼弗戒,下者万民弗利。是故子墨子曰:"今天下士君子,请将欲求兴天下之利、除天下之害,当在乐之为物,将不可不禁而止也。"(《非乐上》)

根据以上的材料,我们可以看出墨子为了减轻小生产者和劳动者的负担,对王公大人的腐朽享乐生活提出抗议,是完全可以理解的。事实上王公大人少一些音乐艺术活动,也确实可以减轻一些劳动者的负担。但墨子未把批评的矛头指向王公贵族利用音乐艺术加重了人民的负担上面,而是责怪音乐艺术本身,这就本末倒置了。照墨子的推论,王公大人们如果放弃他们对音乐艺术的享受,就会留出更多的时间来,把国家治理好,这是没有根据的。

由于墨子不懂得音乐艺术的价值和作用,不懂得音乐艺术的产生和创造是由于劳动和生活体验,所以他对音乐艺术的观点是片面的。他为了反对王公大人过分奢侈的生活,连老百姓正当的艺术生活也要一并取消,这未免因噎废食了。荀子曾说过:"墨子蔽于用而不知文"(《荀子·解蔽》),确实说中了墨子的片面性,即他只看到眼前的实利,而没有看到文化艺术对人民生活所起的巨大作用。

但是必须指出,墨子反对当时贵族奢侈腐化的享乐生活,指出他们的享乐是建筑在广大劳动者的饥寒痛苦之上的,这是正确的。墨子提出既然广大劳动者不能享受,那么贵族也不该享受。在这一意义上,墨子指出音乐艺术并不是不美,只是眼前迫切需要解决的是人民饥寒交迫的生计问题。他这种抗议,反映了人民的愿望,喊出了人民的不平的呼声。他对于王公大人的抨击,其进步性是应当得到肯定的。

墨子提出"非命"的主张,主要用意在于教人不要坐等命运的支配。"非命"说也反对儒家所宣称的"生死有命,富贵在天"的命定论。

墨子认为一个人富贵贫贱不是天生的,而是由于努力或不努力的结果;国家的治乱,不是命定的,而是君主努力或不努力的结果。所以墨子认为真正能够决定国家命运或个人命运的,是主观的"力"。在当时,在一定程度上,这种观点是值得肯定的。他首先指出,相信有命的说法是错误的:

> 执有命者之言曰:命富则富,命贫则贫;命众则众,命寡则寡;命治则治,命乱则乱;命寿则寿,命夭则夭。(《非命上》)

反对那些相信有命的人把一切后果完全归到命,自己则不负任何责任的做法。墨子说:

> 昔上世之穷民,贪于饮食,惰于从事,是以衣食之财不足,而饥寒冻馁之忧至。不知曰:我罢("罢"读"疲",无能的意思)不肖,从事不疾("疾"是努力的意思),必曰我命固且贫。

> 昔上世暴王,不忍其耳目之淫、心涂(心志)之辟(僻),不顺其亲戚,遂以亡失国家,倾覆社稷。不知曰:我罢不肖,为政不善,必曰:吾命固失之。(同上)

从墨子的"非命"主张可以看出春秋末期的小生产者初步形成一种社会力量时,他们对自己的力量已有了一定认识,尽管这些认识是很模糊的。对于世界的起源和社会的构成,他们是不能理解的,因而他们把"上帝"和"鬼神"看作最后的决定力量,但在一定程度上,也开始认识了人类劳动所产生的巨大力量,因而他们认为国家的兴亡、个人的富贵贫贱不完全是命运的安排,而主要靠主观的努力。墨子说:

　　昔桀之所乱，汤治之；纣之所乱，武王治之。当此之时，
世不渝（"渝"是变的意思）而民不易，上变政而民改俗。存
乎桀、纣而天下乱，存乎汤、武而天下治。天下之治也，汤、
武之力也；天下之乱也，桀、纣之罪也。若以此观之，夫安危
治乱存乎上之为政也，则夫岂可谓有命哉？（《非命下》）

这里墨子提出统治者的主观努力对天下的治乱起着决定作用，
给那些命定论者以沉重打击。但是墨子的历史观和古代其他的
哲学家一样，仍有很大的主观性。他把推动社会向前发展的力
量，从不可知的"命"搬到少数天才的圣人手中。认为桀、纣可以
乱天下，而"天下之治"也是"汤、武之力"。但是我们不能因此而
抹杀墨子"非命"说在当时的进步意义。

　　墨子认为，不但天下的治乱系于治天下的王者的主观努力，
个人的富贵贫贱也系于每一个人的努力与否：

　　今也王公大人之所以蚤（早）朝晏退，听狱治政，终朝均
分，而不敢怠怠倦者，何也？曰：彼以为强（"强"是努力的意
思）必治，不强必乱；强必宁，不强必危，故不敢怠倦。

　　今也卿大夫之所以竭股肱之力，殚其思虑之知，内治官
府，外敛关市、山林、泽梁之利，以实官府，而不敢怠倦者，何
也？曰：彼以为强必贵，不强必贱；强必荣，不强必辱，故不
敢怠倦。

　　今也农夫之所以蚤（早）出暮入，强乎耕稼树艺，多聚叔
粟，而不敢怠倦者，何也？曰：彼以为强必富，不强必贫；强
必饱，不强必饥，故不敢怠倦。

　　今也妇人之所凤兴夜寐，强乎纺绩织纤，多治麻统葛
绪，捆布縿，而不敢怠倦者，何也？曰：彼以为强必富，不强必
贫；强必暖，不强必寒，故不敢怠倦。（同上）

相反地，如果相信一切都是命定的，在墨子看来那就会出现完全

33

不同的结果：

> 今虽毋在乎王公大人，蒉(据俞樾《诸子平议》"蒉"字
> 是"籍"字误写)若信有命而致行之，则必怠乎听狱治政矣，
> 卿大夫必怠乎治官府矣，农夫必怠乎耕稼树艺矣，妇人必怠
> 乎纺绩织纴矣……则我以为天下衣食之财将必不足矣。
> (《非命下》)

墨子这里反复讲到"强"的重要性，"强"就是努力。最后，墨子认为命定的说法是极端有害的：

> 命者，暴王所作，穷人所术("术"即"述")，非仁者之言
> 也。今之为仁义者，将不可不察而强非者，此也。(同上)

我们清楚地看出在墨子的"非命"说中，强调人为力量的重要性，反对坐享其成的消极思想，就这一点来说，墨子的主张是完全正确的。墨子的"非命"和他的"天志"说是互相配合的。墨子认为"天"的意志是叫人和平相处，努力生产，所以墨子认为儒家相信"命定"说，轻视生产，是违反了"天"的意志的。墨子的"非命"说，一方面反对怠惰，一方面也在反对儒家的"命定论"。墨子十分关心生产的发展、人民生活的改善，他一再宣称他的"非命"的目的，在于"必使饥者得食，寒者得衣，劳者得息，乱者得治"(同上)。这是极其珍贵的。但也不能因此否认墨子的"非命"说的弱点。

墨子对贵族世卿的妥协的立场，使他分不出劳动者和贵族世卿的利害关系有对立的一面。他错误地把王公大人统治百姓和农夫的"耕稼树艺"看作同等性质。实际上，只有后者的劳动才能创造财富。墨子经常把王公大人和劳动者并列起来，当作一个整体，好像是互相配合、分工合作的两种人。诚然，在一个社会经济体系内，人们的社会经济地位是有不同的，但是在统治者和被统治者之间存在着相互依存和相互对抗的两重关系，而

不单纯是分工合作的关系。墨子在不触动剥削制度的前提下单纯要求劳动者"不敢怠倦"地从事生产,并认为人民的贫困、饥寒是由于工作不努力的结果。这种观点显然是片面的。先秦时期,孟子、荀子、韩非都有类似的说法。墨子之前的老子认为:"民之饥,以其上食税之多,是以饥。"(《老子》第七十五章)正确地指出了百姓贫困的根源。墨子主观上是维护劳动者的利益的,但是,由于他的妥协性,使得一些观点出现了片面性,才说出这种不合事实的话来。

"节用""节葬"和"非乐""非命"的中心思想是一致的。墨子认为衣服只要"冬以圉(御)寒,夏以圉暑"即可,饮食、舟车、房舍等凡是生活所需的东西均应以实用为宜。反对华而不实,铺张浪费。墨子说:"费财劳力,民不加利者,不为也。"又说:"用财不费,民德不劳。"(《节用上》)倡导节用、节葬的目的在于减轻人民的负担,限制王公大人的奢侈浪费。他说:"富贵者奢侈,孤寡者冻馁,虽欲不乱,不可得也。"贵族富豪穷奢极欲,必然厚敛于百姓,使百姓陷于饥寒,导致天下大乱。

墨子在《节葬下》一节中,描写了当时厚葬的情况:

> 棺椁必重,葬埋必厚,衣衾必多,文绣必繁,丘陇必巨……金玉珠玑比乎身,纶组节约,车马藏乎圹。

墨子指出,那些王公大人不但生前过着骄奢淫逸的生活,死后还要厚葬,极大地浪费了社会财富。

墨子为了劳动者的利益,在消极方面提出了"节用""节葬"的主张,在积极方面提出了增加财富和增加人口的方案。墨子主张不分贵贱,一律用三寸厚的木板做棺材,不要殉葬的物品,反对三年之久的丧制,反对在丧葬期间"强不食而为饥,薄衣而为寒"弄到身体瘦弱,"扶而能起,杖而能行"这种毁坏身体的繁重仪式。墨子指出,厚葬,把有用的财富埋在地下,结果必然使人民贫困;久丧,毁坏身体,又使男女隔离,必然使人口减少;居丧期间,贵族不能过问政事,人民不能从事生产,结果使得"国家必贫,人民必寡,刑政必乱"。(《节葬下》)

在墨子的时代,贵族奢侈浪费,享乐腐化,同时,他们还利用生活的过分享受来显示他们社会地位和政治地位的优越。墨子对当时这种社会现实进行揭露和批判,无疑是具有进步意义的。墨子最早指出,人是依靠劳动才能维持生活的。他提出了极有价值的原则:

赖其力者生,不赖其力者不生。(《非乐上》)

不赖其力而生活,在墨子看来是不应该的,"不与其劳而获其实"是犯罪的,"亏人愈多,不义愈甚"。墨子并没有明确地说寄生生活是可耻的,但照墨子的理论发展下去,势必得出不劳动是可耻的结论。事实上墨子的后学已经正式批评了当时的王公大人是"厉民而自养"。

墨子在"节用"和"节葬"的主张中,要求统治者和被统治者的生活水平一律平等,在古代生产条件下,墨子只能采取降低贵族世卿生活水平的办法。这种主张自然是对广大人民有利的,虽然事实上做不到,但不可否认,这种主张在客观上模糊了等级制度的界限,缩短了贵族世卿和劳动者之间的差距,也还是有重大意义的。我们只要看当时有些哲学家对他的攻击,说他"慢差等",说他不知道"贵贱有仪",甚至恶毒地咒骂他是"无父"的"禽兽",就可以想象得出,这位伟大的哲学家是怎样地触到了他们的痛处。

总的看来,墨子的节用主张是具有进步意义的,他看到侈靡的音乐艺术享乐给人民带来沉重的负担,就提出抗议;当命定论使人懒惰、不努力生产时,就提出增加生产的主张,以求人民免于饥寒;当贵族世卿奢侈浪费达到惊人的程度、使人不能忍受时,就对饮食、衣服、住室、财用各方面提出了节约的主张;当丧葬的仪式发展到繁文缛节费钱耗时时,就提出薄葬、短丧的主张,并要求缩小贵族世卿和人民之间生活的距离。这些都是值得称赞的。

墨子的主要精神在于先要照顾广大人民的利益,先要求人民的生活不饥不寒,然后再要求提高。在这些问题上,墨子确实喊出了当时人民要喊的声音,他的伟大之处正在于此。如前面所说,他有不少主观愿望和客观事实相违背的地方,墨子哲学中也有许多矛盾和缺点,这是由多方面的原因造成的,我们正是要肯定其进步性,批评其不足,发掘古代优秀思想。

六　尚贤、尚同

墨子在《鲁问》篇中说:"国家昏乱,则语之尚贤、尚同。"意思是说国家政治昏暗纷乱之际,就向国君宣传"尚贤""尚同"的重要意义。《尚贤》《尚同》篇是墨子争取改善小私有者社会地位的纲领。

墨子在《尚贤》中提出任用、选择贤士的一系列纲领性意见。春秋末期,世袭贵族宗法制度的基础已经开始动摇,当时各诸侯国政局动荡,政治昏暗,世袭贵族为了挽救自己的灭亡的命运,开始招纳人才。而当时的手工业者、小私有者,由于生产的发展,在经济上逐渐取得更多的独立地位。他们获得的自由越多,生产积极性也越高。这一变化,在墨子的时代,就是"士"的地位提高,"士"的阶层扩大,要求过问政治。这就是"尚贤"说产生的客观原因。

在春秋初期、中期,世袭贵族的统治占主要地位的时候,统治者和被统治者的关系建筑在宗族血缘关系上,君臣的关系、大夫家臣和人民的关系,是宗族血缘关系的扩大。富者与贵者是统一的,贫者与贱者也是统一的。富贵与贫贱的身份几乎生来就是决定了的、不可改变的。因此,这时期不发生"尊贤"或"尚贤"的问题,只有"亲亲"的问题。所谓"周道亲亲",其实就是用宗族关系作为人与人之间联系的纽带。

孔子时代已提出了"举贤才"的主张。当时,世袭贵族为了加强他们的统治,需要找一些干练的、有能力统治人民的人物。最初选拔的"贤才"绝大多数是从没落的、失势的、被压抑的世袭贵族中间选拔。到春秋末期,开始真正选拔那些非世袭贵族出身的"贤才"。根据书传记载,当时,孔子的弟子,真正出身于贵族的只有两人。墨子的弟子,从他们从事手工业的技能和他们吃苦耐劳的精神来看,绝大多数应当是出身于劳动者阶层的。墨子一再提出:"农与工肆之人",只要他贤能有才,也可以参加政治。这种思想和要求,并不是他的空想,而是在当时的客观情况下有了实现的可能才提出的。

墨子提出"尚贤"的主张,在当时对于世袭贵族的特权,在客观上起着瓦解的作用。墨子说,"求国家之富、人民之利、刑政之治",只有"尚贤"。"尚贤"是为政之本,他认为要使国家得治,首先在于网罗贤才:

> 国有贤良之士众,则国家之治厚;贤良之士寡,则国家之治薄。故大人之务,将在于众("众"是加多、聚集的意思)贤而已。(《尚贤上》)

墨子并且主张用提高贤士的物质待遇和社会地位来召纳天下的贤士,使他们有参与政权的机会。他提出为贤士寻找政治出路的主张,具体地说,就是为那些部分反映小生产者、小私有者的利益的"士"开辟政治道路。

所谓的"贤士"就是具有墨子或墨家的道德标准的人。贤士的标准,《尚贤下》说:"有力者疾以助人,有财者勉以分人,有道者劝以救人。"也就是那些"厚乎德行,辩乎言谈,博乎道术"(《尚贤上》)具有墨家政治观点的有学识的知识分子。

墨子不但提出贤士的标准,而且提出选拔贤士的具体办法。

这在当时,对于世袭贵族制度是一种相当激烈的改革性的见解,因为他的选拔贤士的主张是针对西周几百年的旧习惯、旧制度提出的,是为那些素无社会地位的"农与工肆之人"出身的知识分子争取参与政治活动的墨子假借古代圣王的名义,宣传他的任贤使能的主张,他说:

> 故古者圣王甚尊尚贤而任使能,不党父兄,不偏富贵,不嬖颜色,贤者举而上之,富而贵之,以为官长;不肖者抑而废之,贫而贱之,以为徒役。(《尚贤中》)

墨子在这里正式提出改革世袭贵族制度的要求,只有对"贤者",才可以"富而贵之",只有对"不肖者",才可以"贫而贱之"。贤者为官长,不贤者为徒役。而在过去,只有富贵者才能任官长,贫贱者只能当徒役。

在墨子的"尚贤"主张中,还提出初步的法治思想,给后来的法家韩非一派准备了思想条件。他说:

> 圣人听其言,迹其行,察其所能而慎予官,此谓事能。故可使治国者,使治国,可使长官者,使长官,可使治邑者,使治邑。(同上)

墨子已把尚贤使能的范围扩大,哪怕是贫且贱者,只要他是贤士,墨子就认为他有资格去做官。贤士所做的官可以小到"治邑",大到"治国"。他以坚决的、严格的态度提出:

> 不义不富,不义不贵,不义不亲,不义不近。
>
> 古者圣王之为政,列德而尚贤,虽在农与工肆之人,有能则举之。
>
> 以德就列,以官服事,以劳殿赏,量功而分禄。故官无常贵,而民无终贱,有能则举之,无能则下之。(以上引文均见《尚贤上》)

正如以上所讲过的,墨家主要代表当时逐渐抬头的小私有者的利益和希望。他们要求在社会的大变动中获得政治参与权，取得一些政治地位，以保护他们自己的经济利益。墨子认为只有像墨家所承认的那些贤者当了"治国""治邑"的官长以后，才能实现他们的政治理想，解除天下的公患，使得"饥者得食，寒者得衣，劳者得息，乱者得治"。

墨子和他的学派采取的是平和的"上说下教"的方法。所以他们一方面对当时势力最大的儒家猛烈攻击，一方面视死如归地为国君贵族守城御敌，希望用事实证明他们是贤者，借此取得信任，以便推行他们的学说。

和以上情形相反，在"尚贤"的问题上，墨子在主观上是维持当时的世袭贵族统治秩序的，而在客观上，照墨子的办法做下去，却必然获得破坏世袭贵族制度的结果，而走上像后来法家所主张的官僚政治的道路。

"官无常贵，民无终贱"的响亮口号，朦胧地反映了春秋向战国过渡的新倾向，它标志着世袭贵族制度终归消灭而代之以官僚政治的必然趋势。因此，我们必须指出，墨子的"尚贤"的主张的进步意义和作用远远超过过去对墨家学说的估计。墨家这一群从"农与工肆之人"上升起来的"士"，尽管还只占广大劳动者中的极少数，但他们不但在人格上获得了自由，在经济上得到独立，而且对于政治，也要提出他们的意见，要求过问，并要求参与。这是只有在重大的社会变动时代，只有在广大的"农与工肆之人"形成了一定的社会力量时，才会产生反映他们的经济愿望和政治要求的哲学。我们研究墨子，并不是孤立地研究他个人的思想，而是透过像墨子所代表的学派的研究，可以具体地了解古代社会、古代历史的发展面貌。认识昨天的中国更将有利于认识当前的中国。

墨子虽然也像法家一样，已接触了任贤使能、赏功罚罪的新方向,但仍然主张不要打乱原有的贵贱等级的世袭贵族制度,他幻想用和平妥协的方式,来改善小私有者的经济地位。他的目的不能达到,乃是必然的结果。

"尚同"是"尚贤"的理论基础。"尚"和"上"有时候通用,"尚同"就是"上同"。

墨子在"尚贤"的主张中,已一再强调贤者应当治国、治邑,贤者为官长,贤者要在高位。墨子认为在道德学问上的贤者,在政治地位上也应当是贵者。贤者和在高位者应当统一。"尚同"说的基本思想在于说明贤者所规定的是非标准有真理的价值,而在上的统治者也应当是贤者,所以在上者所规定的是非标准具有真理的价值。

墨子设想古代还没有国家领袖的时候,天下的人各有各的道理。因此一人一个道理,十人有十个道理,百人有百个道理,人数越多,他们的所谓道理也越多。每人都以为自己的道理对,而不赞成别人的道理。所以互相说别人的道理不对。(《尚同中》)

墨子还设想古代没有国家、没有领袖的时候,人人有不同的想法,人人都不知道兼爱的道理,内至一家的父子兄弟,外至天下的百姓,都以"水火毒药相亏害"。那时"天下之乱,若禽兽然"(《尚同上》)。墨子把天下混乱残害的根源归结为两点:第一是缺乏共同的认识,第二是缺乏有权威的领袖。墨子根据他的"天志"的说法,推论出国家社会最高统治者(天子)的选立是由"上帝""鬼神"的意志决定的。既然天子是天所选定的,那么层层节制,以下的三公、诸侯、左右将军大夫,自然都是贤良的。所以墨子尚同的说法,虽然在他的主观愿望上,以为"尚同"于上帝和鬼神的意志,是最公平合理的,但在客观上,这"尚同"于天下的说法,乃是帮助当时的王公大人巩固在人民面前已经动摇的威信的。

照"尚同"的主张,人民的"正长"(君主)由天志选定以后,人民必须以他所属的上级的是非标准作为行为的指导原则。这样,政治上的领导者同时又是道理(义)的教导者,就再也不会有"一人一义""十人十义""百人百义",而只有一个共同信仰的道理,那就是墨子自己虚构出来的"天志"的主张——人人相爱,不要侵凌,不要争夺。统一在这样的"义"之下就是对的否则就是错的。

和他的"兼爱"的学说陷入同样的错误,他把"尚同"说安放在没有保障、虚构出来的基础上,所以是站不住的。

有些对墨子有偏好的学者,如梁启超等人,不但不认为墨子的政治思想是维护世袭贵族制度的,反而说他有民权民主的思想,说他的理论有些像18世纪法国卢梭的《民约论》。梁启超对于他所根据的材料的解释也是错误的。他把《经上》篇的"君,臣萌通约也"解为"民约"的思想,第一,他所根据的材料不是墨子的,而是后期墨家的。第二,他误解了"约"的意义,"约"不是"契约"的"约",而是"约束"的"约"。这句话的意思,只是说"君是民的总管"。

不容讳言,墨子的"尚同"说是宗教迷信的根据,和他的"尚贤"说的光辉意义不能相提并论,是不能通过实践来证实的。我们可以说这是墨子政治理论中最薄弱的一个环节。

墨子的尚同政治思想也还有它进步的一面。他认为从天子到地方上的基层组织,每一级都应该推举有才干的人来负责。他希望能建立一个权力集中、强有力的政治体系。这种要求,不管墨子是自觉或不自觉,却反映了当时百家争鸣中共同关心的问题,反映了春秋、战国时期,在经济上、政治上都已有了走向统一的趋势,具有进步的意义。

　　与此同时,我们也必须指出,这种政治理想完全实现的条件还远没有具备,其中有些空想的成分。而这种空想是和西周以来分散割据的世袭制度相对立的,它反映了遭到迫害的人民要求结束诸侯混战、分散割据的局面,体现了建立大一统国家的新的要求和趋向。这种要求和他兼爱、非攻的主张是一致的。

七　天志、明鬼

由于时代和阶级的局限,任何一个哲学家,即使是古代的伟大的哲学家,也不可能正确地、科学地认识他自己的哲学的作用和价值。韩非子在《显学》篇中说:

> 孔墨之后……取合相反不同,而皆自谓真孔墨。孔墨不可复生,将谁使定后世之学乎?

其实即使孔、墨复生,还是无法认识自己的历史地位,因为他们毕竟是两千多年以前的人,他们不可避免地受到历史条件和出身经历的限制,他们不可能正确地认识自己的优点和缺点。墨子所代表的,是两千年前的小私有者和手工业者,它的进步性和它的妥协性交织在一起,在主观上虽要求摆脱现实压迫,而在客观上却不自觉地做了被统治者利用的工具。

墨子在主观上认为他的最主要的学说是"天志"(上帝的意志)。他说:

> 我有天志,譬若轮人之有规,匠人之有矩。(《天志上》)

墨子的"天志"是用来干什么的? 墨子说:

> 上将以度天下之王公大人之为刑政也,下将以量天下之万民为文学出言谈也。观其行,顺天之意,谓之善意行;反天之意,谓之不善意行……故置此以为法,立此以为仪,

> 将以量度天下之王公大人卿大夫之仁与不仁,譬之犹分黑白也。(《天志中》)

可见墨子是用"天志"来作为王公大人和天下万民言行的尺度的,墨子认为只有"天志"才是人类行为的客观标准。

"天志"对王公大人和一般平民的具体要求是什么?墨子也有明确的解说:

> 天之意不欲大国之攻小国也,大家之乱小家也,强之暴寡,诈之谋愚,贵之傲贱此天之所不欲也。(同上)

照墨子看来,上帝的意志不但在消极方面限制人们:某些事情不能做;并且在积极方面还鼓励人们:某些事情要努力去做。"天志"希望"人之有力相营,有道相教,有财相分也"。这样做的结果就是"刑政治,万民和,国家富,财用足,百姓皆得暖衣饱食,便宁无忧"。(同上)

根据《墨子》书中所描绘的"天志",不难看出,这恰恰是墨子和他所代表的小生产者和劳动者对于和平幸福生活的向往。墨子相信鬼神,并认为鬼神可以给人赏罚祸福。墨子还举出一些古代史传和传说中的例子来"证明"鬼神是确实存在的。这样,墨子就陷入了宗教迷信的泥坑里。他放弃了自己的注重效果、注重实践的精神。不用实践考验古代史传传说的可靠性,相反地,却作了古代传说和迷信的俘虏。

鬼神所惩罚的是什么人呢?墨子认为鬼神专惩那些"吏治官府之不絜廉,男女之为无别者,鬼神见之;民之为淫暴寇乱盗贼,以兵刃毒药水火迊无罪人乎道路,夺人车马衣裘以自利者,有鬼神见之"(《明鬼下》)。

鬼神的赏罚,在墨子看来,并不是专对那些小民的,鬼神对于那些有权有势的人也不例外。墨子说:

> 鬼神之罚,不可为富贵众强、勇力强武、坚甲利兵,鬼神

之罚必胜之。若以为不然,昔者夏王桀贵为天子,富有天下,上诟天侮鬼,下殃傲天下之万民……故于此乎,天乃使汤之至明罚焉。(《明鬼下》)

可见墨子对于上帝和鬼神的一些看法,基本上是继承了古代的宗教迷信,但墨子对于上帝和鬼神也作了某些"合理"的修正。他所说的"天"和"鬼神"是按照当时小生产者所要求的公平合理的愿望塑造出来的。墨子所诚心信奉的上帝和鬼神根本就是墨子所代表的这一社会阶层自己的虚幻的化身,尽管墨子没有自觉到这一点。在春秋末期,小私有者和手工业者逐渐取得独立的地位,形成一定的社会力量时,他们不能不有改善自己的生活条件和社会地位的要求。墨子的"天志"和鬼神的意志,正是反映了这一被压抑阶层的意志。尽管当时的手工业者和小私有者的社会力量还不可能形成自觉的力量,但是他们在社会实践中却成为一种自发的斗争的力量。

墨子把他们的希望寄托在"上帝"和"鬼神"的身上,希望通过"上帝"和"鬼神"的威力使那些特权阶层也受到一定的裁制。因而他们幻想出有一个最高的、公正的、有智慧、有权力的"上帝"或"鬼神"来给他们主持正义。这种幻想出来的超人的权威,反映出墨子想把他们自己的社会阶层变成权威。

墨子和他的门徒也是最虔诚的"天志"的实现者。他们的确按照"天"的意志做到"有力相营""有财相分""有道相教"的地步,但实际上当时小生产者的生活并没有因此得到改善,他们的社会地位并没有因此得到提高。

宗教问题是现实世界的"反映",但它的反映,不是如实的反映,而是曲折的反映。墨子对当时的残酷的压迫,由于历史和阶级的局限性,不可能提出革命的办法,而是采用向统治者说教的办法,竭力为国尽忠,做国君的"良师""益友""忠臣"。墨家自以为这样做,可以得行其道;而事实刚好相反,当时的国君之所以尊重墨家,主要是看中了墨子和他的学派的上述特点和他们具有善于守御的技术。

墨子的"天志""明鬼"的主张,固然在主观上是为了庶民阶层的利益,想要使当时的无法无天的贵族统治者、王公大人弃恶从善,但这种主张也常常使得广大劳动者在残酷的剥削下,拼命降低生活要求,拼命多做工,不敢萌生任何反抗的念头。墨子有善良的主观愿望,但把宗教迷信作为思想武器,常常事与愿违。如果把墨子的宗教观放在春秋末期思想发展的过程中来考察,我们就更能看清墨子的宗教观是起着妨碍科学发展、麻痹人民思想的消极作用的。

"天"的观念的至上性,在春秋末期已经发生了动摇。那时已有人对天发出了"天不可信"的怨言。多少世代里,"天"作为世袭贵族用来统治奴隶、镇压奴隶反抗思想的工具,它的权威已开始动摇了。当时每一个哲学家,要说明社会问题、自然问题,都不能对"天"置之不理。彻底否定"天"具有人格、意志、赏善罚恶的宗教迷信作用的,有老子;对"天"的人格、意志的超人作用采取保留态度的,有孔子;对"天"的信仰不怀疑,并加以修正,使它满足广大劳动人民要求的,有墨子。对于"天"的观念,在春秋三大学派中以老子最进步;孔子则采取左右摇摆的态度;墨子的见解最落后、最保守。墨子企图把已经在人民群众中开始动摇的"天"的基础加以巩固,灌注上新的内容。因为他的方向是错误的,他的愿望不得不落了空。

墨子的"天"以及"鬼神"的观念反映了墨子对当时上层贵族的不满,同时也反映了他对上层贵族的妥协。

八　三表

墨子的学说中,他的认识论是比较光辉的一部分,具有唯物主义的观点。他所提出的认识客观事物的方法和检查认识可靠性的标准就是有名的"三表"或"三法"。"表"和"法"都是标志、标准的意思。"三表"就是判断认识正确与否的三个标准。在《非命上》中说:

> 言必有三表。何谓三表? 子墨子言曰:有本之者,有原之者,有用之者。于何本之? 上本之于古者圣王之事。于何原之? 下原察百姓耳目之实。于何用之? 废(发)以为刑政,观其中国家百姓人民之利。

在《非命中》和《非命下》中,也有类似的记述,这里只就《非命上》的"三表"加以阐述。至于"三法"也即上篇中的三表,就不再重述了。

墨子的第一表认为,要判断事情的真假是非,不能只凭主观的印象,而要有历史的根据、前人的经验。这就是他所谓"上本之于古者圣王之事"。墨子和孔子在当时都是博学的人,今天我们所读到的《墨子》中,有许多地方引用了《尚书》《诗经》,也引用了当时周、郑、燕、齐等国的历史——《春秋》。墨子并不是故意掉书袋,自炫博学,而是为了说明他的论证有根据,他要在前人的经验、历史的记载中寻找间接的经验。间接的经验在认识过程中是必不可少的,这是人类认识的特点之一,是其他动物所没有的。

墨子和他的论敌展开辩论时,经常使用这一武器。墨子在驳斥命定论的主张时,就曾举出古代的一些例子作为证据。他说:

> 古者桀之所乱,汤受而治之。纣之所乱,武王受而治之。此世未易,民未渝,在于桀、纣,则天下乱,在于汤、武,则天下治,岂可谓有命哉?(《非命上》)

墨子更进一步追问那些相信有命的人说"先王之宪亦尝曰:福不可请,而祸不可讳(违)。敬无益、暴无伤者乎?……先王之刑亦尝有曰:福不可请,祸不可讳。敬无益、暴无伤者乎?……先王之誓亦尝有曰:福不可请,祸不可讳。敬无益、暴无伤者乎?"(同上)墨子的非命学说给当时的命定论者以有力的打击。

墨子的第二表认为判断事情的真伪是非,要根据"百姓耳目之实",就是说要用广大人民亲身的经验作为标准,不能只凭主观想象。他在反对命定论者的辩论中也曾使用过这一武器。他反问那些相信有命的人说:

> 我所以知命之有与亡("亡"即"无")者,以众人耳目之情知有与亡。有闻之,有见之,谓之有。莫之闻,莫之见,谓之亡。(《非命中》)

墨子又说,可是事实上,自古及今,"亦尝见命之物,闻命之声者乎? 则未尝有也"(同上)。耳目感官经验是知识的直接来源,通过直接经验可以得到正确的知识,这是一般认识的途径。我们必须肯定,墨子提出了这一点,是对的。但是认识的对象不尽是感官所能直接接触得到的,比如墨子在上面所举的"命",根本就是一个抽象名词,即使有,也是看不见、摸不着的东西。墨子攻

50

击别人时,常说人家"不知类",对于这一问题,墨子自己也犯了"不知类"的毛病。如果有人用墨子的方法驳斥墨子,问他,请他把"义"的形状、声音拿出来让大家看看,墨子一定也拿不出来。这是墨子思想不够缜密的地方。

第一表和第二表的重要性已如上述,但墨子的认识论还不是严格的合乎科学标准的认识论。墨子的认识论的主要缺点,在于他不能分别感性认识和理性认识在本质上既有区别而又有联系的辩证的关系。墨子的认识论更多地停留在仅靠感觉经验(有的是古人的——第一表,有的是当前的——第二表)这方面,而忽略了理性认识的重要性。这里,主要的是他不认识实践在认识过程中的作用。因而,墨子知道只凭主观印象容易出错误(这是对的),但他把过去的以及现在的某些根本无法通过实践来证实的所谓"经验",又常常当作衡量事情真假的标准,这显然是不对的。

墨子所提出的第一表、第二表是唯物主义认识论起脚的第一步,认识必须通过感觉,通过直接经验和间接经验。但是仅仅停留在这一步是不够的,感性认识不上升到理性认识,就不能使人认识到事物的本质,就形不成科学的认识。

关于第三表,墨子认为判断事情的真假是非,要根据"发以为刑政,观其中国家百姓人民之利"。这是墨子的认识论的最主要、也是最根本的思想方法。墨子反对战争,反对世袭贵族奢侈浪费的生活,甚至最为人诟病的《天志》《明鬼》《尚同》各篇言论,也都是从这一标准,即以它合不合"国家百姓人民之利"为出发点的。墨子思想中许多丰富的、带有人民性的进步因素,都是在这一标准指导下发展出来的。

当然第三表也有缺点,墨子经常把国家的利益和人民的利益看得没有矛盾,实际上王公大人和百姓的要求和利益有很大的差异,二者既有共同性,也有矛盾性,因此他所提出的"国家百姓人民之利"就失去了标准。因而往往产生了墨子的主观愿望和客观事实相矛盾的结果。

总之,墨子的思想方法,和判断真理的标准("三表")的根本精神是唯物主义的。墨子认为判断事物的总的精神和方法,是反对主观,相信客观。他的"三表"都是为了防止认识上的片面性和主观性而提出的。"三表"也都是根据经验(第一表,第二表),根据客观效果(第三表)才做出判断。缺点是他没有把唯物主义贯彻到底。

应当指出,墨子不明白认识和实践的辩证的统一的关系(上文已做过分析),但也不是完全不认识实践的重要性。墨子在某些问题上也还是相当重视客观实践的效果的。他曾在《耕柱》篇中说:

言足以复行者,常(尚)之;不足以举行者,勿常(尚)。
又说:"言足以迁行者,常之,不足以迁行者,勿常。"

今瞽曰:钜者白也,黔者黑也。虽明目者无以易之。兼白黑,使瞽取焉,不能知也。故我曰:瞽不知白黑者,非以其名也,以其取也。(《贵义》篇)

这里墨子的意思是说,议论经得起实践考验的,才重视它;经不起实践考验的,就不重视它。现在如果有一个盲人说:"钜是白色,黔是黑色",即使明眼的人也无法说他不对。可是把白色、黑色混在一起,叫盲人选择,他就不能辨别了。所以说盲人不认识黑白,不是凭他们口说,而是看他们的选择。从以上这些话来看,墨子并不是完全不知道实践在认识中的作用的,并且也承认实践是辨别真假的客观标准。这都是他的认识论中的唯物主义因素。但是遇到另外一些问题,比如关于宗教方面的,关于古代传说方面的许多鬼神迷信的记载,他就放弃了以实践检查真理这一科学原则。

墨子和他的弟子们,既然出身于具有丰富生产知识的劳动者阶层,而且他们还会制造守城的器械,足证他们具有一定的科学知识,在他们科学实践的基础上,会产生自发的唯物主义倾向的认识论,这是完全可以理解的。事实告诉我们,有许多科学家,尽管在他们所研究的某些小范围内,是自发的唯物论者,但是在更广大的知识领域内,特别是对于社会、对于文化、对于历史的发展这些性质复杂、变化繁多的现象面前,他们很容易变成唯心主义者。墨子的社会历史的观点也是唯心主义的,而在认识论方面有唯物主义的因素,这一矛盾不但不值得惊诧,倒是可以理解的。

此外,墨子在思想方法上提出了推理的重要性。

　　彭轻生子曰:往者可知,来者不可知。子墨子曰:籍设而(尔)亲在百里之外,则遇难焉。期以一日也,及之则生,不及则死。今有固车良马于此,又有奴(驽)马四隅之轮于此,使子择焉,子将何乘? 对曰:乘良马固车,可以速至。子墨子曰:焉在不知来(怎么说未来的事无法知道)? (《鲁问》)

墨子也最早提出具有科学意义的"类"的概念。指出逻辑上的"界说"(定义)的重要性。墨子经常用揭露论敌分类观念混淆的方法来驳倒对方。例如公输般只知道不可无故杀一个人,可是却替楚国造云梯攻宋国,准备杀害很多的人。墨子在《公输》篇中就曾指斥他"义不杀少而杀众,不可谓知类",把公输般驳得没有话讲。墨子对于"界说"的认识也是相当明确的。下面有这样一个有名的辩论:

　　子墨子问于儒者曰:何故为乐? 曰:乐以为乐也。子墨子曰:子未我应也。今我问曰:何故为室? 曰:冬避寒焉,夏

53

避暑焉,室以为男女之别也。则子告我为室之故矣。今我
问曰:何故为乐?曰:乐以为乐也,是犹曰:何故为室?曰:
室以为室也。(《公孟》)

通过以上这一论辩,我们可以清楚地看出墨子思想方法逻辑的
严密性。在墨子思想方法的逻辑性的严密的基础上,后期墨家
又进一步做出了极有价值的贡献。

九 后期墨家和《墨经》

（一） 后期墨家和《墨经》

现在保存下来的有关墨子及墨家活动的文献资料很少,而对后期墨家更难勾画出一个鲜明的轮廓。我们仅知道,墨子死后,墨家发生了分化,有相里氏之墨,相夫氏之墨,邓陵氏之墨。三家各自自称为真墨(即得墨子学说真传),互称对方为"别(即非正宗的)墨"(见《庄子·天下》篇)。墨家是个有共同政治主张、组织严密的学术团体。战国时,墨家共同信奉的领袖称为"巨子"。"巨子"制度相传确实在墨子及弟子禽滑离之后。据《吕氏春秋·上德》篇记载,墨家巨子有孟胜、田襄子、腹游。幸有《墨经》六篇流传(后收入《墨子》一书中)。《墨经》是战国时墨家的著述,据梁启超、郭沫若等人的考证,认为《墨经》六篇是反映后期墨家思想和学说的文献。这六篇是《经上》《经下》《经说上》《经说下》《大取》《小取》。它的内容大都属于认识论、逻辑学和科学技术的范围。这六篇著作显然不是一个时代、一个人的作品,而是经过长期酝酿、提炼,逐步形成的,可能在战国时期编定成书。它对墨子的哲学思想作了积极意义的发展,具有鲜明的唯物主义的特色。自然观方面,它抛弃了墨子的天、鬼观念和宗教意识,把哲学跟科学紧密地联系起来。认识论方面,它继承了墨子认识论的传统,发扬了墨子重视经验和实践的特点,同时又在相当程度上克服了墨子狭隘经验论的倾向和错误。逻辑方面,《墨经》对墨子的"故""类"等逻辑思想有很大的提高。在反对诡辩论的论争中,集各家逻辑思想之大成,提出了中国哲学史上第一个相当完整的逻辑学系统。在社会政治和伦理思想方面,它发扬了墨子的"兼爱"学说,提出了"义,利也"(《经上》)的著名命题,突出了"利"的中心思想,把它作为标准和基础,用来解释各种社会现象和道德范畴。此外,六篇中还保留了后期墨家和其他思想家争论的材料。总之,在一些理论方面深化了墨子的思想,尤其是先秦诸子学术著作中较少涉及的科学技术方面的知识和应用,受到墨家重视,并在学术上有明确的论述,做出重大的贡献。

(二) 后期墨家的认识论和自然观

后期墨家没有提出系统的自然观,但是关于时间、空间和运动的问题,墨家提出了精辟的见解。《经上》说:"久,弥异时也。"《经说上》解释道:"久,古今旦莫(暮)。"古代、现代、晨、暮,那是不同的、特定的时间("异时"),时间范畴的"久",遍括一切特定的时间。《经上》又说:"宇,弥异所也。"《经说上》解释道:"宇,东西家南北。"意思是说,空间范畴的"宇",包括东西南北一切不同的、特定的空间("异所")。《墨经》又对时间、空间及其运动的联系做出了相当正确的论断。《经下》说:"宇或(域)徙,说在长宇久。"《经说下》解释道:"长宇,徙而有(又)处宇,宇南北(当作宇南宇北),在旦有(又)在莫,宇徙久。"这就是说,事物的迁徙运动必定经历一定的时间和空间(长宇久)。由此时此地到彼地彼时(如由南到北,由旦到暮),时间的流逝和空间的移动两者是紧密结合在一起的,即所谓"宇徙久"。《经下》《经说下》另有两章用"行"说明同样的思想,显得更加清楚。"行修以久,说在先后。"(《经下》)"行者必先近而后远。远近,修也;先后,久也。民行修必以久也。"(《经说下》)"行"是走,"修"是距离的远近,"久"是时间的先后,由"行"把"修"和"久"二者结合起来。《墨经》所讲的"徙""行"还只是描述机械运动的现象,而不能真正把握运动的本质。但是,正因为它通过"行"来认识世界,很自然地就能在这些描述中,素朴地反映出时间、空间及其与运动相统一的原理。

后期墨家的哲学思想主要集中在认识论方面。

《墨经》对人的生命特征作了分析,《经上》说:"生,刑(形)与知处也。"认为人的生命构成于形体和认识能力两者的结合。睡眠是人的认识能力暂时无知的状态:"卧(睡眠),知无知也。"(同上)梦则是睡眠时产生的错觉、幻象:"梦,卧而以为然也。"(同上)按照《墨经》的观点,活着的人,形(身体)与知(认识能力)相结合;死了的人,形与知不发生关系。这就改正了墨子有鬼论的错误。不过,它把"形"与"知"并提,有心、物二元论的嫌疑。与此相比,荀子的"形具而神生"的观点,便在后期墨家的思想基础上进一步贯彻了唯物的原则,从而避免了它的理论上的缺陷。

《小取》对人类的认识有精辟的解释:"辩""焉(乃)摹略万物之然。"它说明认识是对客观事物的摹写、反映。《墨经》在一些重要章节中把"知"与"物"对举,说明"物"是独立于"知"以外的,并探寻它们形成变化的原因(故)。《墨经》的认识论是以素朴的反映论为基础的。

后期墨家对人的认识能力也作了唯物的肯定。《经上》说："知，材也。"《经说上》解释道："知材，知也者，所以知也，而必知；若明。"这是说人具有认识的能力，它是用以认识事物的工具（"所以知也"）；但是仅有这种能力不一定能形成认识（"不必知"）。如眼有"明"（看见）的功能，但仅有"明"的功能，未必构成"见"的认识。必须通过认识过程，才能形成认识。对此，《墨经》作了分析。《经上》："虑，求也"；"知，接也"；"知，明也"等章，认为认识是一种能动的活动，人运用自己的认识能力对外界探求："虑也者，以其知有求也。"（《经说上》）仅有能动的探求，对事物的认识也还"不必得之"。就像光有用眼巡视外界的活动，仍然不必成"见"。要获得认识，必须与外物相接，所以说："知，接也。"相接之初，是"以其知遇物而能貌之，若见"（同上）。即由接触形成一种感性的知识，摹写事物的形象。这种貌物之知还不够深入，进一步的认识在于"以其知论物"，即把感性指示加以整理、提炼，形成概念。这样的指示才明白透彻，即所谓"知之也著，若明"（同上）。如看见一只鸟，只看到鸟的形态，而不能整理、提炼形成鸟的概念，这种认识只是表面的，还不是深刻的。

《墨经》比较全面地看到了感觉和思维的作用。它肯定感觉是认识的开始，而思维是更深刻的认识。它指出感觉是五官（耳目等感觉器官）的功能，如"闻，耳之聪也"。同时又指出深入的认识要依靠心的辨察，才能"循所闻而得其意""执所言而意得见"（《经上》）。就总的思想倾向来讲，后期墨家的特点仍然是重视感觉经验的。它强调一切知识都得通过感觉才能获得，即所谓"唯以五路知"（《经说下》）。有些知识不是得之于当时的感觉，便是由于长期经验积累的结果。《经下》说："知而不以五路，说在久。"强调感觉经验为认识的开端和基础，这是唯物反映论的基本精神。

　　《墨经》把知识按其来源分为三种"亲知""闻知""说知"。"亲知"是亲身感觉得到的知识，即所谓"身观焉"；"闻知"是由他人传授得来的知识，又分为"亲闻"和"传闻"两种；"说知"是由推理得来的知识。在这三种知识中，后期墨家特别重视"亲知"，认为它是"闻知"和"说知"的基础，好比尺是丈量事物长度的标准和基础。《经下》说："闻所不知若所知，则两知之。"《经说下》解释道：例如有人看到室外某物为白色，而不知室内某物的颜色，现在告诉他，室内之物与室外之物的颜色相同，他便可推知室内之物也是白的。这是依据了他原有的经验认识的结果由此得出结论："夫名，以所明正所不智（知），不以所不智（知）疑所明。若以尺度所不智（知）长。外，亲智（知）也（室外之物为白色，是亲眼所见）；室中，说智（知）也（告以室内之物与室外之物颜色相同，由此可推知室内之物也是白色）。"（《经说下》）后期墨家这种对知识分类的学说，表明它的认识论已达到相当高度。

　　在衡量真伪、是非标准的问题上，《墨经》同样表现出重视实践、强调经验的特色。墨子曾指出："不知白黑者，非以其名也，以其取也。"（《贵义》篇）《墨经》进一步发挥了这种观点，指出："知其所以不知，说在以名取。"（《经下》）"取去俱能之，是两知之。"（《经说下》）"取""去"都是选择的行为，也是一种实践活动。他们认为检验知识必须由实践中观察其效验而定。《经上》指出"名""实""合""为"作为标准。"名"是"所以谓"，我们用以认识、说明事物的名词、概念；"实"是"所谓"，即认识、说明的对象；名实相符即"名实耦，谓之'合'"；"为"便是认识的目的和验证，它包括"志"，即行为的主观动机；"行"即实际行动。《墨经》把"行""志"两个方面结合起来，它是墨家"三表"思想的发展。但它抛弃了其中的宗教鬼神思想，并从认识的理论方面作了更深刻的阐发。

后期墨家依据它们的认识论学说,对当时许多诡辩论进行了批判,它说"以言为尽悖悖"(《经下》)。战国时期有些学派(如《庄子·内篇》)认为一切理论都是错的,后期墨家认为持有这种见解是错的。所以说"非诽者谆"。批评的正确与否,并不在于批评的多少,而在于客观上是否应该批评:"诽之可否,不以众寡,说在可非。"(《经下》)从后期墨家的论断中,可以看到他们尊重客观事实、明辨是非的精神。这种精神同样贯穿在《墨经》的逻辑体系中。

(三) 后期墨家的逻辑思想

后期墨家发展了古代的逻辑思想,建立了中国哲学史上最早的唯物主义的认识论的逻辑理论。

战国时期,随着思想上理论上论争的发展,各家各派都注意如何运用逻辑思维规律以击败自己的论敌,逻辑学成为当时论战的必不可少的思想武器。当时思想上理论上的论争统称为"辩"。《墨经》对于"辩"的解释是:"辩,争彼也,辩胜,当也。"(《经上》)又说:"辩也者,或谓之是,或谓之非,当者胜也。"(《经说下》)"辩"是双方根据自己的见解争论是非,而"当"者算是胜利。"当"就是合于事实。辩争的双方,或是或非,就看哪一方的理由与事实相符合。与事实符合者胜利,不符合者失败。《墨经》对于"辩"的这种解释,是认为事实是判断是非的客观标准。这种见解构成《墨经》逻辑理论的出发点。

《小取》对"辩"的作用及方法作了如下的阐述:"夫辩者,将以明是非之分,审治乱之纪,明同异之处,察名实之理,处利害,决嫌疑。焉摹略万物之然,论求群言之比。以名举实,以辞抒

意,以说出故。以类取,以类予。有诸己不非诸人,无诸己不求
诸人。"

这里说的"明是非""审治乱""明同异""察名实""处利害"
"决嫌疑",是"辩"的作用和目的,这说明思想上的辩争是包含了
人的社会政治生活内容的,辩论是为了追求真理,而不是玩弄名
词概念。在辩论方法上必须严守逻辑规律。"摹略万物之然",
是说辩论时必须了解事实的真实情况;"论求群言之比",是要了
解各方面对这一辩论事实的看法,这样就能使自己的论据符合
事实而又全面。"以名举实"是说所运用的名词概念必须正确地
反映客观事物。《经说上》说:"所以谓,名也;所谓,实也;名实
耦,合也。"说明凡是词(名)都是表达事物的形式,名是说明客观
事物的。客观事物则是被反映的内容,这是认为"实"是第一性
的,而"名"是第二性的。"以辞抒意",辞即是判断,以辞抒意是
要求语言清楚正确地表明判断的内容。"以说出故","说"是论
证,"故"是根据或理由,是说在论证推理时,对所判断的事情要
有充分的根据或理由。"以类取,以类予。有诸己不非诸人,无
诸己不求诸人",这是辩论中的类比推论,"类"是指同类的事物
和同类的概念,在推理时必须依据"类",所谓"以类为推","类"
成为辩论、推理的前提。在辩论中对彼此同类的事物,对方承认
彼,就不能不承认此,不承认彼就不能承认此,这就是"以类取"。
彼此相同的事物,对方承认了彼,我就提出此来,看他是否承认,
这就是"以类予"。对于同类的事物,我承认,对方也承认,我就
不能反对对方,这就是"有诸己不非诸人":对同类的事物,我反
对,就不能要求对方承认,这就是"无诸己不求诸人"。

《墨经》对于概念、判断、推理的研究都做出了重大的贡献。

《墨经》首先肯定"实"是第一性的,"名"是第二性的,"名"
说明"实",它主张"以名举实",《经上》说:"举,拟实也。""拟"就

61

是摹拟的意思。根据这个原则,《墨经》把"名"分为三类,《经上》说:"名,达、类、私。"《经说上》解释说:"名,物,达也。有实必待之名也。命之马,类也,若实也者,必以是名也。命之臧,私也,是名也,止于是实也。""达"名是指最高的类概念,如"物"的概念包括了所有的物。"类"名是指一般的类概念,如马,所有的马都包括在马概念里。"私"名是指个别事物的概念,如"臧",是奴隶的私名,专指某一事物。

《墨经》对于概念的性质有相当深刻的认识。它看到概念是反映事物的本质属性的,事物的属性,存在于事物之中,没有离开客观事物而独立"自藏"的共相。它提出"盈坚白"的观点,反对公孙龙"离坚白"的观点。《大取》说:"苟是石也白,败是石也尽,与白同。"它认为"坚白石"是统一的整体,坚白是石属性,如果石是白的,那么即使把它击碎,它仍然是白的,故白色为石所固有。坚和白只有处在不同的物体中,才互相分离,所谓"异处不相盈"。如果同在一石,坚和白便密切结合。"坚白之撄相尽,体撄不相尽"(《经说上》)。"撄"就是彼此相接,有白之处必有坚,有坚之处必有白。坚与白各是物体属性的一部分。人对于"坚白石"或其他事物的属性有知与不知,但事物的属性总是存在着的。所以说:"于一,有知焉,有不知焉,说在存。"(《经下》)"于,石一也,坚白二也,而在石。故有智(知)焉,有不智(知)焉,可"(《经说下》)这是说,坚白虽然都含于石,但坚和白是石的两种性质,触石时知坚不知白,看石时知白不知坚。

关于判断,《墨经》称之为"辩",它指出判断的成立必须符合事实,即所谓"当"。要达到判断正确,必须遵守逻辑思维规律。它说:夫辞"以故生,以理长,以类行"(《大取》)"故"是指某一现象成立的原因,"故,所得而后成也"(《经上》)"故"有"小故""大故"的区别。"小故,有之不必然,无之必不然"(《经说上》),

是指一现象所以产生的必要条件。"无之必不然"是说,没有它现象就不能发生;"有之不必然"是说,它只是这一现象所依赖的众多条件之一,有了它,这一现象还不一定产生。"大故,有之必然,无之必不然"(《经说上》),是指一现象依赖的条件的总和,有了它,这一现象必然发生,没有它,这一现象必然不能发生。"理"含有道理和规则的意思。"以理长"是说在判断推理时必须按照合理的规则进行推衍。"类"指事物的类,"以类行"是说辩论的结果必须按照事物的类来分别是非同异。这些都是形成判断的不可缺少的因素。

关于推理,《墨经》中提出一系列的方法,如"或""假""效""辟(譬)""侔""援""推"等。

关于"或",《小取》说:"或也者,不尽也。"《经上》说:"尽,莫不然。""尽"是指一概念所含对象的全部,即一类事物的全称。这类命题主词的外延尽包含在谓语的外延之中。"或"是指特称命题和选言命题,主词的外延只有一部分包括在谓语的外延中。"不尽然"是说不完全是这样。这种形式的命题相当于形式逻辑的选言判断。

关于"假",《小取》说:"假者,今不然也。""假"就是假设,是指假设现在不存在的情况,"今不然"就是目前的实际情况并不如此。相当于假言判断。

关于"效",《小取》说:"效者,为之法也;所效者,所以为之法也。故中效,则是也;不中效,则非也。""效"就是效法模仿,"法"就是公式或标准。《经上》说:"法,所若而然也。""所效者"指效法或模仿的样式或范本。"所以为之法"就是把这个效法模仿的样式或范本当作公式或标准去进行推理。《经下》说:"一法者之相与也尽类,若方之相合也。"即是说一类事物的公式,可以适用于这一类事物的任何个体。例如"方"作为公式,则适合于所有的方物。《经说下》解释说"一方尽类,俱有法而异。或木或石,不害其方之相合也。尽类犹方也,物俱然。"这是说,所有方的东西都可归入方物一类,如方木、方石虽性质不同,但不妨害它们都是方物。如果以方物为法,推理的结果,如果"所若而然",就是"中效",这个判断就是有效的,反之,如果"不中效",这个判断就是无效的。

关于"辟(譬)",《小取》说:"辟也者,举也(他)物而以明之也。""辟"就是譬喻,即借用具体的事或具体的物以说明一件事情或某个道理,这是辩论中常用的方法。例如墨子说:"执无鬼而学祭礼,是犹无客而学客礼也,是犹无鱼而为罶也。"(《公孟》)这就是用譬喻的方法和论敌争辩。

关于"侔",《小取》说:"侔也者,比辞而俱行也。""侔"是齐等的意思,即用同样的东西直接说明论点,如从"白马是马",推出"乘白马是乘马";从"车,木也",推出"乘车非乘木也"。这种方法大体相当直接推论。

关于"援",《小取》说:"援也者,曰子然,我奚独不可以然也。""援"是援引前例或对方所说的话作为类比推理的前提。如它以"恶多盗,非恶多人也,欲无盗,非欲无人也,世相与共是之"(《小取》)为例,而推论出"杀盗非杀人也",这就是"援"的方法。但是,他这一结论是不正确的,因为它仅仅注意到"盗"与人两个名词的差异,从而否认盗是人,而没有看到"盗"与"人"两个概念的内涵与外延有差异性和共同性两个方面,人的外延包含了盗,所以荀子批评它是"惑于名以乱名"(《荀子·正名》)。

关于"推",《小取》说:"推也者,以其所不取之,同于其所取者,予之也。是犹谓也(他)者,同也,吾岂谓也(他)者,异也。""推"即是由已知的事物推出未知的事物,具有归纳推理的意义。"以其所不取之,同于其所取者,予之也",其中的"其所不取"是指未知的事物,"其所取者"是指已知的事物,"予之也"是进行推论。这句话的意思就是说尚未考察过的事物根据(同于)已经考察过的事物加以类推。"是犹谓也(他)者,同也,吾岂谓也(他)者,异也",是反复推论、观察、援彼例此,求同别异的意思。

《墨经》接触到"矛盾律"和"排中律"的问题。《经说上》说:"是不俱当,必或不当",是说两个是非矛盾的论题,不可能都是正确的,其中必有一个是不正确的。又说:"彼不可,两不可也。"是说一对矛盾的命题,不可以两个同时都是假的。

《墨经》在逻辑方面虽然也有个别的错误,如后来荀子所指出的,但是它对中国古代逻辑的发展做出的贡献是主要的。

(四) 功利主义的社会政治伦理

后期墨家认为古今的社会情况是不同的,因此古今的政治制度与伦理观念也应该是不同的,如果以古代的看法来看今天,就是贤明的尧也没有办法治理好的。"自古在之今,则尧不能治也"(《经说下》)。而尧在当时之所以是个好的统治者,那就是因为他能用当时的原则去治理当时的社会,"尧善治,自今在诸古也"(同上)。在后期墨家看来,时代不同了,古与今的"义"也就不同了,"尧之义也,生于今而处于古,而异时,说在所义"(《经下》)。就是说,古今异时,故今人所称尧之"义",乃是指具"义"的"名",而不是其"义"的"实",过去的人所见尧的"义",则是其"义"的"实",所以今人指的尧之义与原来尧之"义"是两回事。后期墨家的"义"就是"利","义,利也"(《经上》)。他们把"利"作为衡量社会生活的准则。

后期墨家在社会政治观点上继承并发展了墨子的"兼相爱,交相利"的学说,以"利"作为社会生活的准则。他们认为,"利"

就是在于使人们得到满足,"利,所得而喜也"(《经上》)。而"害",就是使人感到厌恶,"害,所得而恶也"(同上)。从这个原则出发。他们认为道德行为就是使人趋利避害。

后期墨家提出,人在行动中,应该放弃目前的小利而避将来之大害,或忍受目前的小害而趋将来之大利。他们把这种智慧的选择称之为"权"。他们说:"于所体之中而权轻重之谓权。权非为是也,亦非为非也;权,正也。断指以存擎(臂),利之中取大,害之中取小也。害之中取小者,非取害也,取利也;其所取者,人之所执也。遇盗人而断指以免身,利也;其遇盗人,害也……利之中取大,非不得已也;害之中取小,不得已也,所未有而取焉,是利之中取大也。于所既有而弃焉,是害之中取小也。"(《大取》)这就是说,人所避的及所应避的,不是目前的小害,而是将来的大害。在取利上人是比较主动的,故可取大,但在避害上人是被动的,故当取小。如果断去一个手指,可以保全整个手,就无妨取目前的小害,以避将来之大害。

根据上述观点,后期墨家解释了各种社会政治道德范畴。《大取》中说:"义,利;不义,害;志功为辩。"认为"义"不仅是主观动机的问题而且应该在客观效果上也有利于人。他们用"利"来解释"忠""孝""功"等概念。他们说"忠,利君也";"孝,利亲也";"功,利民也"(《经说上》)。后期墨家的社会政治伦理方面的功利主义观点,代表了上升的手工业者和商人的利益。

后期墨家反对"仁内义外"的观点。在他们看来,仁是指爱,义是指利,这些都是指人们的主观动机,都是内。而所爱和所利,都是指行为的结果而言,都是外。因此他们说:"仁,爱也;义,利也。爱利,此也;所爱所利,彼也。爱利不相为内外,所爱利亦不相为外内"(《经说下》)。后期墨家继承了墨子的"志功合"的思想,而更加强调"功"。在他们看来,主观动机"志"与客观效果"功"并不一定契合,"志功不可以相从也"(《大取》)。因此,人们有意"志"的合乎目的的活动,不一定都是对的,必须与"功"结合起来,才能产生"正确"的标准,"力立反中志功,正也"(《经说上》)。

后期墨家认为"利"不仅仅是某个人得"利",而应该是"交相利"(相互得到利益)。他们说:"为天下厚禹,为禹厚也;为天下厚爱禹,乃为禹之爱人也。厚禹之为加于天下,而厚禹不加于天下;若恶盗之为加于天下,而恶盗不加于天下"(《大取》)。为天下而厚禹、爱禹,这是为公;这是因为禹对天下之人皆厚之爱之。如果仅仅是对禹一个人厚之爱之,那么就对天下之人并无好处,这就不是为公而是为私;这和只是厌恶某一个盗贼,而不厌恶所有的盗贼一样。这就是说,后期墨家继承墨子的"兼爱",把"利"在一定程度上看成是"公利"。而且他们认为在这种"公利"中是包含着个人的利益的,"爱人不外己,己在所爱之中"(同上)。这种学说是和其为巩固和发展工商业私有经济相联系的。

后期墨家把"功利"看成衡量是非善恶的标准,他们的"功利"是手工业者和商人的"利",它反映着当时正在发展着的有利于封建经济成长的工商业者的要求,这一阶层的利益是和当时新兴地主阶级的利益联系在一起的。

后期墨家继承并发展了墨子"尚同"的思想。在墨子那里比较强调君权的作用,"尚同而不下比"。后期墨家提出:"君,臣、萌(氓)通约也。"(《经上》)这是说,君可以约束臣和民,这是有利于新建的封建制度的巩固,有利于封建的专制集权的,也是进步的。

后期墨家在战国末期与诡辩论的论争当中发展了认识论和逻辑学,并把认识论和逻辑学提高到更高的水平。后期墨家抛弃了墨子思想中的某些宗教唯心的天志明鬼的迷信成分。这一派学说对后来荀子的唯物主义认识论和逻辑思想也起着积极的促进作用。

十　墨学的历史地位

墨子是公元前 5 世纪末中国具有独创精神的伟大思想家。他对劳动者有着深切的关怀,对那些不顾人民死活、穷奢极欲的王公大人的腐朽享乐生活提出了严正的抗议。他对于破坏生产、残杀百姓、掠夺民财的兼并战争深恶痛绝,并提出了兼爱、非攻的主张。他一生为改善小生产者和劳动者的物质生活、提高他们的社会政治地位而斗争。他提出极有价值的认识论和思想方法。他还创立了艰苦力行、求真理、爱和平、有组织、有纪律的学派。在墨子的影响下,形成了后期墨家。后期墨家进一步发展了墨子哲学的精粹,完善了中国古代的逻辑科学,并且在自然科学领域取得了一些突出成果,代表了那个时代最高的科学认识水平,成为鼎盛于战国中后期影响最大的学派之一。特别是有关科学技术方面的成果闪耀着其他学派难以企及的光彩。

墨学今天之所以应该给予足够的重视,主要因为它反映了春秋战国时代开始觉醒的小生产者的要求和愿望,以及他们的局限。但是历史的发展表明小生产者这一阶层不是新的生产关系的体现者,他们没有条件取代世袭贵族走上政治舞台。墨子和他的学派的命运,也和他们所代表的阶层的命运一样,在当时和后世不得不陷于悲剧性的结局。

在先秦,墨学属于显学。墨子在社会上有很好的形象。《淮南子·道应训》篇说:"孔丘、墨翟,无地而为君,无官而为长,天下丈夫女子,莫不延颈举踵而愿安利之者。"《吕氏春秋·不侵》篇说:"孔、墨,布衣之士也。万乘之主,千乘之君不能与之争士也。"这种评价,反映了当时墨学的显赫地位。

在秦汉之前,儒墨并称显学。秦汉之前对于墨子学派的评价大体上有三种看法:

第一种持客观中立的态度,对于儒墨两家不加褒贬。比如说:

> 孔子无黔突,墨子无暖席。(《淮南子·修务训》)

> 孔子弟子七十,养徒三千人,皆入孝出悌,言为文章,行为仪表,教之所成也。墨子服役者百八十人,皆可使赴火蹈刃,死不还踵,化之所致也。(《淮南子·泰族训》)

第二种看法也是儒墨并论,但对双方都不赞成。这一观点可以韩非子、庄子为代表:

《韩非子·显学》篇说:"世之显学,儒、墨也。儒之所至,孔丘也;墨之所至,墨翟也……墨者之葬也……世主以为俭而礼之。儒者破家而葬……世主以为孝而礼之。夫是墨子之俭,将非孔子之侈也?是孔子之孝,将非墨子之戾也?"实际上,韩非对儒墨都不赞赏,他另有主张。

《庄子·齐物论》说:"……故有儒墨之是非,以是其所非,而非其所是。"实际上,认为墨家、儒家都不能作为是非标准,庄子又有庄子的是非。

第三种看法是对墨子采取坚决攻击的态度,其中影响最大的当推孟子与荀子。《孟子·滕文公下》说:"圣王不作,诸侯放恣,处士横议,杨朱、墨翟之言盈天下。天下之言不归杨,则归墨。杨氏为我,是无君也;墨氏兼爱,是无父也。无父无君,是禽兽也。""杨墨之道不息,孔子之道不著,是邪说诬民,充塞仁义也。"孟子的批判带有学派成见,很难服人。

荀子的批评说理的成分多些,他在《非十二子》中说:"不知壹天下,建国家之权称,上功用,大俭约而慢差等,曾不足以容辨异,县君臣,然而其持之有故,其言之成理,足以欺惑愚众,是墨翟、宋钘也。"荀子认为,墨子虽能持之有故,言之成理,但墨子的理论是错误的,只能淆乱社会,欺惑群众。

值得注意的是,上述意见都未涉及科学问题。这一现象既说明当时的人们对于科学知识不重视,没有认识到科学的价值;同时也表明了墨子对科技的造诣,遥遥领先。

近代英国人李约瑟认为:"墨家思想所遵循的路线如果继续发展下去,可能已经产生欧几里得的几何体系了。由于《墨经》只有凌乱而残缺的版本流传下来,我们确实不能肯定地说他从来未超出这个范围。但是,即使他们未曾超出这个范围,他们的演绎几何学也始终只是一特殊学派的秘密,几乎没有或者完全没有影响到中国数学的主流。"这种情况实是中国科学史的不幸。

墨家学派在先秦势力极大,与儒家并峙,汉以后,即趋于消沉,几乎从思想界消失。为了说明这一重大变化,必须考察其社会原因。

秦汉以后,两千多年间,中国是一个中央集权、高度统一的大国。在高度集权的中央政府的统治下,消弭了春秋战国时期的列国纷争,墨子兼爱、非攻的主张已失去宣传对象。墨子主张尚贤,反对贵族世袭特权,汉以后建立了官吏选拔制度,不再有世袭贵族的地方政权;墨子主张尚同,集中统一的愿望已经实现。

春秋战国时期,手工业者自由活动的余地较大,在列国纷争中,他们为了自己的利益,极力宣传、推行墨家学说(如许行,由楚国转到齐国),墨家学派的一些人得以在楚、秦、宋等国家受聘用。秦汉全国统一以后,手工业者生活在大一统国家,国君只有一个,地方政府无权制定政策。在中央,秦代是法家思想占主导地位,在汉代,特别是汉武帝时董仲舒提出"罢黜百家,独尊儒术"以后,儒家思想定于一尊。墨家无法独树一帜,逐渐失去活动的空间。

秦汉完成全国统一以后,社会的主要矛盾是政治上的高度集中和经济上的极端分散。如何协调好这一对矛盾,使封建社会的政治、经济得到平衡发展,成为秦汉以后中国思想界所要考虑解决的主要问题。儒家思想代表中央集权的要求;而小农思想反映在道家身上,他们主张政府对农民少干涉,给小生产者以较多的自由。比起战国时期,秦汉以后手工业者没有显著的发展,大规模的手工业生产集中在采矿、冶炼、纺织、陶瓷以及茶盐等业,这些行业大都受到国家的直接管制,由政府统一经营。集中生产的产业,政府尽量使用奴隶、罪犯劳动,他们不是自由手工业者,只有劳动的义务,没有政治发言权。农民小私有者的发言权寄托在道家。儒、道两家都有广泛的社会基础,墨家不具备儒、道两家的条件,全国统一以后,墨家势力趋于衰落,是可以理解的。

秦汉以后,墨学不再是显学,但墨学的影响一直流传着,并未消失,它成为一种在野的、流行于社会下层的思潮。秦汉以后,社会上不断出现"游侠""任侠"一流人物,他们提倡扶弱济贫,见义勇为,吃苦耐劳,重信义,集体中成员之间友爱互助,这类思想和价值观一直受到人民的称赞。这类民间团体历代未曾中断,显然与墨家有较深的渊源。这种民族性格特点,北方人特别是山东(鲁)人表现得更突出一些。

　　我们正在建设中华民族的新文化,创造现代文明,要有气魄继承人类一切优秀文化。墨学重视科学、提倡亲自动手操作、不尚空谈、以实力反抗强权的欺凌以及集体互助的精神等,都为先秦时期其他学派所不及,是很可宝贵的精神财富,值得发扬光大。

附录 《墨经》对科学的贡献*

墨子及其学派,为先秦时期的显学。但墨子学派与其他学派相比,唯一的特点是墨子及其门徒除了讲理论,还注重动手操作的技艺传授。我们可以设想,墨子学派讲学授徒,是一方面讲原理,同时还注意实地操作的训练。今天传下来的《墨经》及《经说》应当是当时墨子学派的教学大纲。技艺学习,不光靠口头记诵,还要懂得动手制作,必要时借助图解,实地演示来进行教学。后来的手工业工人,师徒传授,也是手把手教授,发现不对,师傅从旁纠正。

当年墨学得到广泛流传,固然靠了墨子的思想指导,也应当归功于墨子学派有言传身教的好传统。汉以后,墨学衰落,停滞了一千多年,只剩下文字记载留供后人研究,当时实际操作的传授方式中断以后,难以衔接得上。这样,给后来的研究者带来了极大困难。《墨经》的部分内容较为难懂,有些难点是古籍研究中遇到的共同困难,如传抄错误、字句脱落、文字颠倒、竹简位置

---

* 附录部分由中国老教授协会会员任继亮先生撰写。本文编写主要参考了《墨子研究论丛》《墨子间诂》;杨向奎:《墨经数理研究》,谭戒甫:《墨经分类译注》等。

颠倒,都会造成研究的障碍。还有一种困难是《墨经》研究独有的困难——古代书简本来就只有几个字,当年传授靠老师当面指点。今天我们只有靠文献记载,借助于推理,也要借助后来的科学知识对原著进行诠释。

科学是发展的,时代越早,科学发展越带有不成熟的一些特点。我们今天对《墨经》进行解释,不能不使用现代概念,但要防止把古代人的思想现代化,把古人所不曾有的一些思想强加给古人。

墨子学派中有很多有价值的精华部分,也有很多看不懂的地方。本章只就有把握可以做出科学解释的关于光学、力学、数学中的一部分介绍给读者。其余大量原始资料,留待有兴趣的专门学者进一步去探索。

（一）　墨学对光学的贡献

《墨经》有八条讲述光学的内容。它讨论了阴影问题,针孔成像问题,光的直线进行问题,以及球面反射镜成像问题。《墨经》中关于光学实验的记录,无不和近代光学实验的结果相符合。寥寥数百字,形成了相当完整的成体系的光学著作。钱照临先生曾说:"世界光学知识最早的记录,一般的说法是属于欧几里得的。在他那书里有一段记录光是直线进行的文字……但找不出用任何实验来证明……光是直线进行的基本性质的伟大发现,《墨经》所说的要比欧几里得来得早,并且来得好。就是这一点,《墨经》在世界科学史上应有崇高的位置。"[①]对于以上看法,现在分条举例说明:

---

① 张知寒主编:《墨子研究论丛》第二卷,山东大学出版社,1993年版,第333页。

（1）物蔽光成影

《经下》："景不徙，说在改为。"

《经说下》·"景，光至景亡，若在，尽古息。"

古时认为影子不动，是相当普遍的说法。上述"景"即影。这一条说明物蔽光而成影的理论。只要物不动，影子也不会动。这种不移的状态就是终古止息。所以说"若在，尽古息"。

至于认为物移之后，影子还在的说法，只是错觉。这在中外记录中都有类似的说法。例如：

《庄子·天下》："飞鸟之景，未尝动也。镞矢之疾而有不行不止之时。"

《列子·仲尼》："影不移者，说在改也。"①

可巧，古希腊的芝诺也说"飞箭不动"。与影不动有类似之处。它是说在飞箭经过的每一点上，都有一定的位置，是静止的，它在这一点上就不能同时又不在这一点上。所以是不动的。

以上情况说明：

a　物体遮蔽日光而成影子。影子是不动的。

b　人们有时认为影子可以移动，是因为未消失的旧影与新生的新影相连续而造成的幻觉。

c　如果物体移动，而日光又照在原处，则原处的影子一定消失。

d　如果物体不移动，则原处的影子也不移动。

---

①　景，即影，即光照实物所产生的阴影。为读伪，亦作讹，是变化的意思。亡，同无。在，同有。尽，全。古息，古为姑的省文。姑息，暂且休止。影有动静之分。如果鸟不动，其影也不动。如果是飞鸟，一瞥即过，地面的影成为一条直线，这是动影。名家叫作"影徙"。而静影，名家叫作"影不移"。对于"影不移者，说在改也"，张湛注："影改而更生，非向之影。"这是说易位后生新影，后影已非前影，也是这个意思。

（2）双影的形成

《经下》："景二，说在重。"①

《经说下》："景，二光夹一光，一光者景也。"

明确指出，一个光源只有一个影。两个光源会有两个影。
（图1）

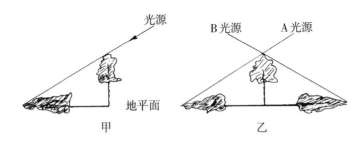

图 1

图1甲，只有一个光源，只生成一个阴影。图1乙是A、B两个光源照射而成的。所以说"说在重"。如果两个光源，对称地在树的两旁，树一方受A光，另一方受B光，也就是各有一面背光，一面受光。背光处就生成阴影。两个光源，两个阴影。又比如足球场四角都有强大光源，所以足球场中的人都有四影。

以上说明

a　一物有时能得到两个阴影，原因在于同时有两个光源存在于两个方向。

b　如果两个光源对称地置于物体两侧，物体只能背在光照的一面产生阴影。

_____

①　孙诒让本为"住景二"，住，位之讹，应属上句"一少于二而多于五，说在建住"，今从曹耀湘《墨子笺》改。参张知寒：《墨子研究论丛》第二卷，山东大学出版社，1993年版，第348页。

（3）小孔成像

《经下》："景到，在午有端，与景长，说在端。"

《经说下》："景，光之人，煦若射。下者之人也高，高者之人也下。足蔽下光，故成景于上。首蔽上光，故成景于下。在远近有端与于光，故景库内也。"①

这一节是讲光线通过小孔可以成像，并形成倒影的理论。（图2）

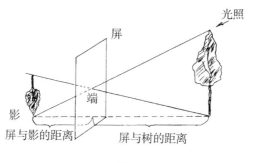

图2

成像的关键之一是孔（端）要小。如果孔大，就成不了像。可看图3：

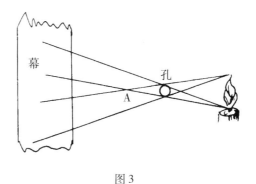

图3

---

① 午，是横直相交。到，是例的省文。端，是屏上的小孔，午有端即交点。煦，是照字的误写。之与至同。与，干预。应，影库，影帐，幕。

光线自右向左,通过的孔太大,光线在 A 点相交,A 点在幕前,所以在幕上不能成像。成像的大小,还与距离有关(图4)。

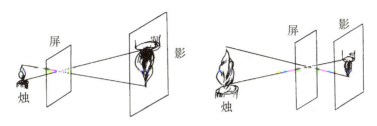

图4

以上说明:

a 光线穿过屏的小孔,映在幕上必成倒影。

b 发光物体、反光物体、映幕与屏的距离,决定倒影的大小。

c 只有具备条件,才能在映幕上形成倒影。

(4)光的反射

《经下》:"景迎日,说在搏(应为转)。"

《经说下》:"景,日之光反烛人,则景在日与人之间。"

如果在正常情况下,光线直接照在物上,应如下图(图5):

图5

日光由左方射来,背影在右方。

如果有一个平面镜反射过来再照人,就会形成下图(图6):

图6

上图(图6),阳光从右边照向平面镜。光线由镜反射,又照在人身上,形成人影,影在太阳与人之间,这是一种特殊现象。所以叫做"景迎日",也就是"日之光反烛(照)人"。

图6即回光反射。日光的反射如图(图7)。

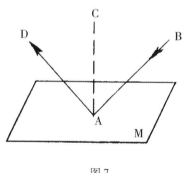

图7

M是平面镜。光线BA射于A点,当即反射如AD。CA是垂线。BAC是射入角,DAC是射出角。这就是光线的反照情况。

(5)影的大小与远近

《经下》:"景之小大,说在地(地当为柂)击远近。"

《经说下》:"景,木柂,景短大;木正,景长小;大(光)小于木,则景大于木。非独小也。"①

这一段是说日光照射的影子,它的大小不只与距离有关,而且与被照的实物(木柱)是否直立有关。立柱正直,其影长;立柱

———

① 柂,即木也斜也。击,即正。木,立柱,用以作为标志或标准物。大小,即长短。

斜,其影短。立柱正直,其影较淡;立柱斜,其影较浓。现画图说明(图8):

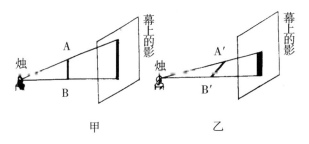

图 8

甲乙两图,柱与幕距离相等,AB 与 A′B′长度相等。只因 AB 是直立,所以影子高、细、淡;A′B′斜立,影子短、粗、深。

至于柱的远近,也影响影的大小。可比较下图(图9):

烛大于木,烛小于木,效果也不相同。也可比较下图(图10):

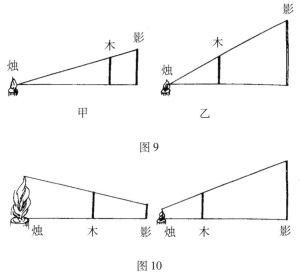

图 9

图 10

(6)凹面镜的成像

《经下》:"鉴位,景一小而易,一大而击,说在中之外内。"①

《经说下》:"然鉴分,鉴中之内,鉴者近中,则所鉴大,景亦大。远中,则所鉴小,景亦小,而必正。起于中,缘正而长其直也。中之外,鉴者近中,则所鉴大,景亦大。远中,则所鉴小,景亦小,而必易。合于中而长其直也。"②

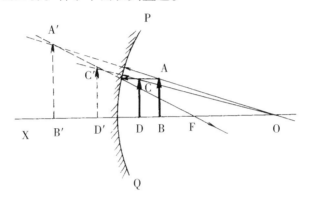

图 11

PQ 凹面镜　O 球心　F 焦点　OX 正轴

AB、CD 鉴者实物　A′B′、C′D′所成虚像　A′B′>C′D′

AB 近于焦点,则所鉴大,影亦大。CD 远于焦点,则所鉴小,影亦小。即 A′B′>C′D′。但所得之影均较实物为大,即 A′B′>AB,C′D′>CD。实物在焦点之内,成像必在镜后,正而虚,比实体大。即"一大而正",亦即"起于中,缘正而长其直也"。

中(焦点)之外,分两种情况:

a　实物位于球心之外,如图 12:

AB 近于球心 O,所鉴大,影亦大,成像 A′B′。CD 远于球心

———————————

① 位应作注,同窍。鉴位即鉴凹,亦即凹面镜。这是说凹面镜的成像。

② 易,是指像的变化,即变样。中指焦点,"中之内"指焦点以内,"中之外"指焦点以外。

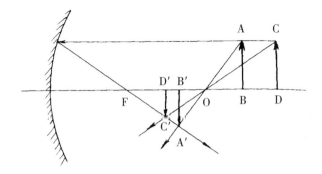

图 12

O,所鉴小,影亦小,成像 C′D′。A′B′>C′D′。所得之像均比实物小,且是倒立实像。这就是"一小而易"。

b 实物位于焦点和球心之间,如图 13。

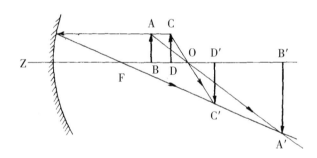

图 13

AB 近于焦点 F,所鉴大,影亦大,成像 A′B′。CD 远于焦点 F,所鉴小,影亦小,成像 C′D′。A′B′>C′D′。所得之像均比实物大,A′B′>AB,C′D′>CD,是在球心之外的倒立实像。即"合于中而长其直也"。

(7)凸面镜成像

《经下》:"鉴团,景一,不坚白,说在荆(形)之大。"①

————————

① 团,即凸。鉴团,即凸面镜。荆(形),俗作刑,和形通用。

《经说下》:"鉴,鉴者近,则所鉴大,景亦大;亓(其)远,所鉴小,景亦小,而必正。"

凸面镜的成像只有一个。光体移近于镜,在所现的光强,成像也大;光体移远,光变弱,成像也小。但都是正立的。

凸面镜的成像也分两种情况:一是物体距镜面较远时,则在镜后生成一个较小而正立的虚像;二是物体距镜面较近时,在镜后生成一个较大而正立的虚像。但像都比实物要小。

(8)平面镜成像之理

《经下》:"临鉴而立,景到。多而若少,说在寡区。"①

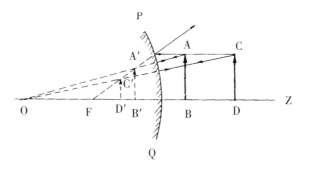

图 14

PQ 凸镜   O 球心   F 焦点   AB = CD

A′B′、C′D′各为 AB、CD 在镜后的小而正的虚像,A′B′ > C′D′

《经说下》:"临,正鉴,景寡。貌能、白黑、远近、柂正,异于光鉴。景当俱就。去亦当俱,俱用北。鉴者之臭,于鉴,无所不鉴。景之臭无数,而必过正;故同处其体俱。"②

---

① 区,面。寡区,区面减少,即二镜的夹角缩小。

② 临,自上俯下。鉴,古时的铜镜。景,像。正鉴,平面镜,省称平镜。景寡,照物只有一个单像,故说"景寡"。能,态的省文。柂,即柂,斜。异,冀的省文,对望。当,谓两镜相接。俱,相合,谓两像相聚。就,挨拢。去,摆开,即大于正角。北读为背,背之本字。鉴,照镜子。臭,当为臬。

关于平面镜成像，《经下》原文及《经说下》原文在于说明下
面三种情况：

a　一物俯照平镜，成像单一而且是倒的。

平面镜成像只有一个。其所以是倒像，是因为像的形态、白
黑、远近、斜正，都是人的眼睛对望光线所现的缘故（图 15）。

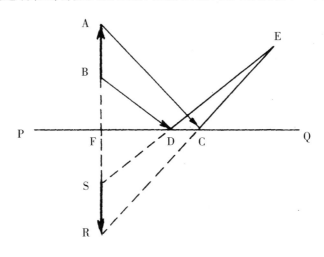

图 15

PQ 是一个镜面。AB 是一实物。E 为眼睛

A 处的光线抵镜面 C 点，反射至 E；B 处的光线射于 D 点，也
反射至 E。而人们只以为反射光线是从镜面的 R 点反射而产生
的。R 是 A 的像点，同理，S 是 B 的像点。此外，AB 上各点都有
像点，依次排列为 RS，聚合而成物像 AF 与 FR 同长。RS 是与
AB 大小相等，方向相反的颠倒的虚像。AB 的箭头向上，RS 的
箭头向下，成为倒像。因只此一像，所以说"正鉴景寡"。

b　二平镜成 90°角（图 16）按上述反射的道理，图 16 中 A
在 OP 的虚像为 B，在 OQ 上的虚像为 C。而虚像 B 对于 OQ 镜又
成虚像 D，虚像 C 对于 OP 镜也成虚像 D，所以共成三像。因 D

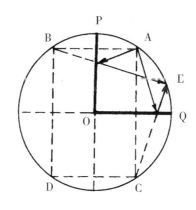

图 16

两个平面镜 OP、OQ,其中 OQ 平放于桌面,OQ 倚在墙上。二镜成 90°。
物体 A 同时照在 OP、OQ 镜上。E 是眼睛

是二像的重合,故说"鉴当景俱"。

c 二平镜小于 90°角

如果两个平镜的夹角小于 90°,成像会多于三个。公式为:
像数 = 360 ÷ 角度 − 1。设二镜夹角为 12°,可得像数 360 ÷ 12 − 1
= 29 个。也就是说,两个平镜夹角越小,成像越多。现以下图
(图 17)说明:

A 在平镜 OP 上成虚像 B,B 在平镜 OQ 上成虚像 C,C 又在
平镜 OP 上成虚像 D,D 在平镜 OQ 上成虚像 F。同理,A 在平镜
OQ 上成虚像 G,G 在平镜 OP 上成虚像 H,H 在平镜 OQ 上成虚
像 I,I 在平镜 OP 上成虚像 F。至此,与 A 在 OP 镜的虚像 F 重合
为一。两镜共成像七个,按公式计算,360 ÷ 45 − 1 = 7,结果相同。
以上,因成像反复反射,故说"无数"。

如果夹角为 120°时,按公式计算应得三像减一像,得二像。
因三像中包括一个具像,只因在镜背的方向,已不能见,故说"俱
用北(背)"。

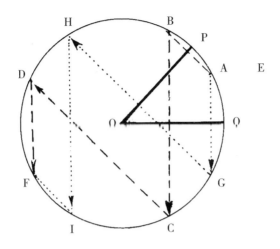

图 17

平镜 OP 与 OQ 相接。OQ 平置,OP 悬起,二镜夹角为∠POQ,成 45°角,

物体 A 照于二镜之上,E 为眼睛

"景之臭"接"鉴者之臭"。物体成像后相继反射,故说"无数"。过正是反其正常,在这里指正角斜庆的意思。"其"与"之"同。"体",部分"同处其体俱"即图 17 中的 F,是两个虚像的重合。

(二) 墨学对力学的贡献

墨子学派对于力学很有研究,达到了当时世界最高水平。《经上》说:"力,形之所以奋也。"就是说力是物体运动变化的原因,这个内容就是牛顿第二定律,只是没有明确提出加速度问题。墨子学派对于加速度是知道的,只是没在这一条中写出来。实际上,所谓"奋"即变速运动。又如《经下》在讲到輶车时,有些说法如"上者愈得,下者愈亡","上者愈丧,下者愈得"。这些"愈"字,都含有加速度的意思。《经说上》:"力,重之谓下,举重奋也。"这里讲物体下落,即引力作用的必然现象。墨子是引力学说的最早发现者。西方讲引力的发现,首推17世纪的牛顿,而墨子早在两千年前就提出了引力问题,而且"引无力也",可看作墨家的引力定义。

《墨经》中关于力学的条目,可举例说明如下:

(1)动力

《经上》:"力,形之所以奋也。"

《经说上》:"力,重之谓下,举重奋也。"①

这一条是墨子学派对力的基本概念。从"力,形之所奋也"看,在于说明物体改变动止状态的基本动力。

《经说下》"力,重之谓下",是说引力的作用。没有引力物体不会下落。墨子不但洞察力可改变物体动止的状态,而且还是引力的最早发现者,说,"引,无力也",很像引力的定义。

(2)动源于力

《经上》:"动,或从也。"《经说上》:"动,偏祭从者,户枢免瑟。"②

这一条是说物体从一方面用力送,它就可以移动。这有如门的开关,从一边用力,就可以开或关上,但必须去掉门闩。

这一条是上一条的注解,说明力发挥作用的过程。

(3)动与静

《经上》:"止,以久也。"

《经说上》:"止,无久之不止。当牛非马。若矢过楹。有久

---

① 形与刑通用。形,今言物体。所以,原因。奋,本义为飞,这里作运动解。重,即力量。举,舁的省文。下坠也有力,地球的引力就是下坠之力。

② 从,纵也,送的意思。祭,同际。偏祭,一侧。瑟,门闩。闩住门,就开不了。无闩,门才可启动开阖。

之不止。当马非马。若人过梁。"

这里所谓"止"，使动静止下来。这是靠力来完成的。止要靠时间来显示，所以说"止，以久也"。这是静态分析。用，指用力。久，一作灸，有挡的意思。按《经说上》，久即"古今旦暮"，应是时间的长久。楹，堂前的柱子。矢过两楹之间，转眼即逝，这是一种动态。人过桥一步一停地走，这又是一种动态。人们依于时空，时空变了，人物也要变。"无久之不止"，不止是动。"无久之不止"是不存在没有时间的动。反过来说就是"有久之不止"。此条说物体的静止或不静止都需要时间。矢过楹很快，一刹那也是时间。这样说和把牛当作"非马"一样正确。人过桥很慢，一步一停的假像，不能认为真的不动。如果这样，就和错把马当成非马一样了。这如梁启超所说，时间有"无久"与"有久"两种。有久易察，无久很短暂，不易察觉。这一条是讲物的运动，时时在变，不易察觉。

又据谭戒甫《墨经分类译注》，应是："动荡的物必止，这是用力久柱的原故。这相当于'牛'是'非马'一样正确。比方一矢过两楹之间，物（矢）动时有外力久柱也不会停止，这样说和'马'是'非马'一样不正确。又如过桥，当人为河水所阻时，不能前进，是有久。但有了桥，就可以继续前进。'有久必止'是常态，'有久不止'是变态。"

（4）合力

《经下》："合与一，或复，否。说在拒。"

《经说下》无。

这一条经说无文，不易考察。可有两种理解：

一是按《墨经分类译注》，这一条属于力学。它是说合是合力，是几个力的综合。"一"是一力。合与一有敌对之意。"复"是合力，或反动力。"否"是"不复"，言回力过小，不易察觉。拒是抗力、抵抗力。

二是据《墨子校注》，认为这一条说的是矛盾的关系。合与一既合之后，思想自身又孕育矛盾，生出否定思想，而易相对立。

（5）平衡

《经下》："负而不挠，说在胜。"

《经说下》："负，衡木。加重焉而不挠，极胜重也，（左）右校交绳，无加焉而挠，极不胜重也。"①

这一条说明：人用一扁担挑物是平衡的。若一头加重，就是要倾倒。如果不偏不斜，就是"极胜重"。两立柱间拴绳，不负重也是弯的，这是极不胜重。说"负而不挠"，是可以承重，即"说在胜"。

（6）杠杆

《经下》："奥而必出，说在得。"

《经说下》："衡，加重于其一旁，必捶。权重相若也，相衡则本短标长。两加焉，重相若，则标必下。标得权也。"②

在秤已平衡时。在一头加重，这一头必然下垂。因为未加重前，权（秤砣）与物（重）是相均衡的。所以说："衡，加重于一旁，必捶，权重相若也"。一杆秤（如图18），本短，标长。按今天的公式说，本的长度与所悬重量的积等于标的长度与秤砣的积，两头就会平衡。这时两头加以相等重量，则秤砣一头必然下垂，这就是"两加焉，重相若，则标必下"。

---

① 极，横木，横绳。"中""重心"。而，读为能。左右校交绳，在左右两校柱之间拴的绳子。衡木，扁担。

② 奥，衡的古文，原文误作天。衡，今之秤杆。权，今之秤砣。这是讲杠杆，杆必须平，故引申有平衡的意思。捶，垂的繁文，下坠。秤的结构，提挈是支点，秤盘一头是重点，秤砣为力点。

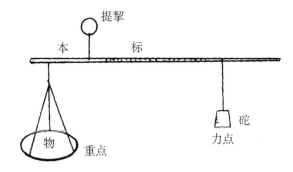

图 18

以上,与古希腊阿基米德的杠杆原理表述有异,涵义相同。

（7）上提与下曳

《经下》:"挈与收仮（反）,说在薄。"

《经说下》:"挈有力也,引无力也。不正,所挈之止于施也。绳制挈之也。若以锥刺之,挈,长重者下,短轻者上,上者愈得,下者愈亡,绳直权重相若,则正矣。收,上者愈丧,下者愈得,上者权重尽,则遂挈。"

本条接上一条杠杆而言。讲挈与收两种力量。挈,上提。收,下曳。仮,挈与收用力相反,薄,迫、逼。挈与收用力相反,故曰"说在薄"。关于力的方向的分析,提出"挈有力也","引无力也"的看法。

杠杆一头悬物,一头悬权。悬物一头往下坠,必然使秤砣一头上扬。这是"长重者下,短轻者上"。

绳直是指悬物及秤砣的绳与秤杆垂直。这样就等于平衡。这就是"绳直权重相若,则正矣"。

挈与收相反,如果物过重,物下坠,权上升下坠是收力,上升是挈力。下坠越有力,上升越无力。这就是"上者愈丧,下者愈得;上者权重尽,则遂挈"。

（8）輮车

91

《经下》:"倚者不可正,说在剃。"

《经说下》:"两轮高,两轮为輲,车梯也。重其前,弦其前,载弦其前,载弦其轱,而悬重于其前,是梯。挈且挈则行,凡重,上弗挈,下弗收,旁弗劫,则下直;扡,或害之也。沄梯者不得沄直也。今也废石于平地,重,不下,无蹡也。若夫绳之引轱也,是犹自舟中引横也。"①

这一段是说輲车的制作与原理。这种车的特点是前低后高。又叫梯车。在车的前方(后轮之前)置以重物。一拉(挈)一推(挈)即可行走,不太费力,所以叫作"挈且挈则行"。因车自己有前重的特点,所以上面不用提(上勿挈),后边不用拉(下勿收),旁边不用推(旁无劫),就可以顺利行走。如果有偏斜就妨碍行走了。

"今也废石于平地"应移后。上面的实验,用绳子拉车和江中行船时用绳子拉着走是一个道理。所以说"若夫绳之引轱也,是犹自舟中引横也"

(9)引力

《经下》:"堆之必柱,说在废材。"

《经说下》:"堆,拼石絫(累)石,其(耳)夹帟(寝)者(堆)柱也。方石去地石,关石于其于(下),悬丝于其上。使适至方石。不下,柱也。胶丝去石,挈也。丝绝,引也。未变而名易,收也。"

解一:这一节是说运动的理论。经文比较简单,只是说堆材

---

① 輲车,一种四轮车。前轮小,后轮高。梯也,即梯者。第二"载"字与"再"同,"是梯"以下是说明驾车的技术。凡重,是梯车前面的重量。上指前,下指后。扡,同迤,斜也。害,读为遏。沄古文流字。此处借为"疏"。疏梯者,说疏于驾梯之人。蹡,倚挈。横,同桄,舟前木。说驾车要操纵自如,正像驾船一样。

需要支撑。经说比较复杂,它说

a. 垒石块,下设支柱;b. 以丝系石,下至方石。抽掉支柱,方石悬空不动,这是靠丝的挈力;c. 石重丝断,石头坠下,这是引力;d. 上提之力叫挈,下送之力叫收。

解二:本条在于说明建筑过程,废是放置,材是石料。饼,并的繁义。絫,通作累。耳,佴的省文。副,贰。称,寝的省文。庙制,中为太室,即寝。夹室之前的堂为耳。平地,即平的地基。丝,匠人用的墨线。方石即标准石。柱是"定屋脚"。去石,指去掉石的多余部分。引是引满,补充。名易的易是平正,收是成就。

这一段的意思是说:建筑,先开始奠基。调集石材,设计厢房,夹室,这一过程是"堆"。然后立石于平地上,以距地一尺为标准。石过大的要裁减,这是挈。过小的要补,这是引。合适的叫作收。

按照这一意见,《经说下》文应是:"堆,拼石,絫石,耳夹容者,堆也。柱也。今也废石于乎地,方石去地尺,关石于其下,悬丝于其上,使适至方石石下,柱也。胶丝去石,挈也。丝绝,引也。未变而名易,收也。"

(10)力均

《经下》:"均之绝否。说在所均。"

《经说下》:"均,发均悬。轻重而发绝,不均也。均,其绝也,莫绝。"

这是研究弹性力学的问题。列子也讲这一问题。《汤问》篇说:"均发均悬轻重而发绝。发不均也。均也,其绝也,莫绝。"还举例说,"人以为不然,自有知其然者也。詹何(楚人,善钓,闻于国)。以独茧丝为纶,芒针为钩,荆条为竿,剖粒为饵,引盈车之鱼。"《仲尼》篇又说:"发引千钧,势至等也。"可见这在古代是一个较为普及的辩题。

经文是说,以发悬重,是否会断,关键在于是否均匀。对于均匀,单丝有均匀与否的问题,一束也有同样的问题。如果轻重不等,就不是均匀,不均匀处必然会断裂。颜道岸教授指出,这一命题的提出,是以实验为基础的。没有多次艰苦的实验,很难有这样的认识。

（三） 墨学对数学的贡献

墨子是伟大的逻辑学家。它一方面借用逻辑研究数学,同时也借用数学研究逻辑。墨子的数学成就包括基本概念和几何学的内容。现举例说明:

（1）整体与部分的关系

《经上》:"体,分于兼也。"

《经说上》:"体,若二之一,尺之端也。"①

经文:兼是全体,体是部分。

经说:体与兼的关系,很像二与一的关系,又很像尺与端的关系。在墨子的数学理论中,尺是几何学的线,端是几何学的点。因此,如果把尺比作兼,端正好比作点。如以二与一相比,二是兼,一是体。即二为一之兼,一兼为二之体。尺为端之鉴,端为尺之体。

（2）平行线

《经上》:"平,同高也。"

---

① 体,一个整体的部分。兼,众体为兼,分之为体。端,1. 发端,初生。2. 点,可理解为最基本的,不可分割的,所以端无间(没有间隙)。二之一,是半数的意思。

94

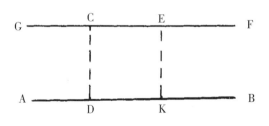

图 19

《经说上》:"谓台执者也,若兄弟。"①

这一条讲两线平行的原理。如果 AB 与 FG 平行,EK、CD 是两条平行线的垂线,则 CD = EK。

(3)解释径同长

《经上》:"同长,以相尽也。"

《经说上》:"同,楱与狂之同长也。"②这一条是说,穿过圆心的径线是同长的,犹如门楗与门框同长。图 20 的直径 AB = CD。

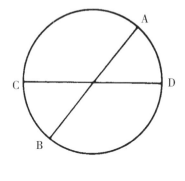

图 20

(4)圆的定义

《经上》:"圆,一中,同长也。"

《经说上》:"心中,自是往,相若也。"

心中即中心。圆的中心即圆心。"自是往"即自中心往,就是半径之长。"相若"即相等,半径等长。图 21 说明从 O 到 A、B 是等长,即"中,同长也"。《经上》和《经说上》的内容,既是圆的定义,也是作圆的方法,简单、明了、适用。

———————

① 经说原缺。谭戒甫据曹耀湘移补于此。台,即抬。抬一重量,两头重量相等。借譬为"平同高"。兄弟,也是比喻负担相等的意思。

② 楱,有,楗,楗是"门闩之木"。狂,即框,如门框。尽,莫不然,相一致。

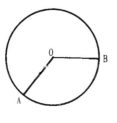

图 21

（5）方形（不限于正方形）

《经上》："厚，有所大也。"

《经说上》："厚，唯无所大。"

图 22 是一个长方体。ABCD 是一个平面。BF 是厚，也是高。有了厚，才有体积，所以说"厚，有所大也。"

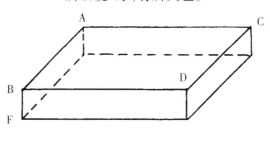

图 22

如果只讲 A、B、C、D，它只有平面，没有厚，因而只有面积，没有体积。所以说："厚，唯无所大。"《庄子·天下》说："无厚不可积也"，就是这个道理。

（6）圆三径一

《经上》："直，参也。"

《经说上》：无。

这一条无经说。对它有两种可能的解释：

一是认为墨家关于圆三径一的界说。故"直"前应有圆字。全文应是"圆，直参也"。或与"圆，一中同长也"合成一条。中国古代"参"的用法不同于三，而是三分之一。

二是认为它不是欧几里得原理，这不是用"两点之间最短的路径"，为直线作解释。而是用"三点排列"，视线重合作直线定义。这样的解释，以视线为直线。这不是数学的解释，而是物理的解释。

（7）圆的做法

《经上》："圆，一中同长也。"

《经说上》："圆，规写交也。"交，原误作支。①

如图 23 中，AB、CD 都是直径，圆心是 O，以 O 为圆心，就可以做出圆的图形。

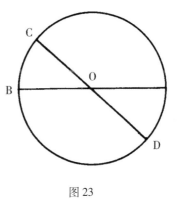

图 23

（8）方形的做法

《经上》："方柱隅四讙也。"

《经说上》："方，矩写交也。"②

这个图形（图 24）可以用矩画出来。这就是"矩写交也"。但画出的图形不一定是正方形。

（9）倍数

《经上》："倍为二也。"

《经说上》："倍，二尺与尺，但去一。"③

这个命题是说倍是一的自加。二尺与一尺，只不过是二尺减去一而已。

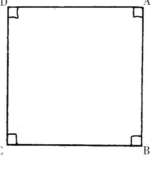

图 24

AB、BC、CD、DA 是四柱。∠A、∠B、∠C、∠D 是直角。此图

---

① 规，圆规。一中，中是圆心，凡穿过同一圆心的直径一定等长。写交，用圆规画线，从甲点出发，又交于甲点。

② 柱，方形的四边。隅，方形的四角。讙，直角。矩，画方形的仪器。写交，原误为见支。

③ 一自加为二，就是"倍"。"二尺与尺"即"二尺"与"一尺"。去即减。

即是"柱隅四讙"。

（10）点

《经上》："端,体之无序而最前者也。"

《经说上》："端,是无同也。"

端是几何学上的点,是线的顶端,所以说,端"体之无序而最前者也"。又因它的前方更无其他,它处于最前,所以"是无同也"。它既在"最前",就不参与排列的顺序,所以说"无序"。端,应理解为最前点。

（11）中

《经上》："有间,中也。"

《经说上》："有闻,谓夹之者也。"①

这一条说明有间是有中的,像门框一样,夹着中有二间。

A、B、C 三者各为一间。甲、乙为中,中的两侧是间。甲是中,AB 是间,夹着中。

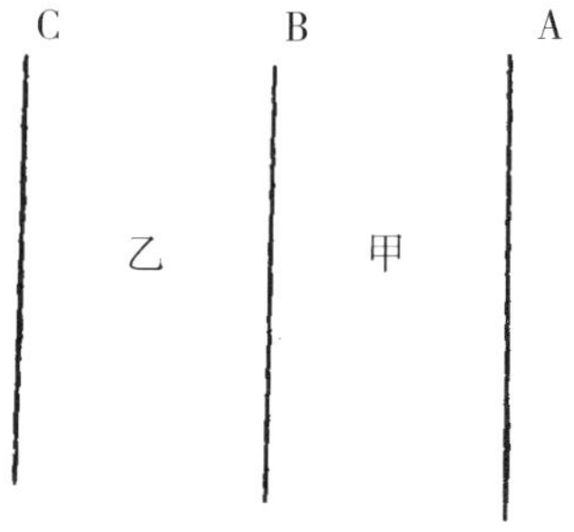

图 25

（12）间

《经上》："间,不及旁也。"

《经说上》："间,谓夹者也。尺前于区穴,而后于端,不夹于

---

① 门耳二字误合一为闻。耳是佴的省文,副、贰的意思。夹左右相持。之,指夹的中间。

端与区穴,及,及非齐之及也。"①

本条是说,间不涉及两旁,间就是离中的夹者,像几何学的线,独立存在、不夹在点和面之内(及,不是齐等之齐)。

(13)沪

《经上》:"沪,间虚也。"

解一:《经说上》:"纺,间虚也者。两木之间,谓其无木者也。"这里是线缝,是虚的。沪,无厚之面。间虚,说只有长、广而无厚,是间之虚。

解二:庐是二间之中的虚线。虚是两木之间,无木的夹缝。

(14)盈

《经上》:"盈,莫不有也。"

《经说上》:"盈,无盈无厚。"

盈,器满则盈。故说"莫不有"。尽,器中空。器空则尽,故说"莫不然"。厚,有长、宽、高的立体。莫不有,即长、宽、高俱备。盈,充实弥满,无所不有。"无盈"当于无厚处求之。无厚者至小无内。

(15)撄

《经上》:"撄,相得也。"

《经说上》:"撄,尺与尺俱不尽,端与端俱尽,尺与(端)或尽

---

① "及,及非齐之及也"是后人批语,误入正文。"不及旁",夹者两旁不相交。区穴,解释有四:1.穴为坏宇,应为宇,区宇即区域。上下四方为宇,区字在《经说下》"怃字不可偏举"(《墨子校注》)。2.区穴即"零"。零是线段的开始。但线段夹于两点之间,所以说"不夹于端与区穴"(《墨子研究论丛》第二卷,第8页)。3.穴是衍文,应删去(《墨经分类译注》)。4.《经说上》"区者虚也"。区穴犹云空穴。"区穴若"即"若区穴"。

或不尽,坚白之撄相尽,体撄不相尽。"①

撄,体积的增加。增加后成为新的体积,所以说"体盈不相尽"。尽,即一致。线与线长短不一,故曰"不尽"。点与点没什么不同,故曰"为尽"。至于点与线,因线由点组成,就点而论,它有尽,就线而论,就不尽。

(16)仳

《经上》:"仳,以有相撄。"

《经说上》:"仳,两有端而后可。"

解一:仳,并,比。几何学的割线。相撄,即相交。一体分割为二,成为两体。它与割线相交,是为相撄。如果两体已经分离,就是不相撄。说"仳,有两端而后可",是割线的界说。

解二:仳,比的繁文。以,和谓同义。从有两端看,是比较线段的长短。

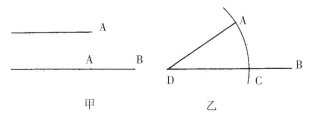

甲　　　　　　乙

图26

撄是黏合。比较线段的长短有黏合与不黏合两种。图26甲,A 线短,B 线长。把 A 线放在 B 线之上,AB 即是长出之数。

---

① 撄,原义是触,扰的意思。这里作为几何学的"相交"。二是联系、黏合。相得,二者相交即为相得。尺,即线。线与线相交仍为线,故云"尺与尺俱不尽"。端,点。点与点相交,交处仍为点,所以说"俱尽"。线与点相交,线不尽而点尽,点不复存。所以说"或尽或不尽"。坚、白,墨家认为坚与白不能分。白中有坚,坚中有白,所以说"坚白之撄相尽"。

这是黏合。图 26 乙,用圆规,以 DA 为半径,在 BD 线测量,使 AD、CD 都等于 A 线长,这时 A、B 线不黏合。

解三:《经上》:"似,有以相撄,有不相撄也。"

∠A 为直角。AB = AC,AO 是从 A 至 BC 的垂线,O 是圆心,AO、OB、OC 是半径。

《经说上》:"似,两有端而后可。"

似,应作仳。有,应作目。似,即几何学的相似形。相似形有相撄不相撄两种。

图 27,△AOB、△AOC 都相似,而又相撄。各边都可叠合。但△ABC 与△AOB 和△AOC 只相似,不相撄,因不能重合。比较相似,必须有两个条件相等,所以说"故两目端而后可"。

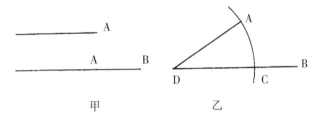

甲　　　　　乙

图 27

(17)次

《经上》:"次,无间而不相撄也。"

《经说上》:"次,无厚而后可。"

解一:次,即几何学所谓相切。撄,即几何学所谓相交。相交,即属割线。二体相切时,其中没有间隔,也不相交。所以说"次,无间而不相撄也"。"无厚而后可",也是切线。切线与圆相交,只有一个切点。

解二:《经上》:"次无闻而不撄撄也。"

《经说上》:"次无厚而厚可。"

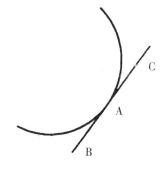

图 28

这里,攖攖当作相攖。

这是哲学解释,而不是几何学解释。要点是:相次无间而不相攖,只有宇宙符合这一条件。宙弥异时,宇弥异所。无所不在,方为无间。宇宙至小无内,至大无外,故以厚拟之。厚与无厚通而为一。

"有厚、无厚"是战国时的一个辩题。《荀子・修身》也说:"有厚无厚之察。"所以有厚无厚联用,不必改。

(18)

《经上》:"儇、秪、秖。"

《经说上》:"儇、昫、民也。"①

解一:如29图中,秖是切线与圆相切之点。圆的一周都可作切点,所以说"俱秖",儇即圆。轮转一周即为一环。

解二:儇、秪、秖当为环秪秖。在《经说》中秪作咖,秖作民,当作氏,即秖,本也。氏与本义同。至于环之为物,旋转而专尚,若互相为本,故曰墨子及其后学,长于理论,扎根实践,讲求实效。在数学、力学、光学之外,他们对于声学、机械、土木等方面

① 儇,圆环。秪是俱。秖是秖,通作氏,本也,今文作胝。"俱秖"。

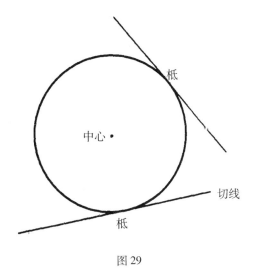

图 29

也具有不可磨灭的贡献。比如具有起重作用的桔槔,发射巨箭的连弩车,投掷武器和炭火的转射机,监听敌人动静的罂听,都是当时的重要发明。当前,对于墨子及其后学的实际贡献,还知之不多,有待进一步研究和发掘。

韩　非[*]

一　从矛和盾的故事说起

从前有一个卖矛的人,在市上夸耀他的矛是天下最好的矛,不论怎么坚实的盾它都能刺穿。同时,这个人手里也拿着一面盾在卖,他夸耀他的盾是天下最好的盾,无论是怎么锋利的矛也刺不穿它②。有些人被他的夸大宣传吸引住了,逐渐围拢来。这个人洋洋得意,正在等候买主。人群中走出一个人,向这个卖矛和盾的人问道:"听你说得很好,你的矛和盾可算天下最好的武器。如果用你的矛刺你自己的盾,能不能刺得穿它?"这个突然的问题,可把这个卖矛和盾的人窘住了。他想说他的矛可以刺穿他的盾,那末他的盾就不是像他说的那样最坚实;他又想说盾不会被刺穿,那末他的矛就不是像他说的那样最锋利。这个问题使他瞠目结舌,回答不上来,只好满面羞惭地,拿着他的矛和盾,灰溜溜地离开市场。这就是大家熟悉的"以子(你)之矛,攻子(你)之盾"的故事。

---

*　上海人民出版社,1964 年 10 月版。

②　矛,古兵器,是枪刺的一类。盾,古代防御武器,是坚韧材料做成的牌,用以掩护身体。

　　上面这个故事,未必真有其事,但是这个故事说明:一个人说的话不可以前后不一致,不可以自相矛盾。我们今天几乎天天会遇到"矛盾"这个词,我们自己也经常使用"矛盾"这个词。当然今天所用的"矛盾"不止是"自相矛盾"的意思,有时也指事物对立统一的原理。"矛盾"这个词的创作者是谁? 就是现在要向读者介绍的韩非。

　　韩非是战国(前 475—前 221 年)后半期韩国的一个没落贵族,自幼跟当时的大学者荀子读过书。他有些口吃(结巴),不大能讲话,但是能写文章。他的文章写得条理清楚,分析深刻,有说服力。他的同学李斯也是一个很有学问、很有才干的人,后来当了秦始皇的宰相。秦始皇灭掉六国,统一中国,李斯立了不小的功劳。但李斯也承认自己的才能不及韩非。

　　韩非约生于公元前 289 年,他的年龄和李斯差不多。他死于公元前 233 年,活了五十多岁。他的著作经后人编在一处,称为《韩非子》。古人经常用人名当书名,像墨子的著作叫《墨子》,孟子的著作叫《孟子》,荀子、庄子、老子也都是这样的。韩非的著作在当时各国都有流传的抄本,在秦国也有过广泛的影响。

　　有一天秦王(就是后来的秦始皇,当时还没有统一中国)读到韩非的著作,大为赞赏,说:"这真是一部好书。我若能和这位作者见一面,也不枉活一辈子了!"秦王还以为这部著作是一位古代学者作的呢。这时李斯在旁说:"这是我的同学韩非写的书。这个人还活着,想见到这个人不难,他现在韩国。"秦王一听,高兴极了,设法把韩非找到了秦国。见面后,谈得很融洽,很想重用他。这时秦王左右的大臣都有点不服气,特别是李斯对韩非更加嫉视。因为他知道韩非很有才干,学问又好,万一秦王重用了他,至少自己的宰相做不成了。李斯就暗中联合其他大臣在秦王面前说韩非的坏话。说韩非是韩国的贵族,他终究是心向韩国的。秦国和韩国是敌对的国家,若重用了他,他会为韩国打算,不会真心为秦的。如果放走他,让他到别国去,万一被人重用,和秦国捣起乱来,也是个麻烦。不如找个借口把他杀了。秦王就把韩非关进监狱,还在考虑:用他,放他,还是杀他。李斯又使人威吓韩非,韩非被迫在狱中自杀了。秦王考虑了很久,觉得韩非毕竟是个人才,最后下命令释放他出狱,还是想重用他,但是韩非已经死了,来不及了。

二　韩非有哪些主张
引起秦王的重视

　　在战国末期,各国连年战争,大国兼并小国,最后剩下了七个大国,那就是齐、楚、燕、秦、韩、赵、魏。其中秦国最强大,楚国、齐国也是强大的,其余的国家土地小,也比较贫困。不论大国和小国,打起仗来,吃亏的还是老百姓。当时的老百姓大多在想:能有一个统一的、没有战争的局面,让大家太太平平生活下去,那是多么好呀! 统一,是人民的要求。再从当时的生产情况来看,也要求加强经济联系,促进经济交流。当时齐国出产的盐、铁,不但供齐国自用,也供应其他国家的人民。南方楚国的木材,西方秦国的皮毛、革制品,也供应东方各国人民的需要。还有当时的黄河,流过好几个国家,各国都不想把黄河治理好,只想把水患转移到邻国去。发生水患,当然倒霉的还是老百姓。从各方面的实际情况看来,统一中国,对发展生产、安定人民生活是有利的。谁能统一中国,肯定会得到人民的支持,也是符合历史发展的要求的。韩非的著作就是从统一中国这一总目标出发,提出了他的一套理论和原则。他那一套学说,在当时有很大的进步意义,也正是这一套学说,受到了秦王的重视。

　　当时有哪些人反对统一呢? 为什么他们反对这种历史进步

的方向呢？当时各国有许多世袭旧贵族。这一批世袭旧贵族长期过着寄生的剥削生活，只知道吃喝玩乐，只想靠着祖先是贵族，有世袭的产业，永远享受下去。他们害怕新的变革。可是当时已有人提出了新的变革主张，要求取消贵族的世袭制度，有才干的才能做官，有军功的才封给爵位，土地可以自由买卖。要是这样实行起来，首先遭受不利的是世袭旧贵族。他们的特权地位保不住了，他们的财产也有卖光的危险。他们是反对统一的。

战国末期，社会前进的主要矛盾表现为全国统一与分散割据的矛盾。从经济的发展、政治的安定、人民的愿望来看，都要求统一，建立一个大一统的封建王朝，至于这个统一王朝由哪一个国家来实现，就看它的主观和客观的各种力量和条件。而反对统一，是不符合历史发展潮流的。韩非就是代表新兴的地主阶级，反对旧贵族的割据的。他虽然出身于没落的贵族，却早已看出用旧的办法不能继续统治下去了。韩非为了论证旧的制度一定要改革，不能不变，提出了一系列的有进步性的学说。

三　法、术、势的作用 和它们之间的关系

早在韩非以前，已经有许多社会改革家提出改革奴隶制度，实行封建制度，统一全国的要求。他们也提出了一些办法。有些人认为要取消世袭旧贵族，改为封建制，国君要有三件法宝——法、术、势。韩非继承了这种说法，并且有了发展。

法是由国君颁布的法令条文，要求全国人人知道，共同遵守。这些公开的条文，定出什么事应当做，做了有赏；什么事不应当做，做了要受罚。这样，全国人民有了共同的标准，事情就好办，国君只要用赏罚，就可以支配全国人民了。这是古代封建统治者统治人民的一般的办法。当然，这种法，不是约束国君的。法是按照国君的意志，为镇压人民的反抗而制定的。有了法，比如说，国君制定了作战中杀死敌人的有赏、败了逃回的受罚，那么国君只要用这件法宝，就能驱使人民为他拼命打仗了。

什么是术？术是国君为了支配他的大臣，运用种种手段，使大臣猜不透他的意图，就不敢捣鬼。术是只有国君自己知道，不能公开暴露的。比如，国君不暴露他的喜怒、好恶，大臣猜不透他心里在想什么，就只好赔着小心，谨谨慎慎地听国君的差遣。因为统治阶级为了争夺利益，经常钩心斗角，他们中间矛盾很

多。国君防备大臣篡夺他的地位，大臣也要设法保持自己的地位，而不是甘心情愿地为国君做事。所以韩非从国君的利益出发，叫国君对大臣随时警惕，必须用术。

势是权位、势力。韩非认为推行法令，使用权术，没有势力是不行的。他曾说，孔子被认为圣人，可是孔子一辈子只有七十个学生追随他。和孔子同时，统治鲁国的鲁哀公不过是个平常的国君，可是他掌握着鲁国的政权，有权有势，所以连孔子那样的圣人也只好听从他的支配。他还说，即使尧、舜那样的国君，如果失去国君的地位，没有国君的权势，天下人谁肯听他的？恐怕连三个人也管不了，更不必说管理天下了。

因此，韩非认为法、术、势三者是一个封建专制的国君必不可少的三件法宝。这三件法宝，运用起来要有机地结合。有法无术，难免大臣捣乱；有术无法，全国人不知道应走的方向，国家力量不能集中，不能使国家富强；有法、有术没有势，法和术都无法实现，无力推行。他这三件法宝，体现了当时统治者和被统治的人民之间，以及统治阶级内部的深刻矛盾，更体现了专制集权的倾向。但是，这个时代正是从分散的、割据的国家走向专制主义的中央集权国家的前夜，韩非这种主张还是符合当时的历史要求的。当然，我们也不能不明白指出韩非思想中对待广大劳动人民的残酷压迫的这一方面。

四 德治和法治的辩论

战国末期,有些人为了给旧制度辩护,就反对法治,也就是反对韩非所提出的变法的思想。他们说,国君应当以德服人,用慈爱来感动老百姓,不要用赏罚来驱使人民。由于当时人民不断对统治者进行反抗,有的地方发生了起义和逃亡,这些实际存在的阶级斗争,教训了统治者。韩非站在新兴的地主阶级立场,看到用虚伪的道德说教对于被迫反抗的人民已经失去了欺骗作用,因此他反对德治。他公开主张,对人民不能感化,只能镇压。

韩非说,国君对于人民,平时让他们出力耕田;战争发生,就让他们当兵卖命。平时用他们的力,战争中用他们去死。因此,国君和人民之间的利益关系是彼此对立的,不能调和。他又说,母亲对儿子比父亲慈爱得多,可是儿子往往最不听母亲的话,而是更能听父亲的话。老百姓服从政府的官吏比服从自己的父母胜过百倍,可是官吏对老百姓说不上什么恩爱。人们常说有了严酷的家长,奴仆们没有不听话的,可是慈母往往有不听话的儿子。韩非由此就说,可见用仁义、恩爱是不能统治的,只有用暴力最有效。

在对待人民的态度上,韩非更赤裸裸地暴露了他剥削阶级的残酷本性。他的理论根据是人类本性喜利避害。统治者利用人类喜利的本性,制定奖励的制度;利用人类避害的本性,制定惩罚的制度。执行奖励和惩罚,人民就服服帖帖,不敢反抗了。韩非错误地把他自己那个剥削阶级唯利是图的阶级本性,硬说成全人类的本性。劳动人民勤恳劳动、友爱互助的道德品质,剥削成性的地主阶级是无法理解的。由于他把人民的本性估计错了,因此他以为严刑峻法就可以制服人民。他的严刑峻法,当人民没有起义的条件的时候,可能收到一时的效果。可是到人民被逼得忍无可忍、起来革命的时候,统治者连同他的严刑峻法就一起给人民的铁拳打得粉碎。秦朝是最能用严刑峻法镇压人民的,却正就是这个秦朝被人民起义推翻得最快。老子有句名言说得好,"民不畏死,奈何以死惧之?"就是说,人民是不能用死来吓倒的。老子深知农民的性格,在这一点上,他的见解比韩非深刻得多了。

归根到底,在阶级社会里,德治欺骗不了人民,法治也威吓不了人民,统治者终究会被推倒的。

五　世界最早的"人口论"

韩非在论证为什么要进行社会政治制度的改革时,曾说过,一个人有五个儿子不算多,是平常的事。五个儿子又可以每人各生五个儿子。这样,祖父还不曾死,就有了二十五个孙子。可是,人口增加得这样快,物质财富却没有增加。和古代比较,古代人口少,生活资料容易取得。男人不必耕田,草木野果足够充饥;妇女不必纺织,禽兽的皮毛足供穿着。古时的人民没有争夺,没有战争;没有刑法,害人作乱的人也很少。这主要在于古人生活比后来人过得宽裕。现在,人口多,财富少,所以经常引起争夺,发生战争。如果不加强中央集权的统治,就无法安定社会秩序。

以上这一段话,有它显著的错误,也有它合理的因素。韩非认为古代人谋生容易,认为有足够的禽兽皮毛可以穿,有足够的野生果实可以吃,这是不符合历史情况的。古人的生产工具十分简陋,靠体力和野兽搏斗,打野兽并不是那么容易,倒是比后来困难得多。韩非的那种揣测是没有事实根据的。人,首先是生产者,其次才是消费者,我们不能认为人口多了,对物质财富只有消耗的作用,不能增加生产。物质财富是随着社会发展而增加的,生产力发展了,生活水平一般是要提高的。当古代社会,生产力十分低下,人口急剧增加,的确会给人民生活带来困难。即使在近代,像第三世界的许多国家那样,生产发展的速度落后于人口增长速度,也会给社会造成严重贫困。韩非的"人口论"可谓独具卓识。但是韩非把人口增殖说成是造成贫困的唯一原因,而不理解封建剥削制度是造成贫困的更主要原因,这一点,韩非是无法懂得的。

但是,我们必须指出,韩非的"人口论",目的在于论证社会制度改革的必要性,在于说明古代和后来的历史情况不同;情况变了,自然制度也要随着变。这种观点是十分可贵的,因为它有发展的观点。还有,他论证社会的发展,不是从宗教迷信的观点出发。他不承认社会历史的变革是由于上帝意志的安排,却力图摆脱宗教迷信的影响,从社会物质生活条件方面说明引起社会变化的原因。这种见解也是十分可贵的。

韩非的"人口论",和今天帝国主义者为了侵略殖民地找根据而提出的"人口论"有本质的区别。韩非的"人口论",锋芒是对着宗教迷信思想,反对的是当时流行的上帝创造历史的思想;帝国主义学者的"人口论",是为帝国主义的侵略,为他们的野蛮战争,寻找借口。帝国主义学者们说人口增长比物质财富增长快得多;人口多了,必然有战争。他们认为由于人口增多,对外侵略是"合理的";用战争消灭过多的人口,对社会是有益的。他们之所以这样歪曲事实,是为了掩盖资本主义制度下人民贫困的真正原因是资本家对工人的剥削,是由于帝国主义对殖民地的掠夺。这两种人口论有很大的区别。

六　批判复古主义者对历史的看法

当时有些人说,古代的制度、古代的人、古代的一切都是好的。要想把国家治理得好,首先要向古代学习,回到古代去。复古主义者经常拿出尧做天子,老年把天下让给舜;舜做天子,后来又把天子的地位让给禹的历史传说,作为古人道德高尚的证据。韩非为了贯彻他的革新的政治主张,驳斥了那些复古主义者。他说,古代生活条件苦,天子住的是茅草房,吃的是粗米饭。和老百姓的生活差不多,他的工作比一个普通老百姓忙得多,谁愿意长期干下去? 所以尧舜把天子的地位让给别人,算不了什么道德高尚。可是在今天,当过几天县令的人,他的子子孙孙生活都很舒服,出门有车坐。这样,自然一个小小的县令也不肯让位不干了。因此,古人有辞去天子不干的,不能说古人的道德就好;今天不肯辞去县令不干,不能说今人的道德就不好。这都是由于时代不同,生活条件不同了。

韩非还说,时代变了,制度也要跟着变,一味复古是可笑的。上古时人们住在地洞里,常常受到野兽的侵害。后来有一位有巢氏教人在树上用树枝架成鸟巢一样的东西,人住上去,躲避了野兽的侵害。人们爱戴他,推举他为天子。人民不会吃熟的东西,生吃鱼类、蚌蛤、肉类,肠胃受累,害病的很多。当时燧人氏教人钻木取火,吃熟食,避免了生病受苦。人民爱戴他,推举他为天子。到了中古时期,闹水灾,淹死了不少人。当时有鲧和禹教人开通水道,排除水患,人民爱戴他,推举他为天子。后来到了近古时期,有桀(夏朝最后一代国君,暴虐无道)和纣(商朝最后一代国君,也暴虐无道)压迫人民,胡作非为,人民深受苦难。当时有汤(商朝第一个国君)把桀赶跑,自立为国君;有武王(周朝第一个国君)把纣杀死,也自立为国君。汤武为民除害,也得到人民的拥护。可见古代所谓圣人,都是适应时代的要求,才被称为圣人的。如果时代已进入中古时期,还有人提倡构木为巢,教人住在树上,教人钻木取火,一定遭到鲧和禹的嘲笑。到了商周时代,水患已经解决了,还有人无缘无故到处开水道,必然遭到汤武的嘲笑。社会发展到了今天,如果还有人念念不忘于尧舜、汤武的功业,一心想回到古代去,一定也会遭到新时代的圣人的嘲笑的。不是别的原因,只是由于历史时代变了,办法也应该随着改变。今天的主要任务是改革旧制度,建立新制度。守旧不变是可笑的,也是错误的。

韩非讲的上古、中古、近古的三个历史阶段,这样分期不是科学的。他把古代的造房、用火的发明权归于少数圣人,而不认为是人民大众的创造,也不符合实际的历史情况。但是有一点必须肯定,就是他的进化的历史观。他在两千多年前就提醒那些复古主义者,告诉他们旧皇历不能再用了,情况变了,办法也要相应地改变才行。这个见解是十分值得重视的。

七　加强封建中央专制集权的理论

　　韩非为了贯彻他的政治改革主张,认为必须加强中央专制集权,必须进行法治。在奴隶制时代,从天子、诸侯、大夫一层一层的统治者,都是由一个家族的成员担任的。比如周武王灭了商朝,把自己的兄弟子侄和亲戚都分封为诸侯,让他们各统治一国。各个诸侯再按他的自己的家族亲戚关系,分封他们的大夫。这种制度到了战国时期,已经开始瓦解。奴隶主贵族们文不能治国,武不能带兵,只好雇用了一批有文武才能的人来做官,帮他们办事。这些官不一定是出身于奴隶主贵族。韩非为了进一步摧毁奴隶主贵族世袭制的残余,针对实际情况提出了有力的论证。

　　他说,法治是治国平天下的最高原则。不能用道德感化的办法,也不能用无功受禄的办法来治理国家。只有用论功行赏、论过罚罪的办法来治理国家。这样,治理国家的都是有才干的人。没有才干,或不好好为国君做事的人,就不能继续做官,或许还该受到处罚。他还说,国君怎么知道谁有才干、谁没有才干呢?方法很简单,就是要通过工作的考验。韩非叫这种方法为"参验"的方法。参就是比较,验就是考验。

八　参验的方法

　　韩非说,比如判断刀剑的利钝,只看刀剑所用金属原料的颜色,即使善铸剑的专家也难于肯定它是不是合乎标准。试用铸成的刀剑宰杀动物,那就随便什么人都能分辨出刀剑的锋口快不快。再比如挑选好马,只看马的年龄、形状,即使善相马的内行人,也未必能够完全判定马的好坏。只要将马驾上车跑一趟,那就随便什么人都能分别出马的好坏了。再比如,大家都睡觉时,无法分别谁是盲人;都在静默不说话时,无法分别谁是哑子。只要喊醒睡觉的,叫他们看各种颜色,提出问题使哑子回答,那么瞎子、哑子就无法掩饰他们的缺陷了。韩非由此得出结论说,判断一个人的言论和行动是否正确,不能光凭他本人自己说了就算,却该通过他言行的效果来做考验。

　　什么是正确和错误的标准呢? 韩非认为适合新制度、合乎改革要求的是正确的;相反的就不正确。当时孔子一派的儒者认为他们的学说符合古代圣人尧舜的精神,因而他们的学说是正确的。墨子一派也认为他们的学说符合古代圣人尧舜的精神,因而他们的学说是正确的。韩非说,他们两派学者都以为自己说的是真正得到尧舜的精神,可是尧舜早已死了一千多年,人死了不能复活,谁能判断他们的真假呢? 因此,他说,盲目相信

118

古人,不动脑筋,这就是傻子;不管是非真假,一味乱说,这就是骗子。这两派的争论,因为无法参验,他们不是傻子,就是骗子。

韩非在这里反对的是复古主义者提出早已死去的"圣人"作幌子,乘机宣扬他们回到尧舜时代的倒退的历史观。韩非认为,当前主要的任务是研究如何改革旧制度,建立新制度,其余的复古主义的言论都是有害的。他用"参验"的方法,去反驳那些开口尧舜、闭口尧舜的复古主义者反对改革的理由。他这种反驳是很有力的。

九　局部利益和全体利益、暂时利益和长远利益的关系

在春秋时期(前770—前476年),北方的大国晋国和南方的大国楚国发生了一次战争。战争前,晋国的兵少,楚国的兵多。晋文公就召见他的大臣咎犯,问他这一仗该怎么打。咎犯说,人家兵多,我们兵少,要想打胜仗,只有欺骗敌人,迷惑他们,不能让敌人知道我们的虚实。晋文公又召见他另一位大臣雍季,问他:"楚国兵多,我们兵少,这一仗怎么打?"雍季说:"我们不能骗人。我们立国要以忠信为本,做事哪能不讲忠信?"结果晋文公用了咎犯所说欺骗敌人的办法打败了楚国。回来论功行赏,首先受赏的是雍季,其次才是咎犯。别人问晋文公这样行赏是否公平。晋文公说,咎犯的方针是临时性的变通办法,雍季的方针是一个国家的万世之利。怎么可以忘了万世之利,把临时性的变通办法放在第一位呢?

韩非对于这一历史事件进行了评论。他说,一个国家的万世之利,对晋国当时的具体情况来说,就是战胜楚国。如果当时打败了,就说不上什么万世之利。没有一个单独存在的脱离当时条件的万世之利。要实现万世之利,最有效的办法就是在当时欺骗敌人,战胜楚国。他认为不能抛开有关条件单讲万世之

120

利,也不能把万世之利和临时性的变通办法对立起来。何况诈敌人,也不能和欺骗自己的百姓看作一回事。晋文公不懂得万世之利和临时性变通办法之间相互为用的关系,把两者对立起来,是不对的。

韩非又通过人们洗头发的事例来说明局部和全体的关系。古人男女都留着长头发,需要常常梳洗。他说,人们每一次洗头发,总不免落掉一些头发。但是为了保持全部头发的清洁,使头发不受损害,尽管每次洗头发要落掉一些,却还是要常常洗头发。这才是正确对待局部和全体的态度。对一件事,一定要求它完全有利没有一点点害处才去做,那就没事可做了,因为这样的事是没有的。只要基本上有利,利多害少,这种事就应当做。他由此推论,改革旧制度、建立新制度,也不能设想新制度尽美尽善,一点缺点也没有。只要新制度比旧制度好处多,就应当进行改革。韩非这种对待局部和全体的看法,从今天看来,还是很值得参考的。

十　反对鬼神,反对迷信

　　春秋战国时期,国家遇到重大事件,都要占卜,问问神的意思,再决定大政方针。当时有的用蓍草占卜,也有用龟甲、兽骨占卜的。当然这都是迷信。同时,春秋战国时期,科学已经逐渐发达起来,当时的算学、天文学、医学都有相当的成就。科学是迷信的敌人。韩非是相信科学、反对迷信的。他通过具体的事实反对迷信鬼神。

　　韩非说,燕国和赵国双方交战前都各自求神问卜。燕国占卜的结果是"大吉",就是说神认为可以战胜赵国。同时,赵国占卜的结果也是"大吉",就是说神认为可以战胜燕国。双方打仗的结果,是燕国大败。当赵国跟秦国交战之前,也进行过占卜,结果"大吉"。这次,被秦国打得大败,割地求和,才得完事。韩非提出疑问说,对于燕国和赵国交战的事,是燕国的神龟骗人、赵国的神龟灵验吗? 对于赵国和秦国交战的事,是赵国的神龟骗人、秦国的神龟灵验吗? 当然都不是。战争的胜败,是由两国的军事、政治制度,将领的才能决定的。不从具体的政治上去努力,不把国家治理得富强,打仗是不会得胜的。决定胜败的是人的作用,而不是鬼神。相信这些鬼神的,是大傻瓜。

　　春秋战国时期还流行着占星术。占星术是观察天上星体位置的移动和星光明暗的程度来预测国家的吉凶、战争的胜败。韩非是一个坚决的无神论者,他反对这些迷信思想。当时相传岁星照临国家的上空,就不可以征伐他国。什么星照临在什么地域,将会引起这个地域上的某些事变。他认为这都是毫无根据的。他说,相信占星术、迷信占卜、专心祭祀的国家,不但不能得到好处,反而会招致亡国的危险。

十一　韩非的历史地位

中国历史发展到战国末期,封建统一专制的局面已经逐渐孕育成熟了。当时新兴的地主阶级就是这一历史任务的体现者。韩非的思想基本上符合这一历史要求。总的说来,他的思想是进步的。他的进步的思想表现在以下各个方面。第一,他提出要用地主阶级的法治代替世袭旧贵族相沿下来的德治;他反对无功受禄、无功受赏,主张彻底革除贵族的世袭制度。第二,他为了建立变法(改革旧制度)的理论根据,提出了发展的社会历史观,反对向后看,反对复古主义。第三,他指出国君和人民是对立的矛盾关系,在社会关系的认识方面比过去的学者深入了一步。第四,他提出具有实践精神的"参验"的方法,反对空谈理论。第五,他从无神论立场反对当时流行的反科学的鬼神迷信思想,对科学的发展起了促进作用。第六,他力图从社会的物质条件去说明社会发展的原因,反对上帝决定历史、决定社会命运的迷信思想。这些方面都是他思想中的光辉部分。

韩非毕竟是剥削阶级的代言人。即使地主阶级在上升时期有反对奴隶制的进步性,但是它还有剥削人民、压迫人民的残酷性。韩非坚决主张对劳动农民镇压,用严酷的刑罚而不必有任何同情和怜惜。在他的眼里,人民群众只是统治者手下的工具,又懒又笨,好像只有少数所谓圣人才会创造发明。他把劳动者所直接间接创造的一切物质财富、精神财富一笔抹杀。韩非从剥削阶级的立场看人口问题,看不到剥削制度是造成人民贫困的主要原因。这都是极端错误的。

秦始皇基本上按照韩非的理论制定了政策,统一了中国,并在中国历史上起过进步作用。但是秦朝残酷对待农民的政策,逼出了中国历史上第一次大规模的农民起义,终于推翻了秦朝的暴政。历史的事实足以说明韩非一味镇压人民的办法,人民是不能容忍的。哪怕有强大的武力、政权,一旦触怒了人民,就会遭到粉碎。

我们从韩非的思想可以看出从一种剥削制度发展为另一种剥削制度,即使是前进了一步,但在历史前进的道路上,每前进一步,劳动者总付出一分汗血斑斑的代价,可还不能得到真正的幸福。只有社会主义革命才真正开辟了人类的新纪元,只有优越的社会主义制度才为劳动人民打开了幸福的大门。

理学探源*

理学探源序

四十多年前,在汤用彤先生指导下写成这一篇哲学论文,毕业时经过论文答辩,被认为是一篇及格的论文。四十多年来国家经历了天翻地覆的变革,在新天地里紧张忙碌地工作着生活着,早已把它忘了,偶翻旧稿,意外地发现了这篇文章。用它纪念汤先生诞辰九十周年,秋风黄叶,先生墓木已拱,抚今追昔,感慨万端。

现在重新公布这篇论文手稿,并不是因为它有多大的学术价值,而是因为它记录着当年汤先生领导下的学生们的治学方法和思路,其中也凝聚着汤先生的心血。在那国家多难的日子里,师生们心情沉重,都有一种为学术献身的责任感,北大文科研究所的学风也较为沉潜笃实。主观上,确实为中华民族百折

---

* 该文是任先生的学位论文。发表于《燕园论学集》(北京大学出版社,1984 年 4 月版)。其"绪论"部分曾以《理学探源序》为名,发表于《世间解》1947 年第 2 期。

不回、坚韧不拔的气概所激励,认为中国文化的优良传统是由儒家体现的,宋明理学是这种精神的体现,我相信宋明理学讲的道理是真理,成为儒教信奉者。当时不懂得历史唯物主义,即使看到哲学史的一些现象,却无法透过现象接触本质。虽也提出某些问题,却缺乏解决问题的手段。这篇文章使人联想起四十多年前某些知识分子在漫漫长夜中梦想"学术救国"艰难前进的状况。

全国解放后,广大知识分子开始学习马列主义,找到了科学研究的钥匙,三中全会后,进一步享受到百家争鸣的自由,迎来了学术界的春天。全国人民意气风发地向"四化"进军,祖国的社会科学也将有一个空前繁荣的新局面,可惜先生不及亲见。

论文共分八节,一、绪论;二、理学之远源;三、汉代中印思想之调和;四、魏晋玄学之建立与本末问题;五、南朝之佛性问题,附夷夏问题及神不灭问题;六、隋唐四宗;七、唐宋之际儒佛之交融;八、理学之兴起。

一 绪论

本文所论为探研理学之渊源。理学者,宋明诸儒所发挥儒家之学也。理学之远源本于洙泗,久成定论。自秦汉以迄宋初,千余年间,其思想问题进展之历程为本文所拟探讨,但详人之所略,略人之所详,疑似之言,未定之说,概所不取。为明立论宗旨,略阐五义。一曰自主自立;二曰祛众疑;三曰辨析异同;四曰明宗要;五曰进展之序。

(一)**自主自立** 哲学思想即古之所谓道、所谓理。唯无文化无历史之民族无之,昏昏以生,昏昏以死,食栖而已,不知有他,此所谓哀莫大于心死者也。历观往古,此旨益信。希腊精神照耀于欧洲,释迦精神照耀于天竺,儒家精神照耀于中国。数千年来三支文化若三光之丽天,其自身虽各有晦明通塞,然世界文化之渊泉,影响之广大悠久,未有出于三者之外者。惟近世以来,印度衰,中国危,欧洲文化亦在其暴烈自戕之中,个中是非得失,固不可以一言而定,然其炳然数千年而不同于埃及、巴比伦之昙花一现,此中之理大有令人长思深省者也。

　　盖文化者乃人类理性努力之总和而表现于外者,一民族国家存亡之根荄系焉。若并此根荄一旦扬弃之,掘发之,此真自亡矣。置身此土,亲历巨变。生死存亡之际,外患内忧之烈,未有甚于此时者也。积贫积弱之久,亦未有甚于此时者也。今我方志士与强寇周旋,断头抉胸,死不旋踵。所凭者乃清廷戕伐之劫后余烬耳①。非有深厚不拔之基,有一段真精神在,宁有今日。然自东西文化接触以来,吾国政治、学术、经济,步步落后,相形见绌。遂俯首屏息,不敢与人并肩而立。全无发扬踔厉之机,第有自惭形秽之感。是犹贫子病困,日暮途穷,不知自省一己之不肖,而耻其祖先之不若人,可哀也已。是以数十年来,论及思想学术,对于西洋哲学系统真有一番彻底了悟者鲜矣;但见入主出奴,咏叹歌颂之不暇,真是真非不能赞一词者有之矣。对我固有哲学系统真有一番彻底了悟者鲜矣;但见攀援依倚,奉东西洋人之说为圭臬者有之矣;抱残守缺,妄自尊大者有之矣。或有人动

① 清初屡兴文字之狱,将我文化之根荄摧毁略尽。以致民族之正气不复存,文化之大本不复立,使天下之士埋首故纸堆中补残篇,缀钉饾,户阃之外,天下国家之兴废治平非敢问也。上焉者,以之为博洽骛名之资,下焉者,借以为猎取青紫之具。其始也,一二有志之士痛明室之倾覆,韬光养晦而从事著述,知此道不见行于当时,犹冀其重光于后世,意亦悲矣。及时过境迁,山河易色,积习久而安焉,以为学问之道尽在斯矣。民国以来承此劫后余灰又遇当前之强敌,宜其复兴大业至艰且巨也。

128

辄曰中国哲学某一时期曾受印度之影响,然首须辨明何者是固有,何者是外来,方可立论。今按其源流而加以探索,其果如是乎? 此不得已于言者一也。

(二)祛众疑　或曰中国二千年无哲学。以其无系统著作故也。然亦应知,所谓系统,非著述之章节分明,纲目整列之谓也。时贤述作,莫不章节分明,纲目整列,而究不能掩其思想之混淆驳杂也。或曰中国二千年来全为封建社会,哲学乃贵族统治阶级所制造以欺骗麻醉民众者。然亦应知,欺骗麻醉只可暂用于一时,果有欺骗麻醉可行之二千年之久而人不觉者乎。真有如此懵懂,则中华民族早应消灭矣。能谓二千年来凡人皆愚、有目皆盲乎? 或曰中国哲学一无足取,以其不能产生科学故也。然亦应知,哲学科学领域不同。我国正统儒家精神乃由日用常行之中,上达于无声无臭之微。不废科学然亦不纯靠知解。西洋上古哲学包罗极广,哲学科学相混相伴而起,其后界限始分。固不能谓哲学可以生出科学也。以我科学之落后而责诸哲学,是犹责木工之不能陶,渔夫之不能猎也。或曰理学乃直绍孔孟,力排佛老,故其渊源应与佛家无关。然亦应知,哲学发展未有不承先启后者,果如此论,是谓理学之前,千有余载,文化中绝也。况理学佛学之关系深切著明,显而易见乎。或曰理学,阳儒而阴释,袭取佛氏之余绪,与儒学相违。然亦应知,佛学东来,随时变易以求合于中土固有之传统。面貌精神与印度相去极远。其所用方法,所论问题亦与印度关涉极少。前者之失也,囿于门户之狭见;后者之失也,昧于演化之源流。皆数百年来似是而非之论也。或曰理学但空谈性命乃无用之学,故南宋不乏大儒而卒不免于覆亡。然亦应知,性命之学原非空谈而致。必也身体力行而不效,方足以言无用。南宋之覆亡正由于君臣怠惰,但徇一己之私,忘其天理之正。仅有一朱子而不能用,其亡也,端在儒者太少,而非儒者太多也。凡此戏论不可穷诘。然则中国哲学果一无足称,全无自性,仅为一虚空承受之器而毫无灵魂者乎?此不得已于言者二也。

(三)辨析异同 治哲学史首在辨其异同。明乎同中之异,异中之同,其庶几乎。同者何?心也,理也。异者何?象也,迹也。故曰盈天地皆心也。心者宇宙之本体,万有之根源。在天曰命,在人曰性,以其真实无妄谓之诚,以其众所共由谓之道,以其条贯分明谓之理。言诠略殊,旨则不二,盖着重之处不同也。此心有时或晦或明,此理有时或蔀或彰。然行健而不息者是其体,故此理未尝有息时。海外有圣人出,此心同此理同。岂惟圣人,凡人莫不具此心,故莫不同此理。语其真际则东圣西圣若合符节。经典具在,无毋附会。《中庸》曰"考诸三王而不谬""百世以俟圣人而不惑"是也。万民虽众,即是一人之心;百世虽久,不外当下之理。永嘉谓一月普现一切水,一切水月一月摄。盖谓理一而分殊。万象森然,不碍一本。此即所谓同。同者一真绝待之理也。理诚一矣,然不能无语言文字之表诠。语言文字之习惯及其当前身受之尘境,问题中心之结症,各民族社会不同,故西洋印度与中国各有其特殊之面貌及其特殊之问题,此即所谓异。异者,象也,迹也。至于真际绝言超象处,不必求同而自无不同。其表诠之方式与当前之问题不必求异,自然各异。此则同中之异,异中之同也。是以哲学上的真知灼见莫不相同,不唯无古今之异,抑且无华梵之差,此理一之旨也。理虽一本,用则万殊。此其所谓异。以人生为无常,以诸法为空假,以世间为无明惑业之集聚,佛家是也。以仁为心之德,以义为事之宜,以礼为敬之节,以智为机之辨,明庶务,察人伦,尽性知命必本于孝弟,穷神知化由通于礼乐。充四端以达于修齐治平,儒家是也。自出世法言,世间为无明惑业,诸法空假,此固是也。就世

130

法言之,孝弟为仁之本,四端为治之源,亦是也。至于真如一极之妙理,天道性命之精微,何得有二(果有二本,则中外思想永无交融之期,天下真伪无以辨,善恶是非无以明矣。然中外思想已交融矣,真伪、善恶、是非已有普遍必然之通则矣。果有二本,是无本也)。然印度思想夸大铺张,侈于虚胜,烦琐芜蔓,流为支离,乃中土人士所厌闻者也。故玄奘法相唯识之学,全自天竺移置于中土,虽曾振荡一时之人心,旋即消沉歇绝,事倍而少功。是则虽同其貌,宜其斲而伤手也。徒守滞文,不见圆义,何以验其渲化之迹欤? 此不得已于言者三也。

(四)**明宗要**　既明理一分殊,则知千变万化不离其宗。如长江之东流,始也众派分流,继为平澜浅濑,旋经夔门瞿塘滟滪之险,终乃浩茫无际。仅执一处而谓之为江,何啻众盲扪象,各得一体而谓得象之全体者乎。哲学思想亦复如是。先秦诸子开后来各派之先河,虽多引而未发,不若后来哲学之精析详明,而其大体规模已具,所见者大,所涉者广,此肇造之基也。先秦诸子开其规模之大,两汉诸儒绎其条目之繁。先秦为众派分流,两汉则杂融并收,其上承先秦而加以开拓之功则不可忽。魏晋玄学通儒家大易、道家老庄,超出汉儒天人感应、阴阳五行、谶纬之说,由宇宙生成之研究进而究心性之要旨与宇宙之本真,旨弥远而义弥精。佛家空宗东渐,恰值此土玄风昌炽之时,不谋而合,相得益彰。倘无佛法之东来,玄学或将不致如此之盛。无玄学之基础,佛法纵来亦不能行。就大体趋势论,两汉至魏晋之演进,乃必然而自然。隋唐之际,佛教大行,东土固有之学术反似黯淡无光。习焉不察,每以为此乃中国文化中绝时期。揆诸实际,乃知不然。隋唐佛家宗派厥有四家,天台、华严、法相、禅宗是也。仅法相一宗极近印度宗风,故不久即绝,而不复振。其余三宗率皆为中国思想之式态,其立论与习惯反与印度固有之思

131

想习惯相去甚远。谓之为佛学影响中国之思想毋宁谓中国思想改造佛学更为近理也。宋兴百年,儒学复振于五代禅学鼎盛之后。袭魏晋之玄风,承孔孟之余绪,于理气、性命、心体、善恶之问题作一空前之总结束。内之如心性之源,外之如造化之妙,推之为修齐治平,存之为格致诚正,无不尽其极致。两宋以迄清末,八百年来哲学界遂为理学所独擅,岂为偶然? 然亦须知此固一种思想之自然演进,非为被动,亦非自葱岭带来也。此不得已于言者四也。

(五)哲学思想进展之序　历观哲学思想进展之序,莫不相反相成,迭为消长。自疏阔以趋严密,由广大而入精微。后一时期之得,即前一时期之失,故每一时期之失误皆由于修正其以往之失误而来。前谓万民虽众即是一人之心,百代虽久不外当下之理。故一部哲学史作为社会人群思想进步之迹固可,视作一人之思想而细觇其逐步改进修正之迹亦可。先秦诸子,门户竞立。虽多引而未发,而其规模大体已具。两汉诸儒引而发之,推演其条理之极致,调和其门户之异同,自有其长。然发之务尽,流为繁芜。将哲学之理致,说为科学上之知解。是即汉儒阴阳五行、天人感应之天道观是也。强为调和其门户之异同,则失之杂糅而不能融化。即杂家是也(前有《吕览》,后有《淮南》)。故魏晋玄学力矫此固执烦琐之弊。廓清其牵强杂糅之失,而济之以清通简易。由宇宙论进而为本体论,汉儒之弊祛焉。虽其流失则在玄远高朗,外世遗俗,流为空谈,侈于虚胜。乃有本末夷夏之争,当现大小之辨,六家七宗各标悬解,南北两统竞立宗风。是以隋唐之际,其学风力矫此失,虽不废黜义解,然颇趋向笃实一路。尚章句之学,重禅定之行,立判教之义,和诸家之争。此又一修正改进之迹也。其流失乃在滞守文句养成经生,每失罶筌之旨。专注禅定,又易流于偏枯。判教之义各宗不同,其作用仅在调和统一过去之争,而与义理关涉甚少。为矫此流失,禅宗以兴。禅宗之初期,并不为时人所重。其初祖菩提达摩,似不足与天台之智𫗴、华严之法藏、法相唯识之玄奘相提并论。及其五传之后,禅学竟郁为大宗,风靡天下。盖其直指本源,明心见性,易简工夫,正可对治前期之流失。然禅学行之既久,不免走作,疑似之际则有浮光掠影之讥。个个诃佛骂祖,师心自用,承虚接响,无风起浪。一棒一喝可作一时权教之药饵,终不可为长久施设之法。旨在见性成佛,不立文学则可。并文字而废之,宜其流为狂禅。当禅学鼎盛之际,已兆其衰微没落之机。是以宋代理学发创,首排禅学,比之为贼仁害义之扬墨。禅学本身罪不至此,其流弊之甚则然。经此综观博览之后,则见哲学思想之进展为逐步改善、相反相成之迹。此不得已于言者五也。

二　理学之远源

先秦诸子并兴,儒家仅一家之言,历时愈久愈不能掩其真价值。自汉而下遂取得中国哲学界之正统地位。论及治国平天下之道者,莫能外之。宋明后之哲学即理学,理学者儒学之再生也。考其所以,殆非偶然。

遍考诸子之说,虽未尝不各有所见,而所见皆偏,其蔽尤甚于其所见,是以不能行久而及远。墨子蔽于用而不知文,彼不知文犹用也。庄子蔽于天而不知人,彼不知人亦天也。老子抱一反朴,限割宇宙,其失为自私,其宇宙亦小矣。荀子自称仲尼之徒,而其以用以利为政教之源,以气以才为人性之本,所见者近,所知者粗,是不解仲尼者也。等而下之,流为申韩之尚法,反人之性,拂人之情,陷入忮酷,宜其不可久也。其能通天人之际,合内外之道,放诸四海而皆准,百世以俟圣王而不惑者,其惟孔孟乎。

孔孟之真精神，一言以蔽之，曰严之以义利之界。义利之界明，以昆谈学，志不离道而游不废艺，学祛其蔽而思通其神。忠必参前依衡，恕必人立人达、诗本于无邪，礼本于本性。推此心之仁，乃能廓然大公与天地万物同体。人立人达，修齐治平皆从此出。此孔孟儒学之大旨也。然布帛之言，菽黍之味，知德者希，孰知其贵。诚不足以惊世骇俗，然不可一日离也。其形而下者验之于日用伦常之中，其形而上者达乎无声无臭之微，明于庶物，察于人伦，尽性至命必本于孝弟，穷神知化由通于礼乐。存之为格致诚正，推之为修齐治平，合内外，一天人，惟孔孟儒学独为正大，每至民族国家存亡绝续之秋，弥见其正气磅礴，深沉博大。盖和顺积中则英华发外，必岁寒然后知松柏之操。

义利之界不明是谓无本。天下之人方以贫伪偷私是尚，是非真伪有不暇辨者，唯箪食豆羹是图，宜其以孔孟之至言，视之如秋日惨淡而无光，嚼之如土饭尘羹而无味也。真理正义果因暴力而消亡，世界永沦为漫漫长夜，则已矣，更复何言。其或不然，则理学及儒家大义必能复伸于天下，理学诸子之志，为天地立心，为生民立命，为往圣继绝学，为万世开太平，此责正在今人也。

濂洛关闽诸贤，皆以绍述孔孟、弘道明教为心，而孔孟之言，亦因此诸儒而光大。故理学之远源应上溯于洙泗，方为知本。本文乃详人之所略，略人之所详，此意前人言之熟矣。故略举如此。

上章谓举凡哲学思想，皆为逐步发展，由疏阔以趋严密，自广大而入精微。故述下章，中印思想之调和。

三　汉代中印思想之调和

汉代哲学系统原甚庞杂,其路向仍为承袭先秦而来。当时儒家虽以"儒"名,实兼道家与阴阳名法之实。甚至一代大儒如董仲舒犹不能逃于五行感应之外。此亦由于发挥先秦之学务求详明,穷其枝叶,则不免说成科学上之知解。此一时期东土学术之特点有下列四端,而佛教亦凭借此四种特点为基础而能有所弘扬。

(一) 道术为治国平天下之学

汉人称道术与道家,其意义颇不分明。细按之,阴阳五行之术为道术,清静无为之学为道家。至《淮南子》乃混而为一。以清静无为为宗旨,以阴阳五行为间架。是以汉人每称道家为君人南面之术。董仲舒虽为儒家,仍主天人感应、阴阳灾异之说。东汉马、郑诸儒皆以天道合人事。顺帝时《太平经》出仍为太平之君而作。是知两汉四百年,任何学派其最终目的皆为平治天下之术。此平治之理论仍渊源先秦诸子,自不待言。

印度佛教原为出世法,而非平治天下之学,遍三藏中无政治理论(故《仁王护国经》在印度无足轻重,而中国极重之),而其徒为求合于当时环境,仍不能不讲政治之道。故早期佛经《四十二章经》亦有佛教可使国家宁靖之言。早期佛徒如笮融、襄楷皆以为祀佛可以获祚。中印调和,此证一也。

(二) 宇宙之结构

道术对于宇宙结构之理论,乃根据阴阳家及道家之言。《淮南子》以万物皆从道出。道生阴阳,阴阳消长而生万物。是谓自然。初为太始，故曰"一"。董仲舒"始推阴阳为儒者宗"。天地阴阳之气，消长运行，分为四时，列为五行。天人相似，故能相感通。其后象数之说盛，天地之数皆有定。得天地中和之气是曰仁；顺天地四时之运行而有所措施是谓得宜，是谓义。

再观佛书，此种理论未之有也。然亦未尝无可比附之处。故以元气合五阴，以四大合五行。以释迦为能仁，谓佛教曰佛道，称佛徒曰道人。以佛生当孟夏之时，地在天地之中，处其中和也。佛教至中国已变为中国之佛教。中印思想调和，此证二也。

（三）人生论

根据此种宇宙论乃有下述之人生观。盖天与人本可相感，以其同气故也。人亦元气之表现，不逆天理，顺乎自然，必求以人事合诸天道。由此乃有种种方术，祠祀符咒以两汉为盛。人为之气之所聚，气散则死，故有养生吐纳之术。炼养精神，旨为清净寡欲。

佛教亦重祠祀，亦有安般守意之法，重戒律，轻财色，此为不谋而合者。虽貌似而神非，然汉时之佛教即汉人所了解之佛教。中印思想调和，此证三也。

（四）修炼成神之学

汉代道术重修炼以求飞升。此种修炼原有两派。一为《吕氏春秋》之贱物而贵身，二为《淮南鸿烈》之全生而葆真。前者重形骸，后者重精神。精神者，元气之精微者，与物质判然有精粗之殊。自《淮南》后，语神仙方术之学者皆宗之。

佛教不言飞升而言涅槃，不重鬼神而重禅定（修炼之方法），汉时佛道仍主精灵不灭之说。故以为佛者觉也，将以觉悟群生也。以人死精神不灭,随复受形,所行善恶皆有报应。所贵行善以练其精神,练而不已,而得为佛。身长一丈六尺,黄金色,项中佩日月光,变化无常,无所不入。故能化通万物而大济群生。此种思想与神仙方术本无大异。中印思想调和,此证四也。

由以上四证乃知中国思想在汉代纯为承袭先秦思想自然之演变,与佛教无关,佛教入中国只是中国之佛教而已。此但就初期而言。汉代思想再行发展,则详下文。

五行谶纬之说,天人感应之论,神仙方技之术,乃中国哲学思想演进必经之过程。虽有科学之分析,殊乏哲学之理致。今人视之固为庞杂,然在汉时,有识之士即思有以去其繁芜而予以廓清之者。如严君平、张衡、桓谭等已兆其端,不甘束缚于偏枯、烦琐宇宙间架之下,而思超脱,此为必然之要求。由两汉步入玄学之领域此为推动原因之一。

其次东汉名士有月旦人物之风气,行之既久乃有普通应用之原则。将此原则加以理论化(如刘劭《人物志》)则有论人才性、性情、圣人、英雄等品目。此亦为由具体事物进而为抽象理论之探索者。此为推动原因之二。由以上两端可知汉代思想有一明显之趋势,即为:由具体分析之研究趋向普遍原则之探求是也。

就佛学言,汉末佛学原有两派,一为小乘,二为大乘。小乘流行经典如《阴持入经》及《安般守意经》等,前者分析人生之烦恼,后者讲习禅定之法。先明人生烦恼之所由生,再以禅定之方法以对治,即可得成佛道(犹言神仙)。大乘流行经典如《首楞严经》(非今存之《首楞严》,今经伪),不重在人生之分析而在于般若之超悟。超出纷然幻化之现象而体归于本无,乃可神与道合,与宇宙精神往来。此当时佛学之略旨也。

今以内学外书合而观之,则知两者之间有一共同趋势。此共同趋势为何？即趋向纯理论及原则之探求是也。如僧会即兼习二乘。盖此时之小乘佛学 Personal 之意义较大，大乘佛学则 Pantheism 之意义较多。前者近于道术，后者近于玄学与道家。汉魏之际中国哲学方自道术阶段进入玄学阶段，而佛学亦自小乘进入大乘。下逮魏晋，玄风大倡，《老》《庄》《周易》之学独盛，号称三玄。道术方术、五行相感之说已久不为时人所讲论，此时之佛学为人了解者亦只有大乘与道家义。

四 魏晋玄学之建立与本末问题

自表面观察，每误以为汉代之经学道术至魏晋而中绝，玄学之理论与发生是受印度空宗东渐之影响。揆诸实际则不然。盖中国学术自有其变迁之趋势，且此趋势诚为必然而自然，初不必有待于印度思想之输入也。略举其证，凡有四端。（一）自扬子云以下，张衡、左思、桓谭、王充诸人已发其端，原书具在不必详征。（二）由黄老之学转入老庄之学（即由道术而入玄学），势所必然，惟多进一步而已。（三）先有宇宙论研究天地万物之构造、生成、运行，再有本体论以探究宇宙之本真、万有之大原，乃必然之序而不可倒置。（四）由具体事实而趋于理论之总汇（由粗而精），此古今中外所同。故先有《吕氏春秋》之养身，后有《淮南子》之养神。先有东汉月旦人物之风气而后有形名之学演成理论系统，是为玄学清谈之滥觞。

由是言之，汉魏哲学之不同虽判若黑白，然揆其发展，实有一贯性。故汉人所论天道、虚无、自然诸问题，魏晋玄学亦尝论之，但名同而实异。汉人所谓虚无乃无形无相可循，玄学所指虚无乃谓不可言说，无名无相而超于形体大小之外。汉人所谓清静无为盖谓少嗜欲，敛神形，玄学所谓清静无为乃指精神心性之境界,廓然无虑,任运而行,如日月寒暑之运,必由其理。汉人所谓道,仅元气之殊称。元气运行,必依其则,故曰道;玄学家所谓道,乃超象绝言之本体。汉人所谓自然,乃谓元气运行,非人力所安排;玄学家所谓自然,乃无妄无作,无所待而然之理。汉人所谓顺乎自然,乃指元气调和;玄学家所谓顺乎自然,乃人格之扩大、无碍、自由之精神修养。汉人所谓天,非指苍苍之气即指有人格之神;玄学家所谓天即是自然(牛马四足之谓天)。是以桓谭、王充、牟子并有廓清汉代思想之功,而完成之时代则在魏文帝《典论》、曹植《辩道论》、嵇康《养生论》之后。经此长期之修正与演进,乃入于真正玄学之途,本末有无之辨兴焉。

玄学正式建立时大乘空宗之旨亦复东来。佛学玄学互相发明有如风雷之相益。中心问题则集中于本末有无之诤。支谦初译佛典之真如为本无,犹本王弼天地万物以无为为本。万有本于此,无以名之,字之曰"无"。故曰本无。本既为无,末则为有)实即现象与本体关系之探究也。详述可有六家七宗,赅言之,唯分有无两派,贵无崇有是也。僧肇《论》出,证真际之如如,显体用之不二,有无之辨乃息。中国哲学问题始走入另一范围,而决破玄学之藩篱。

(一)本无

玄学家王弼、佛家道安并主此说。此时佛学仍藉格义之方法以为生解之例。安公虽斥其与理多违,然其思想每囿于当时玄学风气亦不能自拔也(见《道行经序》及《放光赞》)。本无(佛家真如,初期译为本无)者以无为本,人生以反本为宗。盖以万象纷纭,制之者一;品物咸运,主之者静。静者寂然贞定之体,而非对动而言也。是以无者乃宇宙之本体,万有之大源,方圆由之而形,黑白由之以名,亭毒群品依之而生,此本无之体无形、无名、无生也。是以天地虽广以无为心，圣人虽大以虚为主，是以人生之鹄的在复其本无之体。道安虽为释氏之徒，仍受玄学之影响（盖此时之佛学均受玄学之影响，非特安公为然），以如来兴此以本无弘教，故方等深经皆备明五阴本无，本无之论由来尚矣。故无在万化之前，空为众形之始，故称本无。人生方面，无为无欲，故能开物成务，无事而不适。到此境界即所谓如，所谓一，所谓净，此彼时学人对般若空宗之理解也。

今以道观之，本无之义，过在注重实相之崇高，摄末返本，纳有入无。以现象与本体（真俗二谛）对立，已失体用一如之旨。

（二）崇有

贵无则以无为本，故以反本归无为宗。崇有则住运独化，故以逍遥适性为鹄。盖向、郭之义以万物皆自然而然，而无其所以使之而然。块然而生而无所以使之生。罔两非景之所制，而景非形之所使。皆自然而并生，俱出而俱没，岂有相资前后之差。万物均不为而自尔，各无待而同得，此天地之正也。故道无所不在而所在皆无。生物者无物，物自生耳。万物自生，无另外之别体使之生也。王弼本无，无非对有；向、郭崇有，有无并列。盖前者明夫宇宙之贞一，而着重本极；后者达乎万象之分殊，而标指独化。立意不同，推演则异。王弼摄用旧体，服膺老氏之抱一；向、郭显体于用，游神于庄子之逍遥。支道林以通庄命家，其理论当受向、郭之影响。其即色之义，盖仍注意万有之分殊、物自有极之旨。故云吾以为即色是空，非色灭空（《净名经》），斯言至矣。何者。夫色之自性，色不自色，虽色而空。如知不自知，虽知恒寂也。盖谓色法无自性，虽有色而非色。向、郭、支遁同主现象之后并无本体，故曰非别有空，又曰即色是空。色象无体故也。

140

崇有之论,侧重万有之分殊,摄本以归末,其失也,仍在体用、本末之两歧,于义未安。

(三)《肇论》之不真空义

肇公虽为佛家弟子,实乃玄学之通人。魏晋之际,玄学主要问题为体用本末有无问题,而玄学即讨论本体之学也。《肇论》中,证动静之一如,《物不迁论》是也;显体用之不二,《不真空论》是也;指心体之本源,《般若无知论》是也。本文所论唯在本体,故述不真空义。

有无、本末之辨,群义互殊。崇有则失在纷弛于万象之中,而中无所主;贵无则失在寂守于玄冥枯绝之境,而外无所应。是以一多殊途,动静两乖,各有所见而未见于全真。或顺俗而乖真,或执着于虚无,未得道体之全。惟神契于有无之间,游心于动静之极,斯为得之。盖实相本为无相(非言象之可得),故物非有;自虚者不假虚而虚物(不外体而言用),故物非无。既非无物,故曰非无,物非可物,则故曰非有。空有不外,俗不乖真,故物非有;空不外有,故物非无。非有曰空,非无而假,空故不真。空假相即,则所以显示真际之即空、即真、即体、即用。若着相于实相,则执有无为定相,是宰割以求通,非至极无待之旨也。

本末之辨,至肇公而集其大成。此后学术旨趣转趋心性之探讨。心性与体用皆为宋儒所注意之中心问题。导其来源者,仍应远溯于魏晋之际,断无无风起浪,平地涌出之哲学系统。宋代理学发挥孔孟之学广大精微,内外兼赅,断非无源之水,无根之木,自必源远流长而能成其大(体用本末诸名相,屡见于宋儒书中而不见于先秦两汉,习焉不察,则以宋儒所独创,实则导源于魏晋玄学)。

五　南朝之佛性问题附夷夏问题及神不灭问题

　　佛家般若性空之学至罗什、僧肇而大明。本末、体用、有无之辨，至此时期乃告一结束。晋末宋初，国家政治渐趋安定，学风渐入平实一途，不似魏晋时之慕玄远崇虚无。由宇宙、本体之探讨转入人生、心性之研究。就哲学系统之前展言，此亦应有之趋势；且属必然。盖自外言则为本体论，自内言则为心性论，乃系同一问题之两方面。唯此时空宗典籍东来者众，而《涅槃经》所论佛性问题又恰和此土心性问题之需要。故当时佛性问题虽以佛经为凭借，而所论者率皆中国思想所自立自主，反与佛书原旨关涉甚少。故佛性问题即上承本体论而转向内心之研究与探讨也。

　　般若性空之旨与玄学互为表里，前已论及。由般若破除封惑，荡遣名相，为理论之基础，然后乃可出涅槃佛性之真常。般若全为遮拨，涅槃主在显示。无般若之空，不可出涅槃常乐我净（非对无常、苦、无我、染污而言）之义。破除一切妄执而直显本性，将宇宙、人生打成一片，反复发明，必详必尽，此则《周易》《老》《庄》《般若》诸书中所未尽者。故理学诸儒为救此缺欠，乃拈出《大学》《中庸》与《论语》《孟子》并称《四书》，盖有为而发。然亦为消极方面之影响有以促之也。

　　南朝佛性之论述，可分四家。（一）自宇宙立论以有为宗者；（二）自宇宙立论以无为宗者；（三）自人生立论，以有为宗者；（四）自人生立论以无为宗者。

（一）自宇宙立论以有为宗

　　慧远《法性论》有云，"至极从不变为性，得性以体极为宗"

（当时之极、宗、一、无、究竟，皆谓本体，唯罕用体字）。物有定极，永恒不变，感之而然谓之自然，自然者即我之影响耳。我为形则有影，我为声则有响。我之精神即此极也。故曰《易》以感为体，感者，物来神应之谓，故必反本以求宗。"反本求宗者，不以生累其神；超落尘封者，不以情累其生。不以情累其生，则生可灭；不以生累其神，则神可冥。冥神绝境，故谓之泥洹。泥洹之名岂虚称也哉？"是以帝王顺化以施教，沙门体极而明宗。

以极为宇宙之实体，以佛性、法身为超乎一切之本体。视本体为永恒之物，远非涅槃之旨。然《涅槃经》关于法身、佛性之阐述，反反复复乃至四十卷之多，不善会者每易滞情有取而不自觉。远公不惟相信有体，又相信有神（刘遗民《誓愿文》），即此故也。

（二）自宇宙立论以无为宗

本无之说，辅嗣倡于先，安公继其后，道生发涅槃宗趣自宇宙立论以无为宗。虽非以上两家所能尽摄，要为出自两家者也。

道生神悟天纵，为中国佛学史上之杰出人才。妙贯龙树大乘之源，兼综提婆小道之要。博以异文，约以一致。每叹曰："夫象以尽意，得意则象忘；言以寄理，入理则言息。自经典东流，译人重阻，多守滞文，鲜见圆义，若忘筌取鱼，始可与言道矣。"于是校练空有，研思因果，乃立善不受报顿悟成佛义。又著《二谛论》《佛性当有论》《法身无色论》《佛无净土论》《应有缘论》。又六卷《泥洹》先至京师，生剖析经理，洞入幽微，乃说一阐提人皆得成佛。于时大本（四十卷《涅槃》）未传，孤明先发，众谓邪说，遂独见忤。宋元嘉中大本《涅槃》至京都，果有一阐提人皆得成佛之语（见《师子吼品》），众乃叹服。

佛性即是本体，即是宇宙，即是本性。人之所以为人即以其有本性故,本性即是佛性。一阐提人既有本性,即有佛性,即能成佛。法身、佛性无所不在,人皆得此以成人。成佛者,反本而已。善性者,理妙为善(超粗为妙,超恶为善),反本为性也。涅槃惑灭,反本称性,佛性即众生之本性,一阐提亦众生耳。同为含生之类,何得独无佛性(生公此论,人称为千古之创见。实则此种精神《涅槃》四依,《法华》方便,与我国得意忘象,得象忘言之旨有以启之也)。佛即法身,即此宇宙,法身何得有色? 以法身无外,净土即是法身,故曰佛无净土。众生同为法身之显现,若未得般若之智照,不除无明之封惑,则不得涅槃佛性之真常,此即为六趣轮回,更有何报? 有报斯有"我"矣。因善伏恶得名人天业,其实非善受报(人天业者,谓其流转生灭)。法身是宇宙之大全,故不可分割剖析,一了则百了,一迷则全迷。此即顿悟成佛说之理论基础。

顿悟之说创于支遁。支公以七住为道慧阴足,十住则群方与能,在迹虽异,语照则一。盖七地则智慧全备,十地则体与道符。果以法身即佛性,即道体,则应知支公之义犹未圆融。盖体不可分,不能强析为二也。称顿者明理不可分,悟语极照,以不二之悟,符不分之理谓之顿悟。见解名悟,闻解名信,悟发信谢,理数自然,如果熟自零。由是乃知道生之佛性论及其顿悟之说乃一贯理论,此应注意者一。顿悟之说成于道生,盛弘此教者为隋唐之禅宗,禅宗之远祖远绍生公,而非摩诃迦叶之教外别传,此应注意者二。

(三)自人生立论以有为宗

两晋以《周易》《老》《庄》号称三玄,至齐梁以后,外书不专主《庄》《老》,内学不专讲《般若》。梁武帝立五经于学宫,虽上承玄学之流风余韵,然此时儒学亦逐渐抬头(皇侃《论语义疏》可代表此一时代之风气）。武帝曾自注《老子》《孝经》《三慧经》《涅槃经》，其书并佚。仅就已存之文章观之，仍可见其思想概要。

梁武帝释佛性，以真神为正因佛性（正因者对缘因而言）。真神可以成佛。以神明不灭，出家可以成佛，在俗则重祭祀。故其《敕答神灭论》有云："观三圣设教皆云不灭……《祭义》云，惟孝子为能飨亲，《礼运》云三日斋必见所祭。若谓飨非所飨，见非所见，违经背亲，言语可息，神灭之论，朕所未详。"武帝学术思想驳杂，见解平庸鄙陋，惟足以代表当时儒佛交流之迹象。其《净业赋》主修身以净业。修身为儒家之旨，净业乃佛家之教，今混而一之，谓身修则业净，则可以平治天下。故一念之善，千里斯应，一心之动，万国皆欢。修身去欲止动，以复其天命恒常不变之性，佛氏之空，老氏之损之又损，皆求其本迹俱泯，得之于心也。武帝分神为二，一为不变之体，一为神明之用（见《神明成佛义记》《金刚般若经忏文》），体则恒常不灭，用则与境变迁，体为智照，用为无明。此说亦犹慧远之失，失在以佛性（真神）为一物。其详论今已不可备知，唯可注意者，此一派代表儒释道三家混合之现象也。

同自人生立论以有为宗者，除梁武帝外，尚有竺法瑶（涅槃佛性之说当时凡十有三家，今不详论）。法瑶之说盖以调和本有、始有之辩而起。涅槃屡言佛性本有，但揆诸实际，众生皆有不善根在，佛性何在乎？佛性若不具于众生，则涅槃又何所指乎？故法瑶之论曰，理为佛性。现在虽未成佛，则有成佛之理。虽曰一切众生皆有成佛之理，而成佛则有待于当来。此即本有、始有之说也。其后地论师出，华严宗出，皆执一说莫衷一是。皆非印度佛学原旨（唐玄奘自述其求法动机有云："去圣时遥，义类差舛，遂使双林一味之旨，分成当现二常，大乘不二之宗，析为南

145

北两道。纷纭诤论凡数百年,率土怀疑,莫有匠决。")然种种议论对于后来之影响极大。宋代理学家所习称之人人皆可以为圣人,又分义理之性与气质之性。其论极与本章所讨论之意义接近(圣人可至,而非当下即成圣。亦犹人有成佛之理,而人非即佛也。人人皆有佛性犹人性皆善也。然众生必待有漏除净,亦犹变化气质也)。此为哲学史上一重要公案,极可注意也。

(四)自人生立论以无为宗

以无为宗,自人生方面立论者有吉藏。吉藏为三论大师。之论者,《中论》《百论》《十二门论》是也。《中论》祛内以流滞,《百论》治外以闲邪(《大智释论》之渊博),《十二门》观之精诣。以《中论》之旨,成就法身,一无所取,与道为一,即是涅槃,即是法身佛性。涅槃不是别有境界,即生死流转之中即是涅槃。世、出世间原本不二(此派三论与罗什旧义无不同,唯旧义偏重于毕竟空寂,未免"情尚于无多"之嫌耳)。故此宗之无与老氏不同,《三论玄义》曰:伯阳之道,道指虚无,牟尼之道,道超四句。此就其理论而言也。就其工夫而言,其影响尤可注意。盖佛教为知行合一之学,及与玄学合流,僧徒每重义解。摄山以还,义解与禅定并重,前此未有也(南朝佛学皆重义解,以清通简要为宗要)。既有般若空宗之理论,又辅以大乘空宗之禅法(摄山一派隐于山林,亦是便于禅定)。自此以后乃为隋唐之佛学开一新途径。禅宗流行之地域即前之三论流行之地域也。禅宗易简之观法,即沿三论宗之观法而来。禅宗通用之经典(《金刚般若》及《涅槃》)即三论宗之经典也。天台智者大师,创天台止观亦为受三论之影响,自不待言。故玄奘法相唯识之学兴(大乘有宗),颇能振荡一时之人心,而大乘空宗之代表(三论宗)即一蹶不振。然后来之禅宗实即三论宗之再生。

涅槃佛性问题，数百年未决，竟与南朝相终始。隋末唐初，仍未有定论，此玄奘所以只身求法也。然经此长期争论，为后来宋儒论性奠定一稳固之基础，此为一重要之史实。对宋儒颇有影响而在南朝亦为热烈争论之问题，则有夷夏之辨与神不灭之争。

（甲）夷夏之辨

夷夏之辨乃为宗教问题或民族问题，哲学之意义较轻。自汉末，道家与道教分途。道家讲玄理，为纯学问之探讨。道教重方术，成为宗教之信仰。信仰必求定于一尊，不得有二本。佛教亦哲学亦宗教。故二者形成对立之势。难佛教者，率责其委弃父母，残其天貌，生废色养，终绝血食，无益于时政，有损于民生。辨者率谓弃身求道斯为大孝，毁形易服、泰伯不失为圣。教化虽殊，归宗则一。一乡之人行五戒则一乡为善，一国之人行十善则一国向化。至于诘难往复之论（《释驳论》《正二教论》《难张长史融门律》《析夷夏论》《难夷夏论》《咨夷夏论》《驳夷夏论》《戎华论》《灭惑论》《析三破论》《夷夏论》《毁佛论》）繁不具引。至于三武一宗之厄，法道横遭摧折，乃由理论之争进而为政治之行动。韩文公排佛最烈，人谓之为卓越千古，实则夷夏争论之余波，由释道之争，转为儒释之争而已。宋儒排佛则又为韩文公排佛之余波也。

（乙）神不灭与因果

神存神灭之争虽与后来理学无重大之直接影响，然亦为当时争论颇烈之问题，故附论之。此问题对后来所以无关轻重者，盖因此为佛性问题之支蔓，佛性问题转为心性问题，并已经理学家寻出固定之答案，故神存神灭之争为人所遗忘矣。

自汉以来,神明成佛之义已深入于人心。若无神,或精神可灭,则谁成佛,修道何为? 是以慧远《明报应论》,宗炳《明佛论》,梁武帝《立神明成佛义记》,尽主神识不灭。倡神灭论者有范缜、刘孝标作《辨命论》,朱世卿作《法性自然论》,皆范缜之同调也。

考其双方理论之根据皆源远而流长,魏晋以来王弼、向、郭已肇其端,非始于齐梁之际也。王辅嗣《易略例》曰,"物无妄然,必由其理"。天下无物非自然,无物可无因而致。此自然等于因果。此为神明成佛论者之根据。向、郭以无为无造为自然。自然者突然、块然、忽然之别名。若知陶甄禀乎自然,森罗均于独化,忽然而有,恍尔而无,是为无因无果。故因果之说(神不灭)与王弼相合,而向、郭无因之义则范缜神灭义之所据也(唐荷泽神会释自然义云,无明与佛性俱是自然而生,无明依佛性,佛性依无明。觉了即佛性,不觉即无明,此又为自然义之新诠,亦可见此问题至唐中叶仍在)。

六 隋唐四宗

南北朝之种种佛学(即玄学)问题,历数百年未获匠决。至隋唐时,乃有一彻底解决之要求。南北朝时佛家诸说并出,经典亦有大量之移译,其真伪先后之不同,意义每有乖异,隋唐之际乃以判教之方法加以重新排列。南北朝时期,南学重义解,以清通简要胜,北学重经义文句,以沉潜笃实胜。隋唐以后政治统一,南北学术互相交流,于是禅行章句之学与玄理并重。其时最大宗派约有四家,即天台、华严、禅宗与法相唯识是也。唯识之学全部采自印度而移置于中土者,虽曾炯耀于一时,然不数十年即见消沉,以其违于文化自主自立之原则,有削足适履之嫌,强使中国思想形式与习惯合于印度。宜其不能久也。其唯一影响乃由于玄奘以名震中外之人杰发扬大乘有宗之学，当时对于阿赖耶识之问题极感兴趣，而引起其余各宗对于心性问题之研求（犹民国初年西人如罗素等来华讲学，其影响不在于罗素之哲学。罗素之哲学在当时及今日，了解接受者实无几人。而当时社会上、学术界对哲学之兴趣则显受其影响也。如人皆喜论中西文化，及科学、玄学之论战是也。玄奘在当时亦复犹是）。而此心性问题发挥阐明则有待于天台、华严及禅宗，而不在于法相唯识之学。故唯识一宗从略，下述三宗。

（一）禅宗

禅宗原义以禅定为宗，故名禅。禅是天竺之语，具云禅那（巴利文作 Jhānas，梵文作 Dhyāna），意译静虑，定法之通称也。调练身心，长坐不卧，住心观净，为入道阶梯。坐禅入道，隋唐各宗皆然，天台之一心三观，华严之一真法界观，皆禅法也。神秀倡曰"时时勤拂拭，勿使惹尘埃"，指坐禅之方法与境界言也。

禅宗旧说西土有二十八祖，不足征。今自菩提达摩始。菩提达摩为禅宗之初祖，其东来之年月及其生卒已不详。其初至魏境，文学之士多不齿之。想其在当时之地位，远不能与此后法相之玄奘、华严之贤首、天台之智者并论。曾不百年，禅宗竟风靡天下，蔚为大宗。而法相唯识之学仅一盛于初唐数十年。华严之教继法相之学而起，仅盛于武后前后。天台之教，智者大师创发于隋唐之际，肃、代间得荆溪湛然而中兴，旋即消沉。下逮五季，各宗经典散亡，道法日衰，甚至求反哺于高丽、日本，佛法已趋式微。独禅宗，自隋唐以迄宋元，慧灯相传，未尝中绝，经、像并毁之后，干戈四起之时，此学未稍衰，得无故欤？物无妄然必由其理。述达摩禅法。

达摩禅法为北方禅学最特殊者，前此未之有也。达摩以前之禅法,皆本于印度。小乘为安般守意之调练,有四禅那六妙门之种种阶段,大乘亦分十地,皆有阶级次第。唯达摩之禅法最不同于当时诸师。道宣《僧传》曰,稠怀念处,清范可崇,摩法虚宗,玄旨幽赜。可崇则情事易显,幽赜则理性难通。达摩以前之禅法皆僧稠之类也。达摩自称南天竺一乘宗。南天竺固大乘空宗之策源地,故达摩禅法即大乘空宗之旨而见诸实行者也。其教也,以理入、行入交相摄持。理入即壁观,行入即入道四行。

(甲)理入

就人生言,含生之伦,同一真性,客尘障蔽,故有不明。所谓涅槃佛性人人皆具,众生尽同。唯有凝住壁观,使心如壁立,平直中正,不偏不倚,以此心破除一切虚妄,荡遣名相,乃可显示真常。就宇宙言,显示本体之真际乃可与道冥符。然心性即是本体,本体亦不外心性,初非二本。僧肇与道生已发其端,达摩以降此旨益显。

(乙)行入

行入者,入道四行,万行同摄。初报怨行,二随缘行,三无所求行,四称法行,以上四行,报怨行为报已往之业,随缘行以方便随缘心无增减为规。对当下之业而言,无所求行,则令此心一无贪着,对将来而言,有所求则有苦。称法行,则功行圆满无所亏欠,与道冥符,与壁观理入相应,复此心清净之理,如实而知,如实而行,故曰称法。

菩提达摩之禅法,可考者不过如此。易简直捷,前所未有。然理入壁观犹待于禅定,四行之教犹有固定之阶梯,为方便说法,犹须四卷《楞伽》以授慧可。为取信于此土仍烦以衣钵为证验也。及其六传而至惠能,更趋易简,止衣钵而不传。《楞伽》一经竟成弃筌,四行之说,理入之教,弥觉有待之为烦。惠能而下,两派下开五宗,如攀登九折之坂,愈出愈奇愈险。施设之途多方，入道之门非一，此上诸说遂不复为禅门所道。

达摩传慧可、僧粲、道信、所授经典唯《楞伽》四卷。自忍禅师于黄梅开东山法门，乃改授《金刚般若》(《大般若经》第五百七十七卷。此经前后经六译。通行者为罗什译本)。此一转变极应注意。盖禅宗初倡导于北方，时南方为摄论宗，北方为地论宗，在当时地论师有宗之环境中求一经典与空宗教义相去不远者，则《楞伽》一经适中其选。及五祖弘忍弘法于黄梅，此一带为南朝旧疆，乃三论宗流行之地带。自教义言，两家学说本出一系，故因地制宜，改授《金刚般若》以资弘通。

五祖弘忍而下，分南北二支。神秀为北宗六祖，翼守师门，弘法于京洛。惠能为南宗六祖，教法大盛于东南，其后禅宗风行天下，皆能大师之法裔。此后北宗禅法遂无复有人讲习。下述惠能禅法。

禅宗至惠能为一转变之枢机，盖达摩大乘壁观在于有无双遣，直超悟入。不悟则下同凡俗，一悟则直超十地。以简易之禅法代替复杂之禅法，此为达摩之功。然成佛以明心见性为第一义。果能明心见性，则行住坐卧，皆是解脱法门。坐禅仅为修炼身心之一途。然坐禅终有出定之时，不坐禅时，则不须修炼乎？身心之修炼应常惺惺，无一息之顷与道相违，方是真正解脱之道(禅之于见性明心，正如方圆图形之于几何学，只是了解几何学之方法而非几何学)。禅法为见性明心方法之一，但非唯一之方法。故惠能以后不言坐禅，以机锋代替禅法。自此而下，入道之门，更宽更广，益趋直捷，此惠能之力也。

佛性本自具足，三宝不假外求。贫女藏金，力士额珠，元不曾失。开佛知见，触处可通，而所谓机锋，仅作为一种凭借，禅家所谓言下大悟、当下大悟，本不在此一言。同一言也，在彼则悟，在我则不必悟。是以一棒一喝，扬眉瞬目，运水搬柴，皆为触媒之剂。青青翠竹尽是禅心，郁郁黄花无非般若。见得自性分明，宇宙万法皆足为悟入、真如之凭借。性分中自有一大事因缘在，蓬勃跳脱，不容自已也。

惠能不废禅观而佐之机锋，坐禅已非唯一解脱之途径。六祖而下，五宗并出，更以坐禅为偏枯，以观心看净为自缚，乃纯用机锋，此为禅宗之再度转变也。盖机锋者，密意显说，本有多方，随器应机，不必尽同。禅初为六度之一，今则同摄六度皆禅也。随遇而真，当下无妄，即禅也。是以圭峰宗密大师兼习两宗。禅宗初期必不许此。自后期禅宗（惠能以下）视之，无碍也。融瓶盘钗钏为一金，搅酥酪醍醐为一味，应如是也。

综上而观之，禅宗者中国自创之佛教也。废除一切，不立文字，黄面老子无一法与人，四十卷《涅槃》尽是魔说，此非印度宗风所许。而顿悟成佛之义，亦不见印度经典，而易简之禅法，峻峭之机锋尤非来自印度。盖禅宗之使命，乃上承南北朝佛性问题而来（上文已言佛性问题即人性问题，乃由玄学上宇宙问题转而向内者，与佛教无关）。佛性当现及有无问题，至禅宗时，已不成为问题，已无讨论之必要，禅宗所注意者，唯在如何成佛，如何解脱。三宝即在自性中，净土只在心中，更不必远求。明心见性即证圣境。宋儒既兴，首排禅学，盖禅宗以后即无佛学，禅宗即是佛学。流弊所及，诃佛骂祖，师心自用，承虚接响，全无真见，不能予人解脱，而徒增系缚。故须辟之。然宋代理学所承继禅宗之遗产极富，如心体善恶问题，变化气质之学说，主敬主静之涵养功夫，目空千古之为学态度，皆系摄取禅宗之神髓而扬弃其糟粕者，真可谓入室而操戈者矣。以宋儒受禅学影响之深且著也，遂有人以为理学乃阳儒而阴释，自葱岭带来者，此则大误。盖禅宗所表现者全系东土固有之精神，其所承继者全系东土固有之问题，其所发挥者亦全系东土固有之见解也。今为矫正过去一偏之议论,故不惮反复言之,剀切辨之也。

(二)天台宗

天台宗自称远绍龙树,实则系统复杂,既有中土神仙方术道教之成分,又有小乘禅法及大乘空宗理论。就其影响于理学者为止观与判教,尤以止观为重要。

泥洹之法,入乃多途,论其急要不出止观二法。所以然者,止乃伏结之初门,观是断惑之正要。止则爱养心识之善资,观则策发神解之妙术。止是禅定之胜因,观是智慧之由藉。若人成就定慧二法,当知此之二法,如车之双轮、鸟之双翼,若偏修习,即堕邪倒。故《经》云声闻之人定力多故,不见佛性。十住菩萨智慧力多,虽见佛性而不明了;诸佛如来定慧力等,是故了了见于佛性。是止观者即定慧之异名。定与慧相发而交养,此为隋唐佛学上普遍之风气,而其流风所及,如宋儒主敬以立本,格物以致知,即是止观法门而非《大学》原旨矣(见马一浮《宜山会语》)。

与理学有另一影响者为判教。智者大师以五时判八教。五时者,一华严时说《华严》;二鹿苑时说《四阿含》;三方等时说《维摩》《思益》《楞伽》《楞严三昧》《金光明》《胜鬘》等经;四般若时说《摩诃般若》《光赞般若》《金刚般若》《大品般若》等经;五法华涅槃时说《法华》《涅槃》等经。诸经义有不同,以不在一时所说,因人设教。至于最高之理论,《法华》《涅槃》是也。八教者,顿、渐、秘密、不定,是为化仪四教;藏、通、别、圆是为化法四教。今不详论。所应知者,判教亦为隋唐各宗共同之特点。宋儒之囊括宇宙,统贯天人,平章华梵之态度正亦由此而来。

(三)华严宗

华严宗教义,不及详述。摄其宗要,则为阐明《大方广佛华严经》法界缘起、事事无碍之旨。彼于理学之影响亦在此。法界者,一切众生身心之本体也。广大虚寂,唯此一真之境。森罗大千,周遍含融,相不可睹而理不可分,行布差别而圆融无碍。一即一切,一切即一。理不碍事,纯恒杂也;事不碍理,杂纯恒也。全理是事,全事是理,理事自在而纯杂无碍也。一全是多,方名为一,多全是一,方名为多。多外无别一,一外无别多(故《金师子章》曰,一一毛中,皆有无边师子,又复一一毛,带此无边师子,还入一毛中)。佛身一毛端遍含一切,一一诸法皆为本体之全。万象并照,法界中之万象也,一真法界即真如之体。是以万法依此本体(即一真法界)皆现其真常,无一法能独存于本体之外者。真如(即体,即法界)为含摄万有之源,万有初未离此体。此自宇宙本体而言。若自人生言,真如与阿赖耶识原不相离亦犹理事之不离也。复其本性之原即是妄尽,即是还原。宋儒以体用一源,显微无间之语为泄露天机。此旨与此意发挥详尽周遍者,已非自宋儒始,唐初已开其端矣。伊川有云看一部《华严》,不如看一艮卦,是知其必受其影响,体用一源之语当亦有自来也。又明道有云善固性也,恶亦不得不谓之性,当亦出自华严之旨。至其判教仍系唐代规模,分曰:一小乘教,二大乘始教,三大乘终教,四顿教,五圆教。今从略。其影响也,亦犹天台之判教,而不在其判教之理论。判教之理论在印度无据也。

综观上列三宗,其共同之特点凡有五端,皆与理学有直接之影响。(一)皆为心性之学。或以心体为善,或以心体为净染和合,或以真如藏识不一不异。然皆为理学导夫先路。(二)皆主妄尽还原复其本体之工夫。李习之复性之论,理学家克己主敬,格物致知工夫虽不全受佛家之影响,然在此一代思想之主流激荡之中不能不有所感受。(三)天台、华严皆为顿教,尤以禅学最为彻底,宋儒所主豁然贯通,盖亦有本。(四)自佛教南北两统合流,皆主定慧等持。其学平实,不特重心性之理论,亦重视心身之修行。宋儒涵养主敬,内外交养,求其源头,亦不自宋儒始。(五)宋儒不凭注疏以修圣人之经,不依典章以新先王之法,此种精神非汉儒以前所能有,要亦受禅学之影响,而禅学之远源又须推至魏晋之际也。

七　唐宋之际儒佛之交融

昔梁武帝以《孝经》《中庸》《礼记》与《般若》《涅槃》并重,咸为注疏,此儒佛交融之先声。然刘宋时代何尚之等以佛教可以佐治天下,此则为武帝之先导矣。唐肃代间荆溪湛然中兴台教,倡无情有性之论,已脱离佛家传统之束缚。梁肃从而加以推演,此以儒释佛也。韩愈、李翱排佛,实亦受佛家之消极影响而然也。佛家有法裔相传,儒则以道统相继。佛家多讲心性之学,儒家亦揭橥《大学》《中庸》心性之论相颉颃。佛家修止观,儒家亦倡复性。此儒佛交争而互相摄取者也。圭峰宗密以荷泽法嗣而盛弘华严宗旨,称华严五祖。初期各宗乃所不许,自后期各宗视之,皆为一味之旨,宗派门户之见渐泯。是以《原人论》及《禅源诸诠集都序》皆为调和之论,儒道二家亦许以相互会通。终唐之世,诏儒释道三教讲论于殿庭,史有明文者凡七见。以当时之见解,认为三教相去本不太远。及北宋之初也,孤山智圆以僧徒而号中庸子,并自传以述其义。此则援佛入儒者也。镡津契嵩为禅宗巨子,作《中庸解》及《辅教篇》以五教合五常,以慈悲为仁义,谓释氏之教以孝弟为本,可以兼内圣外王之道、修齐治平之规。此则弃佛以从儒者也。就禅学言已近夕阳黄昏,自理学之兴起言,正犹复(䷗)之初九也。述(一)湛然,(二)梁肃,(三)韩愈、李翱,(四)宗密,(五)契嵩。

(一)湛然

湛然无情有性之论,推衍佛性无所不在之义,以无情之物如草木瓦石亦有佛性。若以无情无佛性,是谓佛性有所不在也。一尘一心即一切生佛之心性。万法是真如,由不变故。真如是万法,由随缘故。信无情无佛性,岂非万法无真如耶? 周遍三千大千世界莫非真如之显现流行。是以法华会中一切不隔,草木与地,四微何殊。自中土固有之理论言,此仍上承道生一阐提人皆有佛性之论,无情有性之言,佛书未有明文也。王阳明草木瓦石皆有良知,虽未必断言采自此说,然亦系依此义推出者。

一一诸佛,一一众生悉具佛性,而不可造作。故染性与净性同体。染业熏染相,则生死之相显;净业熏净性,则涅槃之用现。此凡圣之辨也。然本具性净而非始有,本具性染而不可灭。故须止观以克熏染。止观之说宋儒取其意,前已言之矣。然以中华学者言,发挥止观之旨,初不始自理学诸儒,梁肃已发其趣矣。

(二)梁肃

梁肃之《止观统例》议曰,夫止观者何为也? 导万法之理而复于实际者也。实际者何也? 性之本也。物之所以不能复者,昏与动使之然也。照昏者谓之明,驻动者谓之静。明与静,止观之体也。原夫圣人有以见惑足以丧志,动足以失方,于是乎止而观之,静而明之,此止观所由作也。仲尼有言,道之不明也我知之矣。由物累也。嗜欲深,耳目塞,虽学而不能知,故须止观以复其体也。举其要,则圣人极深研几、穷理尽性之说。

156

道之不明,由于物累,及其至也,则去耳目之塞,绝嗜欲之好,乃至极深研几、穷理尽性。此则以儒佛之初步交融,以儒释佛。继此而发,绝物累、养性体以复本性之初者,则有李翱。然李氏与梁肃、韩愈义兼师友,梁、韩均对其有深切之影响,故其立论也,并采梁肃与韩愈之说,而大体本于《中庸》,此则有以立而与佛氏相颉颃者也。

(三)韩愈与李翱

韩愈排佛乃夷夏交诤之余波(见前论),其力倡道统,亦针对佛教而发,以上二端皆后世理学家所宗仰。而人嫌其立论境界不高,宋儒亦排佛,亦主道统,而意趣与理论基础与文公大异。然其对于理学有开导之功,不可忽也(其说不具引)。

李翱著《复性书》,论性情,论修养成圣之方法及必须加以修养之故,李氏之义以为人所以为圣者性,而惑其性者情。喜怒哀乐等七情即摇惑其性之因。情即昏,性斯匿,此所以为圣人必复其性也。情不作,性斯充矣。此为李氏上承梁肃止观之说。然李氏之说不止此也。故云性者天之命也,圣人得之而不惑。情者性之动也,百姓溺之而不知。桀纣之性犹尧舜之性也。情有不善而性无不善,子思曰唯天下至诚为能尽其性,能尽其性则能尽人之性。能尽人之性则能尽物之性,能尽物之性则可以赞天地之化育,与天地参矣。又曰诚则明矣,明则诚矣。此皆尽性命之道也。然性命之书虽存,学者莫能明,是故皆入于庄、列、老、释。不知者谓仲尼之徒不足以穷性命之道。盖由仲尼之后,传之子思、孟轲,孟轲传之公孙丑、万章之徒,及遭秦火,《中庸》之不焚者一篇存焉。虽然,性命之道亦不外是矣。此儒者思有以排佛而自立,继韩愈而起之第一人。理学乃承此道统者也。

(四)宗密

宗密之《原人论》与《禅源诸诠集都序》同为直接影响理学之著作。其学说大意谓"一切有情皆有本觉真心,无始以来常住清净,昭昭不昧,了了常知。亦名佛性,亦名如来藏"。然从无始际,妄想翳之,不自觉知,耽着结业故有生灭心相。此真心禀气受质,二类和合乃得成人(《太极图说》:"曰二五之精妙合而凝。")然所禀之气,辗转推本,即混一之元气也;所起之心,辗转穷源,即真一之灵心也。究实言之,心外的无别法。元气亦从心之所变。属前转识所现之境,是阿赖耶相分所摄。从初入一念业相,分为心境之二心。即从细至粗,辗转妄计,乃至造业。境亦从微至著,辗转变起,乃至天地。业即成熟,即从父母禀受二气与业识和合成就人身。据此则心识所变之境乃成二分。一分即心识和合成人;一分不与心识和合即成天地、山河、国邑。三才中唯人灵者,由心与神合也(《太极图说》:"二气交感,化生万物,万物生生而变化无穷焉。唯人也,得其秀而为灵。形既生矣,神发智矣,五性感动而善恶分,万事出矣。")

《禅源诸诠集都序》,有说明《起信论》之旨。以〇表真心,以●表妄想,以◎表阿赖耶识。而周茂叔《太极图》颇与此相似。由以上两事为证,则知周氏之《太极图说》颇有与《原人论》相同处,其《太极图》颇有与《禅源诸诠集都序》相似处。周氏之说或断其出于陈抟。然陈氏之学亦必有自来也。又按诸史实,道教剽窃佛书乃系惯技,不足为异。然又有说曰,宗密之图乃改造道教之《水火匡郭图》而成。其真相本文不暇论。然必可断言者,宇宙生成、万物变化之学乃儒家所缺。汉儒但粗具规模而语焉不详。宋代理学初兴,欲就此方面立论,并有以折二氏,须采彼说以匡已困。《太极图说》久已有人疑其非圣门之言(亦不全是),想亦有故,当与宗密有关也。

(五)契嵩

《明教大师行业记》曰:"天下之士学为古文,慕韩退之排佛而尊孔子。东南有章表民、黄声隅、李泰伯尤为雄杰,学者宗之。仲灵(即契嵩号)独居,作《原教》《孝论》十余篇,明、儒、释之道一贯以抗其说。"佛法至宋初已趋没落。唐末兵火干戈之后,各宗经典散亡,寺宇并毁,独禅宗独盛。而禅学经五代鼎盛之后已兆其衰微之机(具详前文)。故契嵩时之禅宗颓势已成,大厦将倾非一木所能支。故一览其书,即知禅学已不复在矣。故其称法尧舜,表扬《中庸》,明刑罚以为治平之本,广孝道以为五戒之原。竟弃佛以从儒,泯除儒佛界限。有云,王道者皇极也。皇极者中道之谓也。而佛之道亦曰中道,行此中道即为尧舜之道。佛法为兴善止恶之大端,夫妇之愚,悛心改行,则为仁为慈,为孝为廉,为真为诚,与《诗》《书》《礼》《乐》之教无以异也。《中庸》曰,自诚明谓之性,自明诚谓之教。与经中所谓实相一性者同也。然则众人所以为众人者,众人灵而不明也;贤人所以为贤者,贤人明而未诚也;圣人之所以为圣人者,圣人诚且明也。诚者,中庸之道也。与天地同其理,与四时合其运。以之为礼,则君臣位,父子亲,男女别;以之为乐,则阴阳和,朝廷穆;以之为刑,则民远罪而迁善,贤者进而佞者绝。故圣人以中庸作也。其论孝之大旨,以为儒佛同也。五戒曰不杀,不盗,不邪淫,不妄语,不饮酒。不杀仁也,不盗义也,不饮酒智也,不妄语信也。是五者修,则成其人、显其亲,是为孝也。有一不修则弃其亲、辱其亲,是为不孝。故丧制哭泣,虽佛教略之,盖欲其泯爱恶而趣清净也。苟爱恶未忘,游心于物,临丧而弗哀,亦人之安忍也。故律宗曰,不展哀苦者,亦道俗之同耻也。佛徒临丧不可不哀也。

略观本章所论,则唐宋之际儒佛交融之迹亦可概见。

八　理学之兴起

宋兴百年,胡瑗、孙复首创讲学之风,学术之端绪粗立。有志于明夫体用为政教之本,分经术、政事二科以教士,隐然开两宋学术之规模。就两宋学术之大势言之,可分互相错综之两种趋向。一偏重性命之学,一偏于经世之学。谈性命者,非汉代之天道吉凶,六朝之玄远虚胜,唐僧之出世法,而特重体验工夫。洒扫应对即是学问。言经世者,绌汉代之阴阳感应,六朝之轻忽人事,而注重格物致知以至平治天下。两者皆主儒家,皆以现实之人生为对象。而古代中国学术,独儒家为内圣外王之学,注重现实人生,其余诸子未能或之先也。故此一时期之学术之主潮即为儒学之复兴。理学者,特重心性之追寻,即此两种趋向中,前者之代表也。

自哲学思想进展之序言,莫不新陈代谢,相反相成,其因革不同,每一时期皆有发挥,皆有其使命,及功成身退,如果熟自零,殆为进展之通例。穷则变,变则通,亦天道之自然。盖隋唐之时,好高者沉潜于佛宗,骛名者混迹于利禄。儒门从此淡泊,收拾不住,是以终唐之世下及五代但有名僧而无大儒。然禅宗鼎盛之时,使人人皆能解说一二口头问答话头,承虚接响,漫无归宿,本为因病施药,反致因药成病。未得解脱,徒增系缚。教外别传,一味之旨竟成空言,禅师家但为揣量模写,依仿假借,纷纷然自鸣得佛家大意,实则自欺。物极必反,无剥不复,此后不得不另辟途径。理学恰为救治禅学之流失,此理学之所以兴。

从此而后,人乃知释氏及文章词赋之外尚有一己之大事因缘在,即主敬以立本,格物以致知,充此四端以达于平治天下。

安定泰山虽首创讲学之风,然哲理之发明尚鲜。理学基础之正式奠定应自濂溪周敦颐始。

濂溪之《太极图说》或议其非孔孟之宗旨,或奉之为儒门之止派。夷考其实,两说皆非的论。《图说》有云二五之精、妙合而凝,又云唯人也,得其秀而最灵,形既生矣,神发智矣。此则同于《原人论》,非儒家言也。又如,分阴分阳两仪立焉,阳变阴合而生水火木金土,五气顺布,四时行焉,此道家言也。至于所云圣人定之以中正仁义而主静立人极焉以下,皆儒家言也。盖宇宙论之间架乃儒家所缺。故必采自二氏始有以立。其初期融合,则不免有泾渭合流之痕迹。语其主要宗旨固为儒门宗旨,无可议也。

濂溪发于前,乃有二程兴起。理学正式建立应推二程。二程虽不自承继濂溪,称茂叔而不称先生。然观伊川《颜子所好何学论》,大部为《太极图说》及《通书》之言,然其学不全宗濂溪。明道曾云,吾学虽有所受,天理二字,却是自家拈出。理学之名应自此始。程氏之说,教人格物以致知,主敬以立本,撷佛氏之菁华,济儒门之淡泊,于是孔孟之言复彰于千载之后。与二程同时诸贤司马、张、邵一时并兴,蔚为一时之盛。此北宋理学之大略也。

下逮靖康,宗社播迁,学术中落,时程门高弟首推尹、杨与谢。然和靖能守而不能广,龟山失之于杂,上蔡失之于矜,虽各得明道、伊川之一体,而精微中正则不逮。其后三传至延平而始深,四传至朱子而始大。上承伊洛之学,下开阳明一派,至广大,极精微,理学至此如日中天矣。与朱子同时诸贤如张南轩、吕东莱、陈、陆诸氏皆有卓见相辉映于一时,此南宋之理学之大略也。

本文之作也,乃对理学之渊源有所探究,理学学说之本身则非本文所论列之范围。

1942 年

郭象《庄子注》与庄子*

　　《庄子》这部书的真伪问题不属本文讨论范围。现在我们单就现存的《庄子》一书来论其思想。郭象《庄子注》是否完全出自郭象之手，也不属本文讨论范围，这里所说的只是现存的郭象注所代表的思想。

　　综观《庄子》一书的主旨，即在于阐明凡是天然的或自然的事物都是至美至善的。多一分人为即多一分罪恶。所以书中反复的阐述"天钧""天德""天倪"的意义。一切政治、文化、道德的制设都足为"至德"之累。一加人为，便与天道相违了。所以人应当承天、顺化，而不要"以人灭天"。天下之所以乱，人心之所以离，完全是一些自作聪明的"圣人"要"以人灭天"而做出的错谬的结果。

　　郭象的《庄子注》在中国哲学史上是与《庄子》一书同垂不朽的著作，但是郭注与《庄子》原文的意思并不尽相合，甚至相反。本文主旨即在于指出其间相反之处及相反之故。

　　庄子崇尚天道之自然而菲弃人为的一切措施。所以他说"牛马四足是谓天，落（络）马首穿牛鼻是谓人。故曰，无以人灭

---

　　* 原载《文讯》1946 年第 6 卷第 3 期。

天,无以故灭命"(《秋水》)。郭注以为人为也是天道:

> 人之生也可不服牛乘马乎?服牛乘马可不穿落(络)之
> 乎?牛马不辞穿落(络)者,天命之固当也。苟当乎天命,则
> 虽寄之人事而本在乎天也。(《秋水注》)

庄子是反对人为典章制度,也反对人为的尊卑之序的,"至
德之世……上如标枝,民如野鹿"(《天地》)。上如标枝,即是对
下没有统属的关系,虽在上而民不觉其在上;民如野鹿即是人与
人之间自由的来来往往,没有组织的拘束。郭注却主张应当有
组织,也应当有上下尊卑之分:

> 若夫任自然而居当,则贤愚袭情而贵贱履位,君臣上下
> 莫匪尔极,而天下无患矣。(《在宥注》)

> 臣妾之才而不安臣妾之任,则失矣。故知君臣、上下、
> 手足、外内乃天理自然,岂真人之所为哉。(《齐物论注》)

> 明夫尊卑先后之序,固有物之所不能无也。(《天道
> 注》)

庄子以为知识是违反自然的,教化是无所用的。最根本的
道理是不可以教给人的,可以意得而不可以象求。凡是能够教
人的知识都是驳杂肤浅的杂乱的知识。所以说:"绝圣弃智,大
盗乃止。擿玉毁珠,小盗不起。焚符破玺,而民朴鄙。掊斗折
衡,而民不争。殚残天下之圣法,而民始可与议论。"(《胠箧》)
这是说知识只能毁坏了人的淳朴的天性,圣人对于人有害而无
利。何况"真正的知识"——至道,根本不可以教呢?"轮扁曰,
臣也以臣之事观之,斲轮徐则甘而不固,疾则苦而不入。不徐不
疾,得之于手而应于心,口不能言,有数存焉于其间。臣不能以
喻臣之子,臣之子亦不能受之于臣,是以行年七十而老斲轮"
(《天道》)。郭注却以为教育与知识有存在的必要。

> 言天下之物未必皆自成也,自然之理亦有须冶锻而为

器者耳。(《大宗师注》)

　　天下若无明王则莫能自得,令之自得,实明王之功也。
(《应帝王注》)

　　庄子以为人的本性并不含有仁义,圣人教人以仁义是多余
的,而且是错的,不但无益而且伤生害性。"老聃曰,请问仁义人
之性邪? 孔子曰然,君子不仁则不成,不义则不生,仁义真人之
性也,又将奚为矣。老聃曰,请问何谓仁义? 孔子曰,中心物恺,
兼爱无私,此仁义之情也。老聃曰,意! 几乎后言。夫兼爱不亦
迂乎? 无私焉,乃私也……天地固有常矣,日月固有明矣,星辰
固有列矣……又何偈偈乎揭仁义若击鼓而求亡子焉?"(《天
道》)"伯夷死名于首阳之下,盗跖死利于东陵之上,二人者所死
不同,其于残生伤性均也。奚必伯夷之是而盗跖之非乎? 天下
尽殉也,彼其所殉仁义也,则俗谓之君子。其所殉货财也,则俗
谓之小人。其殉一也,则有君子焉,有小人焉。若其残生损性,
则盗跖亦伯夷已,又恶取君子、小人于其间哉?"(《骈拇》)仁义
不但对个人是残生损性,而且对于社会也是一种纷纠的因素。
所以圣人的教化有百害而无一利。"及至圣人屈折礼乐以匡天
下之形,县跂仁义以慰天下之心,而民乃始踶跂如知,争归于利,
不可止也。此亦圣人之过也"(《马蹄》)。"善人不得圣人之道
不立,跖不得圣人之道不行"(《胠箧》)。"自三代以下者,天下
何其嚣嚣也。且夫待钩绳规矩而正者,是削其性者也。待绳约
胶漆而固者,是侵其德者也。屈折礼乐,呴俞仁义,以慰天下之
心者,此失其常然也"(《骈拇》)。郭注并不以为仁义是要不得
的,而且认为是必要的,仁义是人的本性,并不是人性的桎梏。
其害处只是其流弊之所及,而非仁义自身。

　　夫仁义自是人之性情,但当任之耳。(《骈拇注》)

　　仁者兼爱之迹,义者成物之功。爱之非仁,仁迹行焉。

165

成之非义,义功见焉。(《大宗师注》)

尧之弊弊起于尧而衅成于禹。而况后世之无圣乎?(《天地注》)

夫与物无伤者,非为仁焉,而仁迹行也;令万理皆当者,非为义也,而义功见焉。故当而无伤者非仁义之招也。然而天下奔驰,弃我殉彼,以失其常然。故乱心不出于丑而恒在美色;挠世不由于恶而恒由仁义。(《骈拇注》)

庄子以为天下不必要人来治,人越治天下,天下越乱。人根本不需要什么仁义礼乐,也不需要政治的约束。马生来是自由的,不是生来供人乘坐的,同样的道理,人生来是自由的,不是被人统治的,所以庄子说:"藐姑射之山有神人居焉。肌肤若冰雪,绰约若处子,不食五谷,吸风引露,乘云气御飞龙,而游乎四海之外"(《逍遥游》)。神人是超出尘世的,不溷于人为的是非得失之场,不食人间烟火,当然更不问人间的政治。就因为有了政治,有了圣人天下才乱的。"及至圣人,蹩躠为仁,踶跂为义,而天下始疑矣。澶漫为乐,摘僻为礼,而天下始分矣"(《马蹄》)。郭注以为政治并不是要不得,天下也不是不需要人来治。只要治理得当即是无为而治。他说:

夫神人即今所谓圣人也。夫圣人虽在庙堂之上,然其心无异于山林之中。世岂识之哉?徒见其戴黄屋,佩玉玺,便谓足以缨绂其心矣。见其历山川,同民事,便谓足以憔悴其神矣。岂知至至者之不亏哉。(《逍遥游注》)

夫治之由乎不治,为之出乎无为也,取于尧而足,岂借之许由哉?若谓拱默乎山林之中,而后得称无为者,此庄老之谈所以见弃于当涂者,自必于有为之域而不反者,斯之由也。(同上)

夫善御者将以尽其能也。尽能在于自任,而乃走作驰

步，求其过能之用，故有不堪而多死焉。若乃任驽骥之力，
适驰疾之分，虽则足迹接乎八荒之表，而众马之性全矣。而
惑者闻任马之性，乃谓放而不乘。闻无为之风，遂云行不如
卧，何其往而不反哉？（《马蹄注》）

庄子的无为即是无作无为。尧舜治天下已是多事，已是有
为，何况汤武以卜？而郭注以为有为无为只看他是否是率性而
动，是否各适其分。率性适分即是无为。

所谓无为之业，非拱默而已；所谓尘垢之外，非伏于山
林也。（《大宗师注》）

夫工人无为于刻木而有为于用斧，主上无为于亲事而
有为于用臣，臣能亲事，主能用臣，斧能刻木，而工能用斧，
各当其能，则天理自然，非有为也……故各司其任，则上下
咸得，而无为之理至矣。（《天道注》）

虽汤武之事，苟顺天应人，未为不间也。（同上）

庄子是主张浑沌纯朴的。人为的仁义礼乐既是人性的桎
梏，人为的典章文物也是人性的桎梏。人性中本来没有这些花
样，这些都是与天道相违的。所以"众人重利，廉士重名，贤士尚
志，圣人贵精"（《刻意》）。利与名与志，虽然有高下之分，其使
人殉外丧性是一样的。最后的理想还是"圣人贵精"。精是精一
不杂，完全摆脱人为的束缚而返其自然之真，也就是最朴素，最
单纯的人生。朴素与单纯是庄子所向往的。所以说"能体纯素
谓之真人"（《刻意》）郭注并不以为朴实无华为素，而以自然、不
亏不杂为素：

苟以不亏为纯，则虽百行同举，万变参备，乃至纯也。
苟以不杂为素，则虽龙章凤姿，倩乎有非常之观，乃至素也。
若不能保其自然之质，而杂乎外饰，则虽犬羊之鞟，庸得谓
之纯素哉？（《刻意注》）

庄子既不主张人为造作的一切措施,所以不主张多事,而主张渊静。郭象对于渊静的解释也与庄子不同:

> 渊者静默之谓耳。夫永常无心委顺外物,故虽流之与止,鲵桓之与龙跃,常渊然自若,未始失其静默也。夫至人,用之则行,舍之则止,行止虽益(异),而玄默一焉。(《应帝王注》)

庄子说"至人无亲"(《天运》),乃是说世界本来是温煦和美的。对此人有所亲,便是对彼人有所遗。宇宙本是谐和的,完整的。不可以为了对某人或某些人的亲爱而分割了宇宙的谐和的整体。"有成与亏,故昭氏之所以鼓琴也。无成与亏,此昭氏之所以不鼓琴也"(《齐物论》)。"泉涸,鱼相与处于陆",与其"相呴以湿、相濡以沫,不若相忘于江湖"。(《天运》)至人无亲,正是教人相忘于江湖。郭注却有亲亲而仁民、仁民而爱物、爱有差等的意思:

> 无亲者,非薄德之谓也。夫人之一体非有亲也,而首自在上,足自处下,府脏居内,皮毛在外,外内上下,尊卑贵贱,于其体中各任其极,而未有亲爱于其间也,然至仁足矣。故五亲六族,贤愚远近,不失分于天下者,理自然也。又奚取于有亲哉?(《天运注》)

庄子所谓"天",所谓"自然",是与"人为"对立的,它不包括人为的一切。郭注所谓天及自然,是宇宙之大全。既是宇宙之大全,"人为"的一切当然也在内,人为也是天,也是自然:

> 夫天籁者,岂复别有一物哉?即众窍比竹之属,接乎有生之类,会而共成一天耳。故天者,万物之总名也。莫适为天,谁主役物乎?故物各自生,而无所出焉,此天道也。(《齐物论注》)

由于上述,现在可以承认郭象的《庄子注》与《庄子》本旨是有一个相当的距离的。庄子的理想,其所谓至德之世,是完全各适其性的逍遥的生活,其理想的政治是渊静无为,其理想的社会是人人自治。顺乎天然的是好的,也是对的。《庄子》一书充满了一些达观、超脱的字句,而其骨子里对于现实的人生有极浓厚的消极悲观的成分。凡是悲观的哲学,一定对现实的人生宇宙有厌离之感,而企图摆脱它。所以悲观的哲学一定是出世的。(佛教即悲观的,佛学也是出世哲学)

郭象的《庄子注》,其所以与《庄子》不同,即是因为他的哲学与庄子不同。他的哲学不是悲观的,他的人生宇宙观也不是出世的。郭象《庄子注》与庄子思想的不同,并不是枝节的差异,而是根本不同。从郭注中可以了解魏晋时代的哲学的精神,但不能据以解释庄子的学说。

现在,我们再进而讨论何以有上述的差异。

从历史上看,魏晋时期道家老庄之学虽然很盛,同时儒家的潜在力量,经过两汉数百年经学的熏陶,早已深入人心。王弼精通老子之学,乃世所共知。他有意无意之间还是承认孔子是唯一的圣人。曾有人问他,老子总谈"道"、说"无",而孔子不谈这些,难道孔子见不及此吗?王弼说,正因为老子对"道"对"无"有所不足,所以总喜谈这些,孔子已自足,所以反不大谈这些了。在魏晋时期,政治上是纷乱而混浊的,而当时的读书人,却仍保守儒家的传统习惯,都是崇孝弟之行,严家讳之禁,重礼教之防。至于阮籍、刘伶之流,打脱礼教,以为旷达,已是很特殊的人物了,所以别人对他们有点大惊小怪。即是这些旷达的人物,还是对于孝弟、忠信、家讳等,仍是奉行唯谨,不敢踰越。这时凡是对于社会政治发生怀疑的人士,不入于佛即入于道。对于社会政治尚未完全绝望的人士,多半服膺儒家。郭象就是一方面崇尚老、庄之无为与自然,而一方面又服膺儒家之制作与名教。二者并不是冲突而是互相为用。庄子云："善人不得圣人之道不立，跖不得圣人之道不行。天下之善人少而不善人多，则圣人之利天下也少而害天下也多。"(《胠箧》)郭注云：

> 信哉斯言。斯言虽信，而犹不可亡圣者，犹天下之知未能都亡，故须圣道以镇之也。群知不亡，而独亡于圣知，则天下之害又多于有圣矣。(《胠箧注》)

这不是说明圣道可用以镇天下吗？名教与自然当然没有冲突。

不但历史的看法是如此，再从哲学理论上来研究，"自然"与"名教"，"方内"与"方外"也是不冲突的。魏晋时代的哲学上所讨论的是本末、有无的问题。所谓本，所谓无，即是寂然不动之体；所谓末，所谓有，即是感而遂通之用。体为一本，为宗极；用为流行，为变化。体为超乎象外，用则万象森然。所以，名教、礼法、典章、文物、制作，这都是属于用的一方面的。而道体乃是寂然无为，自然绝待。郭注《庄子》，即是不废名教而崇尚自然，不舍方外而游于方内。名教与自然，方内与方外，其相需相成，正如本末体用之不可离。本末体用不可偏废并无优劣存乎其间，原是一体之两方面。郭注云：

> 夫理有至极，外内相冥。未有极游外之致而不冥于内者也。未有能冥于内而不游于外者也。故圣人常游外以宏内，无心以顺有。故虽终日挥形而神气无变，俯仰万机而淡然自若。夫见形而不及神者，天下之常累也。是故睹其与群物并行，则莫能谓之遗物而离人矣。睹其体化而应务，则莫能谓之坐忘而自得矣。岂直谓圣人不然哉？乃必谓至理之无此？是故庄子将明流统之所宗以释天下之可悟。若直就称仲尼之如此，或者将据所见以排之，故超圣人之内迹而寄方外于数子。宜忘其所寄以寻述作之大意。则夫游外宏

内之道坦然自明,而庄子之书,故是涉俗盖世之谈矣(《大宗师》:"彼游方之外者也,而丘游方之内者也"注)。

以方内为桎梏,明所贵在方外也。夫游外者依内,离人者合俗。故有天下者无以天下为也。是以遗物而后能入群,坐忘而后能应务。(《大宗师注》)

夫与内冥者,游于外也。独能游外以冥内,任万物之自然,使天性各足而帝王道成。(同上)

综观上述各例,可知《庄子》原书是游于方外而遗弃方内的。是崇尚自然而菲薄名教的。不但今日我们看来觉得他太偏重自然而忽略了人为的价值,即是较庄子略后的荀子已批评庄子是"蔽于天而不知人"了。郭象的《庄子注》,诚然不能算为一部好的注释(注释是帮助了解原文的),因为他的宗旨与庄子根本不同,只是借庄子来发挥他自己的思想。但是不能说他不了解庄子。庄子理论上的罅漏,经过郭注而圆满无缺了。郭象的《庄子注》,王弼的《老子注》,与朱子的《四书集注》,是中国哲学界三部永垂不朽的巨著,都可以给原著增辉。以这三部书来相比较,一般人的评价,均以为王注与朱注的价值似高于郭注《庄子》。考其原因,即以王弼的思想系统与老子相合,朱子的思想系统与孔孟相合,所以能够发挥尽致,如水乳之交融,和合无间。郭象的思想与庄子不尽同,他是借题发挥,并非代庄子立言,高妙诚然高妙,但有失《庄子》原旨,当作注疏来看,故其书之地位似较王注《老子》与朱注《四书》略逊。若但从郭注的本身来看,他的见识之高远,灵妙,精密,较诸《庄子》原著并无逊色,且有过之。在哲学史的发展上来说,《庄子》以后应该有这样一部书以补《庄子》之所不足。

1946 年 3 月 3 日于昆明潜斋

宋明理学家的教育哲学 *

——从朱子到王阳明

《论语》的第一章,朱子注云:

> 学之为言效也,人性皆善而觉有先后,后觉者必效先觉之所为,乃可以明善而复其初也。

朱子也曾说过:

> 为学首在变化气质。

朱子的性善说源于孟子,他的根本意思在说明两点:第一,教育不是外来的力量,而是一个人的本性的自觉。一切坏的习气都是"不觉"的结果。一旦觉悟,就没有人甘心愿做坏人。教育的功能在使人自觉。从事教育的人,并不是,而且也不能够,以知识给别人,只是先觉者引发后觉者的自觉。第二,因为人能自觉,才能从恶变到善。人或者不能知道了即去做,至少可以"知道"什么是善,什么该做,什么不该做。这种自觉自知的聪

---

* 原载《读书通讯》1947 年第 133 期。

明，就是人心的善端，人类的本性，也正是使教育成为可能的根据。人性能自觉、自知，所以说性是善的。

从以上两点，可以说明朱子的教育哲学是人生方面的，是行为方面的，是偏重在教人道德的履践而不是纯知识的传授。朱子并没有忽略了知识的传授，但是朱子的知识的传授，仍旧偏重在人生方面及行为方面，而不是纯的知识——如现在我们了解的天文学、地理学、算学等等"学"的意义。朱子看来，这些学问都是人生方面的"用"，而不是根本。最根本的学问是作人的学问，也只有关于作人的学问才是第一等，最切要的学问。有一次宋孝宗召见他，他特从江西赶到临安，半路上有人劝他见了皇帝最好不要再说"正心诚意"这一套，因为皇帝最不喜欢这些话。朱子说，"我平生的学问就是这四个字，尽管皇帝不愿意听，我还是要这样说"。

现在再从朱子手订的白鹿洞书院教条，更可以看清楚他的教育主张的注重的要点。他的教条分为五项：

（甲）五教之目：父子有亲，君臣有义，夫妇有别，长幼有序，朋友有信。

（乙）为学之序：博学之，审问之，慎思之，明辨之，笃行之。

（丙）修身之要：言忠信，行笃敬，惩忿窒欲，迁善改过。

（丁）处事之要：正其谊，不谋其利，明其道，不计其功。

（戊）接物之要：己所不欲，勿施于人，行有不得，反求诸己。

在这教条后面朱子又加以说明：

> 熹窃观古昔圣贤所以教人为学之意，莫非使之讲明义理以修其身，然后推以及人，非徒欲其务记览、为词章以钓声名，取利禄而已也……圣贤所以教人之法具存于经，有志之士固当熟读深思而问辨之，苟知其理之当然，而责其身以必然。则夫规矩禁防之具，岂待他人设之而后有所持循哉？

他特别注重在操行践履,心性修养,所以他的五项教条都是属于这一方面的。教育的功能在于使人的操行践履由勉强而入于规矩;使心性修养由驳杂进为纯粹。这都是教人明善复初。

既然人性是善,何以世上还有不善的人? 朱子说这些不善的起源,都是由于人类所禀赋的气质的偏激。气质所指至为广泛,它是人的生理、心理、遗传、环境种种外缘的总名。从气质上说,有些人因为身体弱而有时怯懦,有些人因为身体强而有时粗暴。这种怯懦与粗暴都是气质的偏激。人性本身原是至善的,照道理说,人的本性中根本没有怯懦或粗暴。教育使人变化气质,也就是去其气质之偏激,变怯懦为刚强,化粗暴为和平。所以朱子说,上智与下愚不移,不是不能移,只是不肯移。气质愈偏愈差,所需要的"学"的工夫也应当更久更勤。总有一天可以偏蔽尽去,而复其和平中正的本性。

偏蔽既是根源于气质,气质岂不是完全是坏的? 却又不然。气质正是本性得借以显现的唯一的凭借。本性与气质的关系正如同"电"与一切电力器材的关系。宇宙间无处不是电力,但离开一切电力器材,如果不用它的光和热,电的力量也就无从表现。器材、电炉等即相当于人类的气质。器材和构造受种种条件的限制而使它不完备,也正相当于人类的气质的不能无偏蔽。只是物质与人的差别乃在于人类有自觉的本性,能去其偏蔽;物质的电力器材是呆滞的,不能变化的。五十烛光的电灯造成以后即不能再变为一百烛光的电灯,也就是说一只不亮的灯不能成为亮的,而人却能从不善到善。这也就是宋儒所常说的人为万物之灵的道理,也就是为学首在变化气质的根据。

朱子的学问的宗旨特别重在人生行为方面,若再追究他的人生行为方面的根本,那就是朱子自己承认的"正心诚意"是他平生的学问得力的所在。正心诚意概括地说就是心性的涵养。

他的教育宗旨既特别偏重在心性的涵养,因此不免对于纯粹的知识以及实用的技术知识有所忽略。朱子在心性涵养方面教人"居敬";学问知识的研究教人"穷理",这都是根据伊川的说法的。居敬与穷理虽号称并重,而朱子平生用力处,毕竟偏于居敬方面的更多些;所穷的理虽然是"众物之表里精粗无不到",而实际上书本上的理更为朱子所注意。于是形成一种重内轻外的趋势,忽略了一切实用的知识。后人因其流弊所及,乃说宋儒是空疏、迂阔、高谈心性而无裨于治道。

　　流弊所及是另一个问题,却不可因为他有了重内轻外的流弊而抹煞了他的真价值。人总脱离不了社会关系(像佛教、道教一定脱离社会关系,这另当别论,其实他们是另建立一新的社会关系)既然在社会关系中,就应当尽自己为父、为子、为夫、为妇、为兄、为弟、为朋友的责任。遵循这种社会法则就是"礼";合乎是非的标准就是"义";一切行为不自私,为全人类着想就是"仁"。人既要处事,接物,而处事接物当然要有一定的办法,一定的规律。倘若违反了这些法则(如仁、义等),人类一天也不能生存。所以道德的陶养对于每一个人都是必要的,不可须臾离的,并不只限于哲学家才需要道德的陶养。人不能离开道德的规律而生活(虽盗亦有道)。所以,朱子特别看重心性的涵养,并以此为作人的根本,他是对的。如从现实的人生问题出发,则当然应该重视心性涵养的问题。他的困难乃在于过分的看重心性涵养以及道德的秩序,把宇宙秩序也看作是道德的秩序,把实际应用的知识也归拢到心性涵养的学问以内。也就是说把科学也归拢到道德学以内,并没有分清楚道德学的对象是人类的行为,而科学的对象乃是物质世界。道德的法则可以教人如何做人,如何完成自己的完全的人格,道德的法则并不能给人以应付实际的事情的技能。后来的理学家们往往自诩为涵养纯熟,自可以将百万兵,可以为宰相,这种想法是错的。因为军事、政治、经济这些都是各有一套专门的知识的,是不能以道德涵养来代替的。道德涵养其最终目的是要人发挥其善性,养成完全的人格,做圣人。像政治、经济、军事,以及天文、算学,这些学问都是与实际应用有关,却与养成完全的人格或做圣人无关。朱子虽说"没有不晓事的圣贤",但是就朱子的系统来看,纵或不晓事也不害其为圣贤,如果在人格方面他是完全无亏欠时。

这种重内轻外的趋势,到了朱子的学生辈,就更加显著了。像南宋末年朱子的再传弟子真德秀,人称西山先生,学问道德颇为天下所推重。那也正是物价高涨、民不聊生的时候,于是当时临安民间有谣云:"若要百物贱,须待真直院(直院,真德秀官职名)。"

不久,真氏果然做了宰相,可是物价仍旧狂涨不已,真氏一筹莫展,于是民谣又唱道:"吃了西湖水,打了一锅面。"

因而他的声望大减。其实不能算真氏的过失,只是真氏的冤枉,当时的一般人,甚至连真氏自己,都忽略了做圣与做事的学问的分别。太看重了心性的涵养,而忽略实际应用的知识,所以遇事无所措,何况用心性的涵养来代替实际应用的知识呢。真氏的《大学衍义》,在中国哲学史有它相当重要的地位,可见不是没有学问,他所缺少的只是实际应用的知识。因为过分重内轻外,于是心性之说弥精,事功之意愈淡,甚至轻视一切实用的学问。凡是注意经济财赋的,便目为"聚敛";开阖捍边的,便目为粗才;留心史事的,便目为刀笔舞文;读书做文章的,便目为玩物丧志。本来应当有体有用的学问,现在变成麻痹不仁的状态,心性与治道完全脱节,这种流弊所及,应当不是朱子的罪过,但是启其重内轻外之渐,朱子也不是完全没有责任。

王阳明原是服膺朱子之学的,后来他竟成了反对朱子最有力的一位大师。他三十余岁曾照朱子的办法去格物,格庭前的竹子,格了七天,劳苦致疾,然而竹子的道理并不曾格出来。因叹道"圣人不是普通人做得来的,我太笨了"。后来,得罪了刘瑾,被谪放到贵州龙场,在那种蛮荒偏僻的地方,他不但没有朋友,没有书籍,而且语言不通,连一个可以谈话的人也没有。这是他动心忍性的机会。他只有从记忆里咀嚼着五经四子的涵义。一天半夜里他忽然参悟了,欢喜得大叫起来。此后,他再用他参悟了的道理与五经四子的话相印证,觉得处处相合,只有跟朱子的学说互相牴牾。他从此对朱子的学说发生怀疑,终至于否认了朱子的学说而自成系统。

朱子教人为学以格物为先:

> 所谓致知在格物者,言欲致吾之知,在即物而穷其理也。盖人心之灵莫不有知,而天下之物莫不有理,惟于理有未穷,故其知有不尽也。是以《大学》始教,必使学者即凡天下之物,莫不因其已知之理而益穷之,以求至乎其极。至于用力之久,而一旦豁然贯通焉,则众物之表里精粗无不到,而吾心之全体大用无不明矣。此谓物格,此谓知之至也。

天地间的一草一木,以至日常生活都是物,凡物都有它的必然的道理,从事事物物上去体会,用力既久,体会既多,就会明白宇宙人生的根本道理。我们的行为、思想,也就有了根据,可以处处合理了。阳明以为圣人教人不是这样,一草一木的道理与自家的正心诚意有什么相干? 一个人他是植物学专家,他尽管对于一草一木的道理知道得很清楚,但是这并不能证明他有很高的道德涵养,也不能担保他有处事应变的能力。

因此,阳明说,物就是事情,并不是一件一件的东西。我们为学的目的,无非学习对于事情处理得当;对朋友的信义,对家庭的亲爱,对国家的忠诚,这都是"物"。假如把格物的工夫当作是思想的训练,而不实际去做,这是错的。坐在室内一心想着如何是信义,如何是亲爱,如何是忠诚,用这种"格物"的工夫,其愚蠢正像一个人看了世界地图自以为已走遍了世界是同样的可笑。学问一定要亲身从事情上着手,才算。不然只是空论,全无价值。阳明解释格物,就是把事情处理得正正当当,恰到好处。他说:

"格者正也,物犹事也","正其不正以归于正也。"

格物既不靠外物的零星知解,我们用什么标准能把事情处理得正当呢? 这就要靠人的本心——良知。阳明说人心就是人性,它原是善良的、正确的,而且是人人相同的。只要顺着自己的本心去作,其结果自然是善。譬如对于尊长有了恭敬的心,那么举动自然不会傲慢无礼;对人有关切爱护的心,自然不会是残暴冷酷的行为。相反的,如果行为不是出自本心,只是些照例的奉应故事,其结果一定不能做到恰到好处,一定是错的。所以戏台上的君臣间的威仪并无差漏,但是使人觉得这不是恭敬;医院里的护士尽管照护病人周到,只能算尽心职务,其关心病人的心情与至亲的父母子女毕竟不同。

格物不必格什么一草一木的道理,因为这些物不但格不胜格,而且与自家的身心的行为的关系相去太远。只要格我们内心的物,去其不善以归于善就是格物了。这样才能跟《大学》所讲的正心诚意一套工夫联在一起。所以阳明说发自本心出自良知的行为一定是善的,顺着它去做也定是对的。着了一分意思就多了分错误。更用不着到外面求真理,因为真理就是本心的良知,良知以外没有真理。

朱子教人为学,一定先知道了才能去行,譬如走路,先看清楚了路径,方不致走错。阳明以为这是不可能的,因为行为就是知识,知识就是行为。知与行是合一的,不能强分为两截。知识

178

的最亲切实在的地方就是行为,行为的最明白清楚的地方就是知识。譬如看见一株梅花,觉得它清艳可爱。并不是先知道它是清艳了,然后再起一个念头觉得它可爱;觉得它清艳时已经在觉得它可爱了。

知行既是合一,何以有人明明知道应当爱国而他偏去卖国?也有人明知道对人应当守信义,而他偏不守信义。阳明说:

> 知而不行,只是未知。

如果真正知道做不得,一定不会去做;相反地,如果有人真知道应该做,他也一定会去做的。所以,凡是正常的人从来不直接用手去拿一块烧红的铁,他知道该用火钳夹着。他的"不用手直接去拿烧红的铁"的这种知识,和他"不用手直接去拿烧红的铁"的这种行为永远是一致的。正因为他是清清楚楚地知道,所以能切切实实的奉行。同样的,知识若不能清楚明白,行为也就不能真切实在。所以有卫生知识的人不会吃苍蝇爬过的食品,他不仅是觉得苍蝇的可厌,而且还深知道苍蝇的可怕。没有卫生知识的人也许不在乎,也许把苍蝇赶走后再吃。像这种不彻底的行为,正是由于他这种不清楚的知识而来。

学问之道,一定要从知行合一处理会。一切知识无非是为了如何去行为;一切行为无非是行其所知。从来没有人做过他根本认为不可以做的事。至于悬空的思索,这算不得求知,而冥行妄做也算不得笃行。

照阳明看来,朱子的错误乃在于教人先去求知再去笃行。其求知的方法又不外格事物之理、求书册之知,而不注重从处事应变上去磨炼自己。朱子的格物致知,其弊病使人终身不能行,也即是终身不能知。因为,不仅治军临民等学问要从实行中磨炼,即是道德涵养也要从实行中体验,行只是行其所知。

知与行是不可分的,所知所行的根据不在外而在内,即是

"良知"。良知即是本心,也即本性,是一切是非善恶的标准,因为它是知善知恶的真知。人之所以能够教化,使其从不善到善,乃是由于人的良知能够知道什么是好,什么是不好,什么是对的,什么是不对。教育只是启发人使他从不太明白到彻底明白,自然他的行为也同时从不太正确到绝对正确。天下无不可教的人,也正是因为天下人都有一个共同的根基:人人有知道是非善恶的能力。人做了坏事总要自己寻一个理由掩饰,这种文过饰非乃是君子所不为,但也可以证明其所以文过饰非却只是由于"良知未泯"。卖国求荣的汉奸也要强说一片卖国的理由来证明他的行为值得同情,这种是不道德的,自不消说。可是掩饰罪过,要把自己安顿在一个理论基础上才觉得心安,这个力量却是善的,至少可以说这是向善的出发点,也可以说这就是人人可以做到圣贤的资本。

人与人的差别,是其才能的高下,人心都是一样的。就才能来分,有人能管理一国的事情,有人能管理一乡一保的事情,也有人只能管理他自己的事情。有人有机会呈现他的才能,有人不幸而没有机会,这是因人而异,不能勉强的。至于良知,它是人性,是人的是非之心,人人皆同。致此良知,做到完全的人格(圣人),这与才能的高下无关。圣人并不是无所不能,圣人也可以不必读书。只要能尽到自己作人的本分,完成了对人对己的责任而无所欠缺,这就是圣人。阳明说,圣人好像黄金,只论成色是否十足,不必论它的轻重。成色的纯或杂,有关于德性。凡是真正为善去恶,致此良知,知行合一的人,就是圣人。分量的轻重有关于才能,不能勉强得来,有人为帝王如舜禹,有人为书生如孔孟,这些都是不重要的,无害其为圣人。

有一天阳明问他的学生,在街上回来看见了些什么,他的学生回答说:

180

"满街都是人。"

如果人人能致其良知，那么人人都可以达到他自己圆满自足的完全人格的实现，人人自然都是圣人。佛家说放下屠刀立地成佛，阳明教人致其良知，当下作圣。都是实理，并不是一句空话。

朱子与阳明的学说，其所以千古不朽之处，乃是因为他们的确见到人性，认清楚了人性，然后再谈教育。人之所以为人的地方，他们看到了，所以他们不把教育看成强迫的、外来的，而是把教育看成是自动的、内发的。教育不是宣传或灌输而是人格的自我实现。教育的可能即是由于人性皆善，"继善成性"与"开物成务"是一贯的。这种精神与见地，可以说是孔孟真血脉，与孔孟同不朽。不过朱子这一派学说的流弊，在于重涵养，轻事功。涵养主敬原是为人的根本，也是为学的根本，朱子是对的。但是朱子并不曾把经世致用的学问另外给以地位。他太看重内圣外王一贯之规，于是将做人的基础（涵养以至成圣）与治事的知识混而为一。从正心诚意以至治国平天下，这原是一贯的，毫无问题。但是治国平天下还要一些专门的技能，如治军、理财、法律、政治等学问，都要建立在正心诚意以及修身齐家的道德基础之上，这是无可置疑的。但朱子确是没有分清楚，也许是没有说清楚这两种学问中间的差别。似乎过分注重在由内而外的"理一"，而忽略了其"分殊"的功用。道德当然是政治经济及一切实用科学的基础，但是它并不包括这些学问，更不能代替这些学问。至于朱子的学生辈不但照旧不曾分清楚这两种学问的差别，而且变本加厉的重内轻外，以为心性之学可以涵摄一切，此外尽不足学，甚至以为其他学问不但无裨于心性之涵养抑且为心性涵养之累。理学到了这个地步，已到了衰亡的路，所以才有王阳明的学说。

　　阳明之学确是补救了朱子的学说的流弊，不但不轻视实用的学问而且特别教人从事上磨炼。但是阳明这一派的流弊乃在于忽略了体认外物的工夫，以意见为良知，束书不观，游谈无根，其结果同样的养成重内轻外的倾向。朱子一派的重内轻外，其流弊所及只是使人不能成为有用之才，不能见诸事功，却还不失为学究。阳明一派的重内轻外，其流弊所及，使人自大、狂妄，不着实际，不肯虚心，所以王学在明朝一盛之后即归消沉，反不如朱子一派源远流长。

朱子的教育哲学*

《论语》的第一章,朱子注云:

> 学之为言效也,人性皆善而觉有先后,后觉者必效先觉之所为,乃可以明善而复其初也。

他也曾说过:

> 为学首在变化气质。

朱子的性善说,来自孟子,他的根本意思是在说明两点:第一,教育不是外来的力量,而是一个人的本性的自觉。一切坏习气都是"不觉"的结果。一旦觉悟,就没有人甘心做坏人。教育的功能在使人自觉。从事教育的人并不是,而且也不能,以知识给别人,只是先觉者引发后觉者的自觉。第二,因为人能自觉,才能够从恶变到善。人们不能知道了立即去做,至少他们可以"知道"什么是善,什么是不善,什么事该做,什么事不该做。这种"自觉""自知"的聪明就是人心的善端,人类的本性。人类这种本性也正是使教育成为可能的根据。人性能"自觉""自知",所以说人性是善的。只有一窍不通的禽兽的性才是恶的,而人性确实有它的善端,并不是一窍不通的。

---

*　原载《教育短讯》1947 年第 2 期。

由以上两点来看,可以说明朱子的教育哲学是人生方面的,是行为方面的,是教人道德的践履而不是纯知识的传授。朱子并不曾忽略了知识的传授,但朱子的知识的传授仍旧是关于人生方面的行为方面的知识,而不是纯的知识。像现在我们所了解的天文学、算学、地质学、社会学等所包括的"学"的意义,朱子看来,这些学问都是人生方面的用,而不是根本的学问。最根本的学问是如何做人,也只有关于做人的学问才是第一等的最切要的学问。有一次孝宗皇帝召见他,他从江西赶到杭州(临安),路上有人劝他见了皇帝最好不要再说"正心诚意"这一套,因为皇帝最不喜欢听这些话。朱子说:"我平生的学问就是这四个字,尽管皇帝不愿意听,我还是要说。怎好欺罔皇帝呢?"

现在再从朱子手订的白鹿洞书院的教条,更可以看清楚他的教育主张。他的教条分为五项:

(甲)五教之目:父子有亲,君臣有义,夫妇有别,长幼有序,朋友有信。

(乙)为学之序:博学之,审问之,慎思之,明辨之,笃行之。

(丙)修身之要:言忠信,行笃敬,惩忿窒欲,迁善改过。

(丁)处事之要:正其谊,不谋其利;明其道,不计其功。

(戊)接物之要:己所不欲,勿施于人;行有不得,反求诸己。

朱子又说:

> 熹窃观古昔圣贤所以教人为学之意,莫非使之讲明义理以修其身,然后推以及人。非徒欲其务记览,为词章以钓声名,取利禄而已也……圣贤所以教人之法具存于经,有志之士固当熟读深思而问辨之,苟知其理之当然,而责其身以必然,则夫规矩禁防之具,岂待他人设之而后有所持循哉?

人性既然是善,何以世上还有不善的人和不善的事呢?朱子以为这是由于气质的偏蔽。气质是人们的生理、心理、遗传、环境……种种外缘的总名。从气质上说，人可以由于身体弱而变得怯懦，由于身体强而变得粗暴，由于心绪不好而显得健忘。偏蔽虽然是出于气质之偏，但是教育的陶养的工夫可以使他变得中正和平。所以朱子说"上智与下愚不移"，乃是不肯移，并不是不能移。气质的禀赋愈偏愈差的人，他所需要的学的工夫也应当更久更勤。工夫久了，总有一天可以从愚昧变到聪明，从柔弱变到刚强。

朱子的教育哲学既然重在人生行为方面，所以特别着重心性的涵养，因此不免对于纯粹的知识及技术的知识有所忽略。他的"居敬""穷理"的为学的方法虽然号称并重，毕竟偏于"居敬"方面的更多，而且所谓穷理，所穷的理也多半是书册上的理。这种重内轻外的趋势到了他的学生辈，便更甚了，几乎完全走向内心的学养，而忽略了一切实际应用的知识。因此有人说宋儒的缺点是空疏、迂阔、高谈心性而无补于世道。他们虽然有上述的流弊，但是我们却不可因为他们重内轻外而抹煞了他们的价值。因为人总脱不开社会关系。在社会关系之中就应当遵循社会的规则，这就是"礼"；在社会中就应当有操守，明是非，这就是"义"；在社会中就应当爱大众，爱人类，这就是"仁"。人总要接物，总要处事，也总要尽自己为父、为夫、为妇、为子的责任。违反了这些规律，人一天也不能生存。所以道德对于任何人，不限于哲学家，都是必需的，不可须臾离的。人不能有离开道德的生活，也不会有不道德而能生活的人，所以说"盗亦有道"。朱子的主张，注重道德的修养，教人如何做人，不但现在是对的，将来也是对的。可是朱子犯了一个错误，即在于过分看重道德涵养的知识，而忽略了实际应用的知识，把实际应用的知识也归摄于道德涵养的知识之下，以致后来的理学家自以为涵养纯熟就可以治军，可以莅民，可以临事应变。可是一旦事情到手，往往不知所措。

南宋末年，朱子的再传弟子真德秀，学问极好，名望也很高。那正是物价高涨、民不聊生的时候。百姓都希望他做了宰相后，物价就可以平抑了。当时临安有民谣云："若要百物贱，须待真直院。"

不久，真德秀果然当了宰相，而物价还是狂涨，百姓还是过不得。于是民谣又起："吃了西湖水，打了一锅面。"（说他糊涂得像一锅糨糊）

因此他的声望大减。其实这种错误并不自真德秀始，远在朱子时，已有了这种专向内用工夫而忽略了实际应用的知识的倾向。要有合乎道德的行为，原是做人必要的条件，单有道德的知识，只是有了做人的必要的条件而不是充分的条件。至于军事、政治、经济，以及百工技艺的学问另有它的用处和价值，是不能用道德涵养的知识来代替的。

魏晋玄学中的社会政治思想
和它的政治背景 *

一　范围和目的

本文范围只限于由曹魏兴起到西晋倾覆这一段时期玄学家的社会政治思想,不涉及魏晋玄学中的全部问题。

本文目的在于说明以下两个问题:

第一,魏晋玄学虽以老庄思想的面貌出现,但我们不能因此而简单地把它看作先秦老庄思想的再现。实际上它是在不背弃儒家封建伦理的基本观念的条件下,吸收了汉以来的名家、法家的学说,以老庄思想为标志的哲学思想(东晋以后,社会经济、政治、文化各方面条件有极大的变化,在思想上又有佛教成分渗入。当另文详论)。

第二,魏晋玄学表面上只谈些玄虚的抽象的理论,一向被误认为是逃避现实的、消极的不涉世务的空论,这只是它的现象。本文着重指出魏晋玄学与当时现实政治的互相依附的关系及其

---

　　* 原载《历史研究》1954 年第 3 期。署名:汤用彤、任继愈。

玄虚理论的实际意义。

二　魏晋玄学思想产生的社会历史条件

汉末黄巾起义失败后,各地的地主武装互相混战,以致中原残破,人民死亡逃散。袁绍军在河北靠吃桑葚过活;袁术军在江淮一带靠吃蚌、蛤、蒲、蛹过活;曹操军队在山东乏食,程昱搜刮当地粮食,其中杂有人肉干,供曹军三天食用。中原户口十不存一。当时的农民主要是缺少生命的保障,而不是土地。他们必须依附在各地豪强地主的周围,这时出现了坞堡经济,形成了典型的分散性、割据性极大的封建经济的特色。

当时的封建统治者、地主阶级,在劳动力不足的条件下也认识到占有劳动力对他们最有利。魏的屯田制、晋的占田制都是在劳动力极感缺乏时,统治阶级把农民束缚在固定的土地上的剥削制度。在国有(即皇帝私有)土地上,用军事编制把农民束缚在固定的土地上为国家耕种,这就是曹魏的屯田制;用法律、政治的力量把农民束缚在土地上为皇室及大臣贵族耕种,这就是西晋的占田制。

曹操最初采用屯田制度,固然是一种残酷的强迫劳动的剥削方式,但在大批流民不能安居生产,生产力极度破坏的时期,个体农民若没有组织、缺少武装保护,即无法生产。屯田制在曹魏初期一定时期内,对于恢复生产起过积极作用。但到了社会秩序比较安定的时期,这种强迫劳动的屯田制度就成为生产力发展的桎梏。

占田制度是对大地主阶级更有利的一种封建剥削制度,它是司马氏制定的保障豪门世族的经济利益的制度。它的剥削量几乎超过了农民负荷的能力。剥削的范围不止限于成年的男丁,连女子、十三四岁的儿量、六十多岁的老翁都不能避免。

魏、晋的租税制度,除了榨取农民的主要收获物——谷物以外,还榨取农民的家庭副业收入,征收绢和绵,此外还有力役。西晋农民的负担比曹魏时代约加重百分之五十。魏、晋时代的农民已没有多余的生产品可以投入市场。汉末到曹魏中叶,在广大农村中已没有货币流通①。商品交易多半限于畸形发展的大都市,所交换的商品也只是些贵族的奢侈享乐品,商业在全部国民经济中占极不重要的地位。

魏、晋时期的经济特点,即自然经济形态的加强和巩固。

魏晋玄学中的社会政治思想都是在不同的角度,从地主阶级的立场为当时的敲骨取髓的剥削制度服务的。道家思想的“无情”与儒家思想的“上下之序”有机地结合起来,构成当时统治阶级所需要的思想支柱。

以上是魏晋玄学产生的经济方面的条件。经济方面的条件起了变化,阶级力量的对比也起了重要的变化。

汉末,农民掀起了革命的浪潮,农民革命的锋芒指向以刘姓天子为首的中央政府和全国的地主阶级。由于农民革命队伍本身存在的弱点,以及全国各地的地主武装力量的强大,这一伟大的革命运动在短时期内被残酷地镇压下去了。成千百万的农民遭到地主武装的杀戮。

这一伟大的革命运动震撼了东汉统一帝国的基础,促使当时的社会在阶级关系上起了分化。

农民方面,自从革命失败后,他们的经济和政治地位更低了。地主阶级在镇压农民的战争中,扩张了他们的武力,在地主阶级中间形成了相当长期的武装割据、军阀混战的局面。起义

---

① 《晋书·食货志》:魏明帝时“钱废谷用既久”,到西晋亡,未铸钱。

失败了的农民,在军阀混战的灾难下,不得不忍受极大的剥削和压迫,在宗族、乡党的封建关系下分别依附在各地豪强地主的周围,藉以自保。农民不能离开各地豪强地主的土地,形成了当时的"部曲"制度。中原地区的个体的自耕农民极难生存。当时的阶级形成了极端对立的现象,一方面是军阀豪强地主,一方面是过着悲惨的农奴式的生活的农民。产生了严重的农民在经济上、政治上对地主阶级的人格依附的现象。

在地主阶级中间,也起了分化。东汉的统一政府垮了,因而东汉以来由豪门世族占绝对优势的察举制度不得不有所改变。

察举制度是由州郡地方官吏提出自己满意的人才,送到中央做官的一种官僚政治的选拔制度。一般中、小地主即使有土地、有钱,如果他们缺少儒家经学的教养,他们很难爬上政治舞台。曹操自己承认他"本非岩穴知名之士",他少年时最高的希望只是做到郡守,经过长期的军阀混战,随着他在军事上的逐步胜利,才增长了他的政治野心,以致最后想做"文王"。

曹操自己是宦官之后,在汉末清议盛行时,他不能列入"清流"。团结在曹操周围的官吏将士也多半是地主阶级中中、小地主阶层的人物①。他首先提出"用人唯才"的标准②。他又在214、217两年再三颁布用人唯才的命令。他有意识地打击东汉以来势力最大的豪门世族,他选拔人才不用旧日的察举标准。

---

① 《三国志·魏书》卷一注引《魏书》:"(曹操)拔于禁、乐进于行阵之间,取张辽、徐晃于亡虏之内,皆佐命立功,列为名将;其余拔出细微登为牧守者,不可胜数。"

② 《三国志·魏书》卷一:"十五年(210)春下令曰,今天下尚未定,此特求贤之急时也。孟公绰为赵魏老则优,不可以为滕薛大夫。若必廉士而后可用,则齐桓其何以霸世?今天下得无有被褐怀玉而钓于渭滨者乎?又得无盗嫂受金而未遇无知者乎?二三子其佐我明扬仄陋,唯才是举。吾得而用之。"

他用法律、政治的权力保证中、小地主阶层有可能登上政治舞台。但决不能理解为当时豪门世族的势力已经被中、小地主阶层的势力所代替。当时具有几百年深厚的政治、经济、文化基础的豪门世族的势力还极强大。曹魏政权主要依靠中、小地主阶层为核心，打击那些名满天下又不为他所用而"危害性"最大的豪门世族①，至于一般的豪门世族，他不但不能完全排斥，反而必须争取他们的合作②。

曹丕时代用"九品中正"的选举办法，企图把用人权掌握在中央政府手中③。由于豪门世族力量的强大，却只能做到"上品无寒门，下品无势族"。这正说明曹魏政权集团所依靠的政治核心的社会力量还很薄弱。他们虽然企图利用刑名、法术来镇压豪门世族过分强大的势力，但东汉以来的豪门世族享有几百年的经济和政治的特权，他们这一阶层不满足于曹魏政府有限度的对豪门世族让步的政策。司马氏能够利用宫廷政变的方式，推翻曹魏，取得天下，主要原因即在于他们得到当时豪门世族这一特殊阶层的拥戴④。曹魏未亡时，司马氏当权后，即开始废屯田，并将一部分屯田分赐给官僚。以后西晋的占田及荫人、荫户

---

① 曹操曾逮捕汉末与袁氏齐名、世代公侯的弘农杨彪，汝南袁氏四世五公，倾动天下，被曹操连根铲除了。他又曾杀戮钻入曹氏集团内部的杨修，捕杀海内负重望的鲁国孔融、清河崔琰。

② 如颍川荀氏，即曹操所争取的豪门世族的代表人物之一。

③ 曹魏在每郡设立一个"中正"官，由中央任命当地的人士充当，主持本地人才的选拔，根据才能、品质、家世等条件分为九等，送交司徒府备案。

④ 西晋的"开国功臣"，如何曾、王祥、贾充、王昶、杜预、荀颢、卫瓘、刘放、孙资、荀勖、石苞、裴秀，都是东汉以来的豪门世族，司马懿本人也是汉代豪族。只有山涛、郑冲、张华等极少数大臣出身寒门，与曹魏的"开国功臣"的阶级成分有极大的差异。

的制度,纵容豪门世族以匈奴人及胡人为田客,多者可到数千人[①]。对于豪门世族侵占官田采取放任的态度,虽然规定占田的限度,但不规定买田的限度。这些政策都说明司马氏的政权是代表豪门世族阶层的利益的。史称晋朝"政治宽简",即是对豪门世族的"宽简"。

中国古代封建社会的改朝换代,常常由农民起义推翻旧王朝。新王朝的统治者深知农民力量的"可怕",不得不对农民的要求作一定程度的让步。魏、晋王朝不是在农民革命之后建立的,而是在农民革命低潮时期建立的。魏、晋的统治阶级知道农民在当时还没有起来"造反"的可能,所以当时的社会矛盾便集中表现为朝廷内部地主阶级中两个不同阶层的政治斗争。当时的客观形势迫使统治阶级内部的每一个分子必须被卷入政治斗争的漩涡中。

作为这一时期中国封建社会上层建筑的魏晋玄学,不能对它的基础漠不关心。作为代表地主阶级利益的思想家,他们也必须关心他个人的安危和他的阶级利益。因此,在政治斗争激化时期,魏晋玄学的社会政治思想不得不成为魏晋玄学中心问题之一。

除经济及阶级力量的对比发生变化外,思想发展的继承性也是魏晋玄学思想产生的重要条件。

东汉今文经学本身包含着极复杂的谶纬迷信的成分。其中合乎科学的合理部分几乎完全被那些迷信部分所淹没。又由于汉代采取通经致仕的制度,使经师章句之学得到空前的发展。末流之弊,正如班固所说,"一经之说,至百余万言。说五字之文,至二三万言"。作为统治人民思想的工具的今文经学具有两

---

① 《晋书·王恂传》。

个弱点：一是荒诞，一是烦琐。当它逐渐失去其统治人民思想的作用时，地主阶级中的知识分子不得不另寻更有效的武器。

为了破除荒诞，免于烦琐，必须在今文经学所特别推崇的儒家经典《春秋》以外另找其他经典的根据。他们找到了儒家的《易经》和先秦的《老子》。本来在东汉初年，谶纬之说盛行时期早已潜伏着一股反今文经学的暗流。扬雄、桓谭已开其端，至于在思想上摧毁今文经学的堡垒，并获得巨大成就的，应归功于伟大的唯物论思想家王充。

东汉的今文经学本身固然具有严重的弱点，不得不走向衰亡的道路，同时东汉的察举制度和东汉的太学却在用政治力量帮助今文经学的传播。豪门世族世世代代父子相传、师生相授的都是这种迷信的章句之学。这样的学问成为保证地主阶级知识分子走上政治舞台的法宝。正如清朝末年有些地主阶级知识分子虽然不赞成八股取士，但是为了自己的出路，还是纷纷应考。只要刘姓的中央政府的机构还存在，地主阶级的知识分子是宁肯走老路的。董卓及其野蛮的军队颠覆了东汉的政府，因此察举制度和太学也就不能再保存了。其后魏文帝曹丕为了培植忠于曹魏政府的政治势力，设置太学，到曹芳时代历时二十余年，并无成效①。事实上旧日的今文经学不得不结束其命运。

学术的传播不能离开一定的物质条件。董卓变乱以前，洛阳是全国文物图书萃聚的中心。"光武迁还洛阳，其经牒、秘书，载之二千余辆。自此以后，参倍于前"②。东汉时代的太学生有

---

① 《三国志·魏书》卷十五《刘馥传》："自黄初以来，崇立太学二十余年，而寡有成者，盖由博士选轻，诸生避役，高门子弟耻非其伦，故无学者。虽有其名而无其人，虽设其教而无其功。"

② 《后汉书·儒林传序》。

时多到二三万人。董卓退出洛阳时,纵兵焚掠,屠杀无辜人民,使中原的经济遭到惨重的破坏,而他毁灭文化的罪行竟造成人类文化上无可弥补的损失。《后汉书·儒林传序》沉痛地记载着:

> 及董卓移都之际,吏民扰乱,自辟雍、东观、兰台、石室、宣明、鸿都诸藏典策文章,竞共剖散。其缣帛图书,大则连为帷盖,小乃制为滕囊。及王允所收而西者,裁七十余乘,道路艰远,复弃其半矣。后长安之乱,一时焚荡,莫不泯尽焉。

章句之学已没有条件恢复,通经致用也很难再作为察举的凭借,连通经的人才也很难找到。魏曹芳时朝廷大小官吏及太学生在京师的有万余人,能通古礼的却没有几个人;中央官吏四百余人,能提笔写文告的还不到十人①。学术到了这种境地,不得不变了。

汉末,两京焚荡,中原战乱,学术重心不得不自京师转移到各地方豪门世旅手中。当时未遭战火的有刘表占据的荆州和刘璋占据的四川,而巴蜀险远、刘璋暗弱,于是文人学者多萃集于荆州。刘表本人为东汉末年的名士,他是"八及"②之一。刘表在荆州曾开立学宫,编定五经章句③,他又集中二三百人的力量,

---

① 《三国志·魏书》卷十三《王肃传》注引《魏略》:"正始中有诏议圜丘,普延学士。是时郎官及司徒领吏二万余人。虽复分布,见在京师者尚且万人,而应书与议者略无几人。又是时朝堂公卿以下四百余人,其能操笔者未有十人。"

② 《后汉书》卷六七《党锢列传》:"张俭、岑晊、刘表、陈翔、孔昱、苑康、檀敷、翟超为八及。及者,言其能导人追宗者也。"

③ 《三国志·魏书》卷六注引《英雄记》:"(刘表)开立学官,博求儒士,使綦毋闿、宋忠等撰五经章句,谓之后定。"

"删划浮辞,芟除烦重"①。刘表所领导的这一学术中心,以古文经学为主,并极重视《易》与《太玄》。宋忠等人又是《易》与《太玄》的专家。南齐王僧虔《诫子书》中曾说"荆州八袠"为"言家口实",又说"八袠所载,共有几家"。可见荆州经学派的著作直到南朝仍不失为清谈家必读的课本,其中玄学思想成分可以想见。其后荆州刘琮降曹,这一批学者及其学说也被带到中原,形成了曹魏领导的学术集团中的主要力量。魏正始年间著名玄学思想家王弼,即是接受荆州学术传统的。王弼父、祖两代与荆州关系至为密切。清《易》学家张惠言曾说:"王弼注易,祖述(王)肃说,特去其比附爻象者。"(按:王肃曾跟宋忠学《太玄》)如果这个推论是正确的,那末,由宋忠到王肃,再到王弼,其间思想传授的关系是值得注意的。

以上这些因素,仅可以作为魏晋玄学思想产生的重要条件,但不能作为魏晋玄学思想产生的主要根据。魏晋玄学产生的根本条件,应当是、也必然是魏晋的社会的实际的需要。因此,必须分析魏晋玄学的社会政治思想,从而说明它与魏晋的实际政治的依赖关系。

三　魏晋玄学思想的萌芽——刘劭的《人物志》

从汉末到魏初,"名""法"思想的活跃,是魏晋玄学思想的萌芽。

先秦的名学固然包括了关于逻辑的思维方法的科学,也往往用分析名物作为辩论的思想方法的武器,但名学在当时实际的政治意义,并不在于辩论,不在于纯理论的推理,而在于考核

―――――――――

① 《全三国文》卷五十六《刘镇南碑》。

名实,因人授职。因此,先秦以来名学与法家思想有着密切的联系。

汉代统治者选拔官吏。大别可分为地方察举(由地方官吏向中央推荐)和中央指名征辟。被察举或被征辟的人物必须取得当地地主阶级的舆论的支持,并由他们给以鉴定性的评价。评价的标准:或以地主阶级的封建道德作为根据,如"敦厚""方正""孝廉""节俭"等;或以统治人民的能力为根据,如"高第""良将""秀才""卓异"等。他们取得的评价,就是他们以后爬上统治舞台的资本。当时固然也有出身寒门的官僚,但毕竟占少数;豪门世族享有优先做官的权利,因为他们掌握了文化和各地区品鉴人物的"清议"。这一批人物,作为地方地主阶级的势力,向中央贪污腐朽专制政府的抗议,它有一定的进步性;但是他们彼此标榜,互相揄扬,这种察举制度本身所提倡的道德的虚伪性,已在当时人民眼中完全暴露出来①。封建地主阶级的道德即在于使人从思想上相信被地主阶级剥削是"合理"的。作为剥削阶级的统治者,他们所关心的并不在于道德的虚伪性,一切剥削阶级的道德,本来就是欺骗人民的工具。但是"名实乖滥"的结果,必然使得选拔出来的"人才"不能满足封建政权的要求。这是每一个头脑清醒的封建统治者所关心的问题。

所以汉末到魏初,有关"名""法"之学的著作纷纷出现,有王符的《潜夫论》②、崔寔的《政论》、仲长统的《材能篇》③和《效难

---

① 当时民谣:"举秀才,不知书;举孝廉,父别居;寒素、清白浊如泥,高第、良将怯如鸡。"

② "有号者必称于典,名理者必考于实。则官无废职,位无废人。"

③ "或曰人材有能大而不能小,犹函牛之鼎不可以烹鸡,愚以为此非名也。"

篇》①、徐干的《中论》②、刘廙《政论》的《正名》篇③。最有系统足以反映当时考核名实、品鉴人物的思想的名、法之学，应以刘劭《人物志》作为代表。刘劭曾著《法论》，又曾受诏作《新律十八篇》（按：《魏律》以刑名为首篇，由此可推知名法之学与用人行政的关系），他提出百官考课之法，在实际意义上，它是配合曹魏的用人唯才，扩大选拔人才的范围的政策的。

刘劭《人物志》是汉末魏初品鉴人物的理论。首先，根据人物的外形，以观察人物的内心。虽然"性情之理，玄而难察"，但人既然"禀阴阳以立性，体五行而著形，苟有形质，犹可即而求之"。这仍是采取了东汉王充以来论人根据骨相的理论④。所以，论声音，以气禀为根据；论风神，以眸子为根据。《人物志》的重要意义即在于提出了考核人才的普遍原则，不是讨论具体的个别的人物。其次，《人物志》不涉及门第出身，只就人物论人物，它跳出了东汉以来旧传说。第三，继承了王充的宿命论思想，刘劭以为人物生来的生理条件决定了人的才能的高低。人生来如此，无法改变。

虽然如此，刘劭所论的人才的标准也还是有其一定的阶级的局限性，他所论的人物，实际上并不包括种田、劳力的劳动人民，他所论的人物只是那些有条件作守、令、将、相的人物。照他的理论，既然有一种人生来适于做官，自然也应该有一种人生来就适于种田、劳力。《人物志》说："致太平必赖圣人。"圣人不是一般识鉴原则所能认识的，圣人是天生的，不可学而至。这也正

---

① "名由（犹）口进，而实从事退"，"名由众退而实从事章。"

② "名者所以名实也，实立而名从之，非名立而实从之也。"

③ "名不正，则其事错矣……王者必正名以督其实……行不美则名不得称，称必实所以然，效其所以成。故实无不称于名，名无不当于实。"

④ 王充《论衡·骨相篇》："察表候以知命，犹察斗斛以知容矣。"

说明当时阶级的鸿沟反映在人物品性上成为圣人与凡人对立的鸿沟。典型的先秦法家,主张只要法治,不必待圣人即可治天下。而在阶级间两极端分化的魏、晋时代,法治思想也不得不变。

以上说明刘劭《人物志》观察人物的标准。现在进一步论述这种学说与当时实际政治的关系。

曹魏政权建立后(并不是从曹丕代汉开始,应当从曹操击败袁绍时算起),曹操为了建立以中、小地主为基干而又联合豪门世族的统治政权,必须与东汉以来腐朽的选拔人才的标准进行斗争。如三国时四世五公的袁绍①,名扬海内"八及"之一的刘表②,照当时的旧的鉴定的标准,不外称赞他们"有姿貌""有威容""忧喜不形于色"这些表面的形象。曹操却早已看穿了他们并不是什么英雄,不过是庸才、废物。曹操用人唯才,提倡法治,正是为了打击那些在他统辖范围内的旧日豪门世族的尚虚声、慕浮华的风气。曹操《与孔融书》③中已明显地表明了摧抑与政府对抗的舆论的决心。当时的实际问题,不仅限于如何发现人才,更重要的是如何使用他们。因而从形名必然联系到封建的法治。

韩非早已提出"听其言而求其当,任其身而责其功,则无术不肖者穷矣"④。循名责实,必以刑罚、法令相辅助。刘劭《人物志》与韩非的法治思想是相通的,其目的在于抑豪强,加强中央的控制力量。

---

① 《三国志·魏书》卷六。
② 同上。
③ "孤为人臣,进不能风化海内,退不能建德和人,然抚养战士,杀身为国,破浮华交会之徒,计有余矣。"
④ 《韩非子·六反》。

为了加强中央政府的控制力量,不但在政治上,而且要在名义上,在封建的伦理道德上给以理论根据。所以刘劭提出"建伦常,设百官"。在一定意义上,必需采以儒家"定尊卑""正名分"的基本伦理思想。曹操在挟天子以令诸侯的时候,恰恰需要以傀儡天子的"名号"来镇压那些"窃据名号"的地方割据的军阀。

先秦法家已把法家与老子的无为的政治哲学结合起来,构成君逸臣劳,"君有其名,臣效其形"的法治学说。因而刘劭的《人物志》中也把老子的思想带进了他的体系①,《人物志》序中说,圣人"劳聪明于求人,获安逸于任使",虽然与先秦的法家思想略有不同,而基本上仍是法家的精神。

与刘劭同时的"名理"家,如钟会有才性"四本"之论,也是刘劭《人物志》一类的形名之学的著作。钟会喜《易》,曾论"《易》无互体",《魏书》本传:"及会死后,于会家得书二十篇,名曰《道论》,而实刑(应作形)名家也。其文似会。"名为"道论",而内容却是"形名家",想必当时论"形名"必须提高到最高的"道"的原则,在刘劭、钟会的时代似已成为通例。又如傅嘏、荀粲,都是玄学家而又是"善言名理",精通形名、法律之学的。王弼的思想,固然不能认为受《人物志》思想的影响,但是他在政治理论方面论君道,辨形名,仍然不出当时一般名家理论的范围。随着"用人唯才"的需要,必须改变东汉以来的用人标准。在建立新的标准时,也必须在理论上找出最高的原理、原则,来支持这种新的政治制度。

如玄学领袖夏侯玄,就他现存的著作来看,他是主张"考核名实""注重刑赏"的法家。他同时又是何晏、王弼所尊奉的"以

---

① 《人物志》:"老子以无为德,以虚为道";"老子曰:夫唯不争,故天下莫能与之争……"

无为本"的学说的提倡者。何晏本人是法家,又是魏晋玄学的创始人。

以刘劭为代表的这一批善言名理的思想家几乎同时涌现出来,而且他们又都与后来的魏晋玄学家有密切的联系。这种现象不是偶然的。由此可以推知魏晋玄学的发生和发展的真正原因乃是适应汉魏之际的政治需要,在政治上既然有了用人惟才、使才以法的制度,于是在学理上产生了考核名实的政治理论;由察举人才,进而提高到抽象原则,研究人才的普遍的特性;由设官分职而提高到社会政治的原理;由人物性情的根本推溯到天地万物的根本。

以刘劭《人物志》为代表的思想,应当认为是魏晋玄学的雏形,其主要目的只在于解决政治上鉴识人才的问题,还没有提到哲学的世界观的高度来观察自然现象和社会现象。唯其如此,所以刘劭的《人物志》,只能认为名家或形名家的政治理论,而不被当作哲学著作。

四 以何晏、王弼为代表的"无为"的政治的意义

从曹操取得政权到曹芳继位的初年,中间经过了三十年的社会秩序安定的时期。由曹操提拔起来的寒门中、小地主阶层出身的新贵族,差不多过了一代。这些享有政治特权的新贵族经过长期剥削,积累了财富,掌握了文化,他们与豪门世族的差别逐渐消失,而经济利益的要求也与豪门世族阶层趋于一致;只是政治系统不同,新旧贵族中间还存在着一些矛盾。另外,还有一些没有享有政治特权的中、小地主,和豪门世族中间也还有一定的矛盾。曹氏集团的新贵族,其中有些已忘了他们的寒微的出身,甚至看不起比

他们更新起的从中、小地主阶层爬上来的贵族①。

曹魏政权尚法治，重考核，严刑峻法，本来是用来对付豪门世族的，豪门世族对此感到不便。过了三十年的太平日子，曹魏政权下的新贵族由于经济力量的壮大，也感到中央集权的君主专制会限制了他们的经济势力的扩张。

浮华交游，树立朋党，这是汉末地主阶级在势力壮大后，要直接干预中央政府用人权和行政权而产生一种党派性的集团。曹操为了巩固中央集权的力量，团结中、小地主阶层，打击豪门世族的势力，专力"破浮华交会之徒"。但在社会秩序安定的封建制度下必然使地主更富，农民更穷。所以到了曹操的孙子魏明帝时代，旧日豪门世族的势力虽然不敢起来公然与政府对抗，而曹魏政权系统下新贵族的经济势力逐渐壮大，已开始"修浮华，合虚誉"。修浮华、合虚誉的实际意义即是联合一部分地主阶级上层人物，对政府的措施提出指摘，对用人权采取干涉（用他们制造的舆论来干涉）。这正是统治阶级内部相互争夺封建统治权力中的必然现象。而这些"修浮华"的分子，多半是曹魏集团中的人物。就曹魏政权看来，他们的这种议论和干涉，就妨害了曹魏当权者的特殊权利②。当时魏明帝尚有相当的力量控制政治，所以这些浮华之徒刚刚出现，即被压制下去。

正始时（240—249 年）曹芳做皇帝，他是个长于深宫的小孩

① 《魏书》卷九："夏侯玄……尝进见，与皇后弟毛曾并坐，玄耻之，不悦形之于色。明帝恨之。"

② 《三国志·魏志》卷二十八《诸葛诞传》：（诸葛诞）"与夏侯玄、邓飏等相善，收名朝廷，京都翕然。言事者以诞、飏等修浮华，合虚誉，渐不可长。明帝恶之，免诞官。"注引《世语》曰："是时当世俊士散骑常侍夏侯玄、尚书诸葛诞、邓飏之徒，共相题表，以玄、畴四人为四聪，诞、备八人为八达……帝以构长浮华，皆免官废锢。"

子,实际政权落在一部分亲贵大臣曹爽等人的手中。这一派亲贵大臣为了巩固自己专政的特权,他们便向司马懿为首的豪门世族集团施行压力,在统治者内部展开了斗争①。斗争的结果,曹爽为首的这一派失败了。司马懿把何晏、邓飏、桓范这些名士"夷及三族,男女无少长、姑姊妹女子之适人者皆杀之"。

所谓"正始"玄风,恰是这些浮华之徒当政时期的学术风气,在玄学的政治思想中提出了"无为"的政治理论。在朝的有夏侯玄、何晏,在野的有王弼,他们都讲"天地万物以无为本"的政治理论。他们主张"无为"的实际意义,就在于使皇帝无所作为,而大臣得以专政。这一时期的"无为"的政治理论,与前一时期以刘劭《人物志》为代表的君主握有政权而不必亲细务的"无为"是不同的。其后东晋王朝"寄居"江南,大臣专政,皇帝成为虚设。在那时,"正始之音"遂又特被当时贵族欣赏提倡,成为当时政治的主导思想。清初爱国思想家顾炎武痛恨正始学风(即何晏、王弼所提倡的"无为"的学风),骂他们"视其主之颠危,若路人然"(《日知录》卷十三)。这些玄学思想家的确不关心"其主之安危"。司马氏不忠于曹魏王朝,这是人所公认的。其实曹爽、何晏这一批曹魏系统下的贵族也是不忠于曹魏王朝的,他们这些贵族,多半与曹魏王朝有血缘的家族关系,他们便利用这一有利的条件,利用曹魏政权的机构以满足自己的经济利益和政治要求②。也正由于他们多半与曹魏王朝有血缘的关系,不得不站在

---

① 《三国志·魏书》卷九《曹爽传》:"爽弟羲为中领军,训武卫将军,彦散骑常侍侍讲,其余诸弟皆以列侯侍从,出入禁闼,贵宠莫盛焉。南阳何晏、邓飏、李胜、沛国丁谧、东平毕轨咸有声名,进趣于时。明帝以其浮华,皆抑黜之。及爽秉政,乃复进叙,任为腹心。"

② 《三国志·魏书》卷九。他们迁太后于永宁宫,即是为了包揽朝政,以齐王芳为傀儡。桓范劝曹羲挟天子走许昌,也是这种企图。

曹魏这一边。

何晏是魏晋玄学家的领袖人物。他说"天地万物皆以无为本",又说"道不可体,故志之而已"①。何晏曾引用夏侯玄的话:"天地以自然运,圣人以自然用","自然者道也"②。"圣人以自然用",所以就应当"无为"。皇帝应"除无用之官,省生事之故,绝流遁之繁礼,反民情于太素"③。与何晏同时被杀的桓范著《世要论》,也说"尧无事焉而由之圣治"④,为臣就应当"辅千乘则念过管、晏,佐天下则思丑(按:丑即比、类)稷、禹"⑤。这都是为了说明君要无为,臣要大权独揽。

何晏虽昌言道家的无为,但同时也留心儒家的丧祭服制,通晓历代的典制,服膺孔子。他以玄学家领袖而参加作《论语集解》,可见他并不是不留心世务。他对于儒家的封建伦理标准极力支持⑥。我们不能设想剥削阶级当权派的何晏,他会崇尚脱离实际的虚无,对政治不发生兴趣。这是不合事实的。

曹爽失败,司马懿命何晏治曹爽之狱,他竟"穷治(曹爽)党与,冀以获宥"⑦。他在当政时曾强占洛阳官田以为私产⑧,当时负责管理洛阳官田的正是司马昭。这分明对司马昭示威,表示

---

① 《论语集解·志于道章》注。

② 《无名论》。

③ 《文选》何晏《景福殿赋》。

④ 《为君难篇》。

⑤ 《臣不易篇》。

⑥ "得其归,事虽殷大,可以一名举。总其会,理虽博,可以至约穷也。譬犹以君御民,执一统众之道也。"皇侃《论语义疏》引《论语·一以贯之章》注。

⑦ 《魏书》卷九引《魏氏春秋》:"初宣王(司马懿)使何晏典治爽等狱。晏穷治党与,冀以获宥。宣王曰:凡有八族。晏疏丁、邓等七姓。宣王曰:未也。晏穷急,乃曰:岂谓晏乎? 宣王曰:是也。乃收晏。"

⑧ 见《三国志·魏书》卷九。

他的"特权"。何晏为吏部尚书时请人卜卦,占卜能否做到"三公"①,平日"好服妇人之服"②,又"耽好声色,始服五石散","以济其欲"③。

何晏的贪财、好色,作威作福④,乃是一切堕落的剥削阶级共有的特性。现在应指出的,乃是何晏的"无为",不是汉以来的黄老之学的"清静无为",而是儒、道兼综的,大臣专权、人君拱默的"无为"。他的政治理论,恰恰是为其政治的利益服务的。

王弼是一个早慧的天才思想家,死时才二十四岁,注有《易》及《老子》。他的世界观与政治学说与何晏相同。他是地主阶级中的不当权派,因他与何晏的政治见解一致,所以特被何晏所赏拔。王弼与何晏遂常并称为"王何"。王弼发展了魏初的形名家的思想,建立了他的唯心论的哲学体系,并提出了他的政治理论。他以为政治、"名教",是"自然"的必然的产物:

"朴、真也,真散则百行出……圣人因其分散,故为之立官长。"(《老子》二十八章注)

"始制官长,不可不立名分以定尊卑。""过此以往,将争刀锥之末。"(《老子》三十二章注)

他虽然以为政治的最高原则是"无为"(即自然),而在实际政治上,他所尊奉的理想人物是孔子而不是老子⑤。

---

① 《魏书·管辂传》。
② 《晋书·五行志》。
③ 五石散是带有毒性的刺激性的补药。《世说言语》篇引《寒石散论》:"寒石散之方,虽出汉代,而用之者寡,靡有传焉。魏尚书何晏首获神效,由是大行于世,服者相寻。"
④ 《魏书》卷九:"晏等与廷尉卢毓素有不平。因毓吏微过,深文致毓法,使主者先收毓印绶然后奏闻。"
⑤ 《弘明集》周颙《答张长史书》:"王、何旧说,皆云老(子)不及圣。"

204

何劭所作《王弼传》引弼见裴徽事(见《魏书·钟会传》裴注,《世说·文学篇》亦载此事,但文小异)。曰:

> (裴徽)问弼曰:夫无者,诚万物之所资也。然圣人莫肯致言,而老子申之无已者何? 弼曰:圣人体无,无又不可以训,故不说也。老子是有者也,故恒言无(据《世说》,无字是其字之误)所不足。

从以上的问答可见王弼认为孔子比老子高明。裴徽说"夫无者,诚万物之所资",想见把"无"看作天地万物最后的根据,已成为王、何时代相当流行的学说,并为多数学者所承认。只是通过王、何有系统地倡导,又通过《易注》与《老子注》两书的传布,才能够使这种学说"倾动当时","遂成风俗焉"①。

不难看出王弼尊孔子为圣人,援老子学以入儒的政治意图。他一方面要端正封建的伦理名分,一方面又要主张君主拱默无为,对于严刑、峻法的干涉政治提出指摘:

> 甚矣,害之大也,莫大于用其明矣。"夫以明察物,物亦竟以其明应之。以不信察物,物亦竟以其不信应之。""若乃多其法网,烦其刑罚,塞其径路,攻其幽宅,则万物失其自然,百姓丧其手足。鸟乱于上,鱼乱于下。(《老子》四十九章注)

这也正反映了曹魏专制政权下,一些贵族特权阶级的要求。因此,在《老子注》中,王弼一再强调"因而不为"的政治主张。他的"因",并不是远法尧舜,而是因顺自然,少用刑罚干涉。他的因

---

① 《晋书》卷四十三《王衍传》。

顺自然,却又不能背叛名教①。他以儒家的圣人不得行其道而表示惋惜②,对于实际政治,他主张安静不扰③,以自然为榜样④。

王弼对于君道主张"无为",臣道则主张明哲保身,他在《论语释疑》中说:

……择地以处身,资教以全度者也,故不入乱人之邦。

圣人通远虑微,应变神化,浊乱不能污其洁,凶恶不能害其性。

君主无为,大臣专政,势必引起大臣间的势力倾轧,既有斗争,即有成败,有成败,有死生,其中充满了"危机"。由于当时政权争夺的激化,大臣专政成功了,固然能带来"富贵",一旦失败,连做"富家翁"也不可得,因此,在患得患失的严重情势下,使他们产生了人生忧患之感。何晏诗:"常恐夭网罗,忧祸一旦并。"此种人生忧患之感,在王弼思想中有更多的反映。

既失其位,而上近至尊之威,下比分权之臣,其为惧也,可谓危矣。唯夫有圣知者乃能免斯咎也。(《易·大有》注)

处天地之将闭,平路之将陂,时将大变,世将大革,而居不失其正,动不失其应,艰而能贞,不失其义,故无咎也。(同上)

王弼时代的司马氏的政治势力已成为曹魏政权的敌对力

---

① 《易·鼎卦》注:"去故取新,圣贤不可失也。"又《讼卦》注曾引《论语》无讼的说法,又加以申明:"无讼在于谋始,谋始在于作制……物有其分……职不相滥,争何由兴?"

② 《易·乾卦》注:"文王明夷,则主可知矣;仲尼旅人,则国可知矣。"

③ 《易·屯卦》注:"夫息乱以静,守静以侯,安民在正,弘正在谦。屯难之世,阴求于阳,弱求于强,民思其主之时也。"

④ 《易·观卦》注:"不见夭之使四时,而四时不忒;不见圣人使百姓,而百姓自服也。"

量。比较有名望、有地位的地主阶级知识分子面对着大变革的前夕，不得不选择他们的政治道路，一旦失足，立招祸灾。有地位、有名望的地主阶级知识分子不同于平民，他们不能隐居，也无法逃避，也不能中立，阶级利益迫使他们不能完全站在政治斗争之外。王弼一方面要依附何晏以希求富贵；另一方面却也深刻地认识到斗争中所带来的灾害。他处在"君子道消之时"，亲身感到"天地之将闭，平路之将陂，时将大变，世将大革"，而希望"居不失其正，动不失其应"，怎能不深感"心存将危"，以求"免斯咎"呢？

王弼的政治思想，通过《易注》与《老子注》发生了广泛的影响，并不是由于他"天姿神迈""独标悬解"，乃是因为他所说出的道理，他的忧患之感不限于他个人的身世的安危，而是正始时代许多地主阶级知识分子在统治集团内部的倾轧斗争中的共同感受。所以王、何的"无为"的学说能够"倾动当时"，使天下"后进之士，莫不晏慕仿效"。王弼在《周易略例·明卦适变通爻》中说：

> "夫时有否泰，故用有行藏""动静有适，不可过也。犯时之忌，罪不在大。失其所适，过不在深。"

这不是当时多数地主阶级的知识分子的同感吗？他们怎能不为王弼的学说所慑服呢？王弼自己的处世之道，也正是当时的地主阶级自处之道。教人考虑"处君子道消之时，己居尊位，何可以安？故心存将危，乃得固也"[1]，"夫有圣知者乃能免斯咎也"[2]。

王弼的政治地位与何晏不同。何晏的地位，使他不得不采

----

① 《易·否卦》注。
② 《易·大有》注。

取"进攻"的方式,而王弼并未握有政治实权,因而王弼在实际政治斗争的具体问题上,所采取的态度也与何晏不同。王弼主要在于依附何晏的势力以求保存本阶级及个人的利益。即使"动天下,灭君主而不可危也"①。像这种轻视君主、重视个人的政治思想,不但为汉儒所不敢说,且更为宋儒所不敢想。只要不影响自己的利益和安全,"动天下""灭君主"都无所谓。这也可以看出魏晋时期的地主阶级基本上控制着上层统治集团,所以他们对君主不存有过多的依赖,相反地,皇权的转移倒要先取得他们的支持。这一历史的特点,通过王、何的政治学说得到鲜明的反映。

其后,司马氏逐渐进一步专权,已面临篡魏的前夕,政权争夺比正始时代更加尖锐,对异己者的杀戮更加残酷,对中立分子的争取也更加激烈。这时的思想家所表现的政治思想不得不再起变化。

五 以嵇康、阮籍为代表的"名教"与"自然"对立的政治的意义

正始中,曹魏宗室贵族害怕司马氏在豪门世族中有威信,又怕他们篡夺政权,于是曹爽、何晏等力图消灭司马氏的势力,但未能成功,从此曹魏的政权开始溃败。

249年,司马懿杀曹爽、何晏、桓范、丁谧、邓飏等八族;

251年,司马懿杀王凌及白马王曹彪;

254年,司马师杀夏侯玄、李丰,废齐王曹芳;

258年,司马昭杀毋丘俭、诸葛诞;

---

① 《周易略例·明卦适变通爻》。

260 年,司马昭杀高贵乡公曹髦;

262 年,司马昭杀嵇康、吕安;

265 年,司马炎篡魏,西晋建国。

司马懿自杀曹爽起,开始有计划地逐步翦除曹魏政权的核心集团的势力,十余年后,终于夺取了曹魏政权。他们采用的方式和四十五年前曹魏代汉的方式一样。所应注意的,自曹叡(明帝)死后,曹魏政权开始变质,已成为亲贵专政的局面,一切措施已完全不同于曹魏初期提拔中、小地主阶级,打击豪门世族的政策,而成为新兴贵族的统治机构。司马氏当权后,更进一步在法律上保证了豪门世族的利益,打击曹魏集团的新贵族。因此,司马氏与曹魏的政权争夺的斗争,应当看作是政治派系之间的斗争,是腐朽的统治阶级内部的派系斗争。

以嵇康、阮籍为代表的政治思想,乃是司马氏与曹氏两大政治势力斗争中的产物。在军事和政治方面,司马氏都占有绝对的优势;但在儒家名教及传统封建道德方面,司马氏显然处于劣势。在封建社会中,无论如何"篡位""弑君"总是喊不响的口号。司马氏夺取政权的成败,首先决定于当时豪门世族的向背,其次还需要当时负有声望的名士的舆论的支持①。司马氏要尽力笼络当时的地主阶级知识分子,即所谓"名士",使他们为自己服务。这些名士对司马氏的强取豪夺的办法怀着隐忧,他们有社会地位及学术地位,而没有经济实力和政治特权。由于这一阶层的实力薄弱,他们不同于王弼、何晏的"无为"的大臣专权的理

---

① 《晋书·阮籍传》:"帝(司马昭)让九锡,公卿将劝进,使籍为其辞。"又《晋书》卷四十九《向秀传》:"(嵇)康既被诛……文帝(司马昭)问曰:'闻有箕山之志,何以在此?'秀曰:'以为巢、许狷介之士,未达尧心,岂足多慕?'帝甚悦。"

论;他们也反对以强凌弱的行为①。同时在夏侯玄、曹爽、何晏时代,曹魏政权已开始变质,已不是充分代表中、小地主阶级利益的政权机构;而司马氏的政权又明显地代表豪门世族集团的利益。阮籍、嵇康虽有自己的政治主张相要求,却找不到实现自己的政治要求的力量。阮籍于254年,即司马师废曹芳立曹髦的次年,作《首阳山赋》以伯夷、叔齐自况。这也说明他的政治立场的矛盾,他认为司马代魏和武王伐纣差不多,不过是"以暴易暴"。当时曹魏最高统治集团政权已没有中、小地主插足的余地,使他们失望。改朝换代,他们更不赞成。其中有些人由于家族及其他社会关系被列入曹魏集团(如嵇康、夏侯玄就属于这类人物),他们所最关心的是本阶级的长远利益和本身的安全。另一派与阮籍、嵇康对立的一派名教维护者,是豪门世族拥有经济和政治特权的一派,他们更关心当前的具体的切身的经济和政治特权。他们不惜抛开封建社会的主要支柱之一——忠,来满足自己的利益。他们"义忿填膺"地骂阮籍、嵇康的不孝,同时却鬼鬼祟祟地"阴谋废立"。在阮、嵇的眼中,这些当权派的所谓维护名教,事实上恰恰是挖出封建制度的墙脚。阮籍、嵇康知道封建伦理制度的败坏,将会给封建地主阶级带来灾害,封建社会最需要的乃是上下尊卑的等级制度,必须用名教、上下等级限制,来保障经济的剥削制度。嵇康、阮籍这些人都是关心名教的②。

嵇康《与山巨源绝交书》:"又每非汤、武而薄周、孔,在人间不止此事,会显世教所不容。"正是反对假礼教,反对篡位③。他

---

① 阮籍《大人先生传》:"强者不以力尽,弱者不以迫畏。"

② 阮籍《乐论》:"刑弛则教不独行,礼废则乐无所立。尊卑有分,上下有等,谓之礼;人安其生,情意无哀,谓之乐。""礼逾其制则尊卑乖……乐化其内,礼乐正而天下平。"

③ 曹丕篡汉后,曾说:"舜、禹之事,吾知之矣。"

们是名教的维护者①。阮籍、嵇康的维护名教，在于维护封建社会所必不可少的上下之序。代表豪门世族的当前利益的名教维护者，像王祥、何曾等参加了篡魏阴谋的，相传"性至孝，闺门整肃"，"年老之后，与妻相见皆正衣冠，相待如宾"。司马氏的"开国元勋"王祥，更是天下闻名的"孝子"，"王祥卧冰"成为后来封建统治者所宣传的"二十四孝"中第一个标本。何曾即主张把阮籍这些人"宜摈四裔，无令污染华夏"②。

阮籍不许他的儿子学他的"旷达"，理由是"仲容（阮咸）已豫吾此流，汝不得复尔"③。嵇康教训他的十岁的儿子的做人的道理，尽是一些儒家老生常谈中的中庸之道④。这些"旷达"的名

①　鲁迅：《而已集·魏晋风度及文章与药及酒的关系》："非薄汤、武、周、孔，在现时代是不要紧的，但在当时却关系非小。汤、武是以武定天下的；周公是辅成王的；孔子是祖述尧、舜，而尧、舜是禅让天下的。嵇康都说不好。那末，教司马懿篡位的时候，怎么办才是好呢？没有办法。在这一点上，嵇康于司马氏的办事上有了直接的影响，因此就非死不可了……魏晋是以孝治天下的……为什么要以孝治天下呢？因为天位从禅让，即巧取豪夺而来，若主张以忠治天下，他们的立脚点便不稳，办事便棘手，立论也难了。所以一定要以孝治天下。"

②　《晋书》卷三十三："时步兵校尉阮籍负才放诞，居丧无礼，（何）曾面质籍于文帝座曰：'卿纵情背礼败俗之人，今忠贤执政，综核名实，若卿之曹，不可长也。'因言于帝（司马昭）曰：'公方以孝治天下，而听阮籍以重哀饮酒食肉于公座，宜摈四裔，无令污染华夏。'帝曰：'此子羸病若此，君不能为吾忍邪？'曾重引据，辞理甚切。"

③　《晋书》卷四十九本传。

④　鲁迅先生在《而已集·魏晋风度及文章与药及酒的关系》中说："他（嵇康）在《家诫》中教他的儿子做人要小心，还有一条一条的教训。有一条是说长官处不可常去，亦不可住宿；长官送人们出来时，你不要在后面，因为恐怕将来官长惩办坏人时，你有暗中告密的嫌疑。又有一条是说谦饮时候，有人争论，你可立刻走开，免得在旁批评，因为两者之间必有对与不对，不批评则不像样，一批评就总要是甲非乙，不免受一方见怪。还有人要你饮酒，即使不愿饮也不要坚决地推辞，必须和和气气地拿着杯子。"

士,处在当时政权争夺激烈的情况下,又亲见"天下名士少有全者",他们一方面要表示政治态度和意见,一方面又要避免因此招来灾祸①,他们便假借老、庄的放达和老、庄的政治社会学说以抨击当权派的腐朽的、虚伪的名教和政治。他们的政治思想,外貌上像是老、庄思想的再现,实质上倒是儒家思想的变种。这种趋势,在王弼、何晏的政治思想中已具有萌芽,在嵇康、阮籍的政治思想中得到发展。王弼认为"名教"是"自然"必然产生的结果。名教既已产生了,那末礼、乐、刑、政也还是不可缺少的,只要安排得宜,以自然无为为榜样,倒也是必需的。

嵇康、阮籍所处的时代和情况与王、何所处的正始时代不同。他们感到政治上扮演的舜、禹禅让的怪剧又要重演,他们反映了一般未享有特权的中、小地主阶层的要求,他们不主张改朝换代,改朝换代对于整个地主阶级的利益是不利的。嵇康"非汤、武而薄周、孔",表示他不满意当时司马氏的政治阴谋,又不敢公开反对,只能以消极的讽刺和佯狂的行为表示他们软弱的抗议②。如果因此而认为嵇康、阮籍忠心耿耿,心存魏室,这是不合乎事实的;因此而认为他们真正旷达超俗,不涉世务,也是与实际情况不符的。

阮籍《大人先生传》说:"昔者天地开辟,万物并生,大者恬其性,细者静其形……明者不以智胜;黯者不以愚败。强者不以力尽,弱者不以迫畏。盖无君而庶物定,无臣而万事理。"一切政治

---

① 《魏书》十八《李通传》注引王隐《晋书》:"(司马昭说)天下之至慎,其惟阮嗣宗乎? 每与之言,言及玄远,而未曾评论时事、臧否人物。真可谓至慎矣。"

② 《晋书》卷四十九本传:"有司言有子杀母者,籍曰:'嘻! 杀父乃可,至杀母乎?'坐者怪其失言。帝曰:'杀父天下之极恶,而以为可乎?'籍曰:'禽兽知母而不知父。杀父,禽兽之类也。杀母,禽兽之不若。'"

措施,应当以自然为范本。天地是自然而然的,至于人为的政治和社会只能给人带来灾害,不能给人以幸福。

> 君立而虐兴,臣设而贼生,坐(按:"坐"即凭空、无故)制礼法,束缚下民。(《大人先生传》)

这是社会有了君臣制度以后,给人们带来的灾害。

> 尊贤以相高,竞能以相尚,争势以相君,宠贵以相加,驱天下以趋之,此所以上下相残也。(同上)

这是社会上有了所谓道德、有了所谓贵势以后给人们带来的灾害。

> 竭天地万物之至,以奉声色无穷之欲,此非所以养百姓也。于是惧民之知其然,故重赏以喜之,严刑以威之。财匮而赏不供,刑尽而罚不行,乃始有亡国戮君溃败之祸。(同上)

这是严刑重赏的统治制度给人们带来的灾害。

> 咸以为百年之生难致,而日月之蹉无常,皆盛仆马,修衣裳,美珠玉,饰帷墙,出媚君上,入欺父兄,矫厉才智,竞逐纵横。家以慧子残,国以才臣亡。(《达庄论》)

这是恃才逞智,追求富贵享乐生活所带来的亡国破家的灾害。

同样的见解,也表现在嵇康的思想中:

> 圣人不得已而临天下,以万物为心……穆然以无事为业,坦尔以天下为公。虽居君位、飨万国,恬若素士接宾客也……岂劝百姓之尊己,割天下以自私,以富贵为崇高,心欲之而不已哉?(《答向子期难养生论》)

嵇康指出,由于争政权的贵族们为了"割天下以自私","心欲之而不已",其结果必致:

> 君位益侈,臣路生心……赏罚虽存,莫劝莫禁……刑本惩暴,今以胁贤。昔为天下,今为一身。下疾其上,君猜其

臣。丧乱弘多,国乃陨颠。(《太师箴》)

理想的政治应当:

> 崇简易之教,御无为之治,君静于上,臣顺于下……群生安逸,自求多福,默然从道,怀忠抱义,而不觉其所以然也。(《声无哀乐论》)

这一时期的思想家,深切感到名教与自然的对立,他们重新估价人类社会组织和政治机构的实际价值。但并不能因此就认为阮籍、嵇康具有无政府主义思想。他们尽管对当前的政治不满、失望,且有所指摘,但他们所向往的也还是"庶物定""万事理"的社会。合乎封建秩序的社会才不会发生"媚君上""欺父兄"的反常事件。地主阶级的本质促使他们不能离开封建剥削的统治秩序和封建剥削的伦理道德。他们生怕"德法乖易,上凌下替,君臣不制"①的混乱现象。"上凌下替"的政治是不好的,若能顺乎自然,合乎天道的功名富贵也未尝不是好事②,中庸的政治也还是好的③;刑罚不必全废④,贵贱不可易位⑤;儒家的"名教"与道家的"自然"在实质上并不是对立而不相容的⑥。最后,达于"自然"必能"通于治化"⑦。

---

① 阮籍《通易论》。

② 阮籍《通易论》:"应时,故天下仰其泽;当务,故万物恃其利。泽施而天下服,此天下之所以顺自然、惠生类也。富贵侔天地,功名充六合,莫之能倾,莫之能害者,道不逆也。"

③ 《通易论》:"阳刚凌替,君臣易位,乱而不已,非中之谓。"

④ 《通易论》:"刑设而不犯,罚著而不施。"

⑤ 《通易论》:"圣人以建天下之位,守尊卑之制。""在上而不凌乎下,处卑而不犯乎贵。故道不可逆,德不可拂也。"

⑥ 阮籍《达庄论》:"六经之言,分处之教也;庄周之云,致意之辞也。"

⑦ 阮籍《通老论》:"圣人明于大人之理,达于自然之分,通于治化之体,审于大慎之训,故君臣垂拱,完太素之朴;百姓熙怡,保性命之和。"

　　嵇康与阮籍,曾以激愤的心情揭露了当时腐朽黑暗的政治。在指摘统治阶级当权派的同时,曾提到"百姓"的利益。在魏晋玄学家的政治思想中,主要的是统治阶级内部的纷争,他们把问题集中在自己和本阶级的要求上,很少想到过"百姓"。阮籍、嵇康的最终目的固然在于如何统治百姓,而不是为了百姓的利益。然而,通过他们,说出了一些百姓的要求,也还是有其进步意义。

　　嵇康与山巨源绝交,正说明他自己知道以他与曹魏有亲戚关系,他的地位与何晏相似,自知不能免祸,因而坚决站在曹魏一边,结果只有被杀。阮籍虽然苦心地企图避免沾染上司马集团的色彩,而事实上他不得不"求为东平相",不得不替郑冲起草劝进表。嵇康与阮籍有着相同的维护名教的政治思想,但在政权争夺的斗争中,采取了不同的态度,得到不同的结果。他们两人的前途,也正是当时一般地主阶级的知识分子必须选择的两种前途。他们的苦闷和矛盾,也说明了儒家的封建伦理的忠君这一概念的欺骗性和对于现实政治的妥协性。司马氏夺魏政权,算是不忠,那末魏的政权的建立是否真正"应天顺人"呢? 作为儒家思想的崇拜者,他们是没有勇气来正视这一现实问题的。他们真正关心的,并不是什么皇室的正统,乃是谁能满足他们眼前的经济利益和谁能保证他们长远的利益。嵇康终归惨死,阮籍流于媚俗,他们两人在实际政治中深感进退失据,正说明儒家社会伦理观念的妥协性和欺骗性。

　　不久,司马氏篡夺了曹魏政权,虽然当时名教中人认为有些难于为司马氏辩解,但毕竟给后来的地主阶级的知识分子解决了这样为了维护"名教"而陷入进退失据的困难。只要过了一个时期,儒家学者自然会"追认"晋为"正统",谁要破坏这个封建剥削的"正统"的机构,那就是"名教罪人"。此后的玄学思想中的政治理论的任务,又转入了新的阶段,开始歌颂新王朝的封建统治秩序了。

六 以向秀、郭象为代表的"名教"
即"自然"的政治意义

西晋的政权是保护豪门世族利益的机构,西晋的豪门世族的经济利益在司马氏政权下得到了相当的发展,他们有了坚固的经济基础,有了政治上的特权,在农民运动低潮时期,他们自以为可以高枕无忧,从而他们的生活也就加速地腐化着。

当时从皇帝到豪门士族,都过着荒淫的①、放纵的②、虚伪的③、悭吝刻薄的④、极度豪奢的⑤、以残忍为豪华的⑥、口头清高、

---

① 《晋书·胡贵嫔传》:"时(武)帝多内宠,平吴之后,复纳孙皓宫人数千,自此掖庭殆将万人。"

② 《晋书·五行志》:"惠帝元康中,贵游子弟相与为散发裸身之饮,对弄婢妾。"

③ 《晋书·阮咸传》,阮咸当时被认为"贞素寡欲""万物不能移"。而这位"贞素寡欲"的名士,却"幸姑之婢"。王衍风标秀美,为人望所归,是西晋的重臣,特权阶级。及被石勒所俘,自称"少不豫事",劝石勒为帝。

④ 《晋书·王戎传》:"性好兴利,广收八方,园田水碓,周遍天下,积实聚钱,不知纪极。每自执牙筹,昼夜算计,恒苦不足。"这就是列名"竹林七贤"的王戎。

⑤ 《世说新语·汰侈篇》:"王君夫以粘糒沃釜,石季伦用蜡烛作炊。君夫作紫丝巾步障,碧绫裹四十里,石崇作锦步障五十里以敌之。石(崇)以椒为泥,王(君夫)以赤石脂泥壁。"

⑥ "石崇每要客燕集,常令美人(即奴隶)行酒,客饮酒不尽者,使黄门交斩美人。"(《世说新语·汰侈篇》)

216

行为卑鄙的①、懒惰透顶的②腐朽生活。

当时的豪门世族的主要组成分子,就是这一批腐化、享乐、无耻的人物。而司马氏政权就是为这些豪门世族的利益服务的。向秀、郭象的社会政治理论也正是为这一腐朽透顶的阶级服务的。

在统治集团内部斗争尖锐时,士大夫有的被杀了,有的软化了,也有的完全站到司马氏这一方面来为司马氏政权服务。向秀、郭象的《庄子注》,就是反映西晋时期地主阶级当权派的政治思想的著作。他们的思想不同于王、何的主张有生于无、名教出于自然;也不像阮籍、嵇康等人面对着"名教"与"自然"的对立感到困惑;他们企图在理论上证明,名教与自然是一致的,政治本身就是天道的表现。自然与名教不仅不互相排斥,而且这两者之间,也没有高下的分别。相反地,他们反以为只有通过实际的政治活动,才可以更圆满地表现出自然(天道)来。

魏晋以来经过几十年的太平日子,这些豪门世族、达官贵族,过着放纵的、颓废的物质享乐生活。他们堕落到连卫护他们的剥削利益的儒家思想也不愿接受。因为儒家思想,为了地主阶级的长远利益,有时对于地主阶级的局部利益有些妨害。这正是王弼、何晏以来对儒、道二家苦心调和的原因,也是阮籍、嵇

---

① 西晋大文学家潘岳曾作《闲居赋》,企慕隐逸;而潘岳为人,却如《晋书》卷五十五所说的:"岳性轻躁,趋世利,与石崇等诌事贾谧(按:贾谧为贾充的嗣子,当权有势),每候其出,与崇辄望尘而拜。"晚唐诗人李义山曾有诗嘲潘岳:"今人若读《闲居赋》,不信当年拜后尘。"

② 王济宴客,"并用琉璃器,婢子百余人,皆绫罗绮襦,以手擎饮食"(《世说新语·汰侈篇》)。他们为了吃饭方便,用人作为"流动的桌面"。有些大官僚地主不但用奴隶替他抄书、做生意,而且用奴隶替他做文章(《全晋文》卷三十三石崇《奴券》)。

康这一派人对于名教的败坏引为隐忧的原因。

这些地主阶级的知识分子,虽有各种互相差异的学说,但他们维护封建制度、压迫农民的立场总是一致的,所以他们那样看重名教的地位(表面上是以道家思想为主)。

向秀、郭象的政治学说,在于替当时地主阶级当权派、替豪门世族寻找人剥削人的理论根据。

郭象出身于寒门,"少有才理,好老庄,能清言。太尉王衍每云,听象语如悬河泻水,注而不竭。""东海王越引为太傅主簿,甚见亲委,遂任职当权,熏灼内外,由是素论去之。"(《晋书》卷五十)郭象著有《庄子注》,与向秀《庄子注》文义相同。相传郭象把向秀的《庄子注》"窃以为己注"。郭象时代稍后于向秀,他与王衍同被石勒俘虏过。他是否窃取向秀的《庄子注》,在这里不是主要的问题,主要的看他在《庄子注》中所反映的思想。

向、郭出身寒微,他们不像当时的豪门世族那样容易做官,所以向、郭把做官看得很重要①。他们二人都是热衷于富贵功名的。向秀在难嵇康的《养生论》中说:"或睹富贵之过,因惧而背之,是犹见食之有噎而终身不餐耳。"②他把富贵看得和吃饭同样重要,成为他不可少的东西。

首先,向秀、郭象给司马氏的篡魏行动找到理论上的根据:

> 夫禹时三圣相承……故考其时,而禹为最优。计其人则虽三,圣故一尧耳。时无圣人,故天下之心,俄然归启。夫至公而居当者,付天下于百姓,取与之非己,故失之不求,得之不辞……是以受非毁于廉节之士,而名列于三王,未足

---

① 左思《咏史诗》:"郁郁涧底松,离离山上苗,以彼径寸茎,荫此百尺条。世胄蹑高位,英俊沉下僚。地势使之然,由来非一朝。"
② 向秀《难嵇叔夜养生论》。

怪也。(《天地篇》注)

这正是说,尧、舜、禹的政权的转移,出于自然,"失之不求,得之不辞",虽然遭到一些廉洁之士的诽谤,而不能影响尧、舜的为"圣人"。

禹为什么"最优"呢?因为禹把禅让得来的天下传给自己的儿子,正是他的"大公无私"。这是司马氏多么需要的理论!汉、魏、晋掠夺式的禅让都是以尧、舜、禹作为根据的[①]。

向、郭的政治思想主要有以下四点:

第一,名教即是自然,甚至名教正是最能反映自然的工具。

《庄子·逍遥游》(藐姑射之山有神人居焉)注:

> 此皆寄言耳。夫神人即今所谓圣人也。夫圣人虽在庙堂之上,然其心无异于山林之中,世岂识之哉?徒见其戴黄屋、佩玉玺,便谓足以缨绂其心矣;见其历山川、同民事,便谓足以憔悴其神矣。岂知至至者之不亏哉?

这里说得多么巧妙!他们把势欲熏心、热衷于腐朽享乐生活的剥削阶级的丑恶面目盖上一层美丽的面纱!地主阶级,特别是魏、晋时代的大地主阶级,有多少身居庙堂之上的"圣人"都借这些冠冕堂皇的词句来掩饰自己的腐朽。而《庄子注》却狡猾地完成了这一恬不知耻的欺骗任务。他们把名教与自然,讲成一体的两方面:

> 夫理有至极,外内相冥。未有极游外之致而不冥于内者也……故圣人常游外以弘内,无心以顺有。故虽终日挥形,而神气无变,俯仰万机,而淡然自若。(《大宗师》注)

王、何、嵇、阮以来的一些理论,都多少使那些身居庙堂,"戴

[①]《魏氏春秋》:"帝(曹丕)升坛礼毕,顾谓群臣曰:'舜、禹之事,吾知之矣。'"

黄屋、佩玉玺"的"圣人"对于那些真正山林中的人物内怀"惭德"。向、郭的理论给当时那些享乐无耻的贵族当权派找到了理论的根据。既有清高之名,又得享乐之实。这正是当时剥削阶级最需要的理论。

第二,一切现存的事物都是合理的、必须存在的,政治机构、社会组织也是如此。

魏、晋时代的任何玄学家的政治思想,都或多或少地对当前的实际表示过不满,表示应当作某种改善。尽管他们提出改善当前政治的目的并不是为了人民,而是为地主阶级自己的安全和利益。但要求改革政治中某些不合理的现象,在客观上总对人民有一定的好处。而向、郭对当前实际政治认为不但不需要改革,并且歌颂它的尽美尽善。认为一切存在的都是合理的:

> 故天地万物,凡所有者,不可一日而相无也。一物不具,则生者无由得生。一理不至,则天年无缘得终。(《大宗师》注)

既然凡所有者,不可一日而相无,则任何企图对现状的改革都是多余的。把这种观点用来对待社会现象,构成了他的极端反动的政治理论。照郭象的看法,既然一切存在的东西是应当存在的,所以他就可以无耻地证明像西晋那样荒淫无耻的贵族,敲骨取髓的剥削,强取豪夺的政权争夺,却势必"不可一日而相无",缺了这些罪恶的东西,甚至就会活不下去!

第三,上下之分是自然的,所以也应各安其本分。

封建社会的地主阶级在任何时候都不能离开儒家思想。正如毛主席所说的封建社会的四大绳索(见《湖南农民运动考察报告》),它是跟儒家的伦理道德、政治制度分不开的。封建社会所必须维持的,就是保护地主阶级土地所有制和这种所有制所必需的统治秩序。

在魏晋玄学思想中各个思想发展的阶段,尽管有"名""法""道"家占优势的表面现象,但骨子里都不能不以儒家封建的伦理观念作为基础。郭象为了当时的腐朽的豪门世族的利益,把人压迫人的不合理的关系,解释为"出于自然"。他给人为的压迫秩序,找到"天理"作为根据①。他认为既然生在头的地位,只能做头,只能在上;既然生在足的地位,只能在下,这没有什么可怨的。既然生来是臣妾的材料,就应当服服帖帖当奴才,还有什么可说的? 这种"自然"的观点,反映了当时门阀世族统治下的上下尊卑的剥削制度所谓名教、伦理的实际意义。

> 夫任自然而居当,则贤愚袭情,而贵贱履位。君臣上下,莫非尔极,而天下无患矣。(《在宥》注)

上下相维系的统治关系,既然是出于自然,所以国家"须圣道以镇之"。王弼、何晏为豪门世族的利益提出与君主分享政权的主张,而向、郭的政治理论却在于证明统治阶级的一切都是合理的;王弼、何晏反对以智治国,反对刑法,郭注却以为圣道不可无,圣知不可去。

> 群知不亡而独亡圣知,则天下之害又多于圣矣。然则有圣之害虽多,犹愈于亡圣之无治也。虽愈于亡圣,故未若都亡之无害也。(《胠箧》注)

第四,无为而治。

郭象在《庄子注》中,提出了他的反动的"无为"的政治观点。他歪曲地说,尧的以不治为治的特点,即在于他"治"天下②,无为

---

① "臣妾之才而不安臣妾之任,则失矣。故知君臣、上下、手足、外内乃天理自然,岂真人之所为哉?""夫时之所贤者为君,才不应世者为臣,若天之自高、地之自卑、首自在上、足自居下,岂有递哉?"(《齐物论》注)

② "夫能令天下治,不治天下者也。故尧以不治治之,非治之而治者也。"(《逍遥游》注)

而治,不是"拱默乎山林之中,而后得称无为"。因此,"尧无对于天下,而许由与稷、契为匹矣"。"若乃厉然以独高为至,而不夷乎俗者,斯山谷之士,非无待者也,奚足以语至极而游无穷哉?"(以上均庄子《逍遥游》注)

尧、舜、汤、武都是无为,不过"随时而已",所以说:

> 居下者亲事,故虽舜、禹为臣,犹称有为;故对上下,则君静而臣动;比古今,则尧、舜无为而汤、武有事。然各用其性,而天机玄发,则古今、上下无为,谁有为也?(《天道篇》注)

这正是给司马懿到司马昭以至司马炎找到最堂皇、最响亮的辩护的理由。根据这种理由,他认为君主不能没有:

> 千人聚,不以一人为主,不乱则散。故多贤不可以多君,无贤不可以无君。此天人之道,必至之宜。(《人间世》注)

君的原则即无为。"君道逸,臣道劳"(《在宥》注),君臣都是"不为而自得"。君主的作用看不见,似乎非明王之功,"今之自得,实明王之功"(《应帝王》注)。同样"无为"一个名词,到了郭象手中即成为反人民的工具。郭象有意地歪曲庄子的原意,掩盖人剥削人的这一事实,甚至说,人剥削人,只要剥削者出于自然,不加勉强地剥削,被剥削者也出于自然地被剥削,"各安其分","各当其能",这样,两方面(剥削者与被剥削者)就算都得到自由了。庄子分明反对人穿牛鼻、络马首,认为这是违反自然,不合理。郭象却认为人压迫人的制度正如人穿牛鼻、络马首是出于自然;同样地,马被络首、牛被穿鼻也是出于自然。双方相安,就可"各得其所"了。

郭象对司马氏的政权的"功德",做出无耻的歌颂。这固然是郭象本人出身寒门,要想厕身贵族之列,不得不竭力向统治阶级当权派逢迎。但郭象的反动的政治思想,却有其阶级根源。它充分反映了西晋初期,豪门世族阶层对司马氏政权的衷心拥戴,也说明了司马氏能够篡魏成功的原因。我们必须透过这一反动思想的现象来认识当时腐朽透顶的豪门世族这一阶层的反动的面貌和实质。

七　简单的结论

第一,魏晋玄学的社会政治思想是魏、晋时代农民革命低潮时期,封建地主阶级剥削、压迫农民的思想工具。不论它的理论多么玄远、超逸,它的实质是反人民的。其间虽然也有意见分歧,但那只是统治阶级内部的争论。

第二,魏晋玄学的发生发展的道路是环绕着魏晋时代中、小地主阶层与豪门世族争夺政权的过程中进行的。从刘劭《人物志》到王弼、何晏的"无为"思想,可以看出当时中、小地主政治实力的上升和取得政治特权后的堕落;从嵇康、阮籍的思想中,可以帮助我们了解中、小地主阶层在豪门世族的压力下软弱的抗议和最后的屈服;从向秀、郭象的思想中,可以帮助我们了解豪门世族所需要的政治理论和它的反动的政治意义。

第三,儒家的社会伦理思想是中国封建统治者的文化支柱。只要地主阶级存在一天,它的根就会牢牢地插在地主阶级的土地里。"聪明"的中国封建地主阶级善于用儒家的社会伦理思想作为轴心,贯串着不同时期的其他学派,如老庄之学、形名之学以及后来的佛教与道教,虽各有其独特的面貌,但绝不能违背儒家的社会伦理思想。

第四,中国古代地主阶级所谓"超俗""玄远"的封建道德,它实际上是剥削阶级骗人的道德。作为剥削阶级的道德品质,绝不会也不应当是超俗、玄远、对政治不关心的。封建剥削制度本身就是残酷的、现实的,它是在暴力(政权机器就是暴力的组织)支持下实现的。我们必须严肃地揭开它那虚伪的面纱,暴露魏晋玄学社会政治思想的残酷的实质。

第五,列宁教导我们,最新的哲学,也和两千年前的哲学一样,是有党性的。自以为超党派性的哲学,它实际上"只是可耻地掩饰着的对唯心论与信仰主义的奴颜婢膝而已"①。魏晋玄学思想正是以超党派的姿态出现的。这些魏晋玄学思想家把自己阶级的利益冒充为全民的利益,把自己的意识形态假冒为超阶级的全人类的意识形态。

最后应当指出,魏晋时代,由于地主阶级在进行剥削和从事战争、享乐的需要,而发展了科学。像数学、天文、音乐、文学、医药、机械力学、水利、冶金等科学都有极大的成就。这些科学的成就,不可避免地会影响到当时的哲学思想,因而构成当时哲学中唯物论和辩证法的因素,因不属本文论述的范围,不在这里阐述。

后 记

本文只是从一个角度,就一个问题提出一些初步的看法。

何晏与王弼的、嵇康与阮籍的社会政治思想并不完全相同。本文旨在以他们为代表来说明当时思想与政治的关系,所以对他们的思想未作细致的分析。魏晋时代关于"人性"的学说也是当时政治理论中的重要问题之一。对于这一问题须作多方面的深入研究才能说得明白,因此,本文只提到这个问题,未加申论。

① 《唯物论与经验批判论》,人民出版社,第387页。

　　"名教"与"自然"的概念贯串着魏晋玄学中的政治问题。魏晋玄学家一致认为"自然"先于"名教"。他们在宇宙观方面反对目的论，在一定的程度上也与汉代王充以来的宿命论有所差别。他们在宇宙观方面虽然有唯物论的因素，但他们的社会政治观点与他们的宇宙观并不一致。这一问题也还要进一步研究。

　　和魏晋玄学发生、发展的同时，佛教思想在中国已较汉代得到更广泛的传播，道教的宗教思想体系也得到很大的发展。根据现有的材料，还没有发现佛教思想与道教思想对三国、西晋的玄学家有理论上的影响。因而在文章中没有涉及佛教与道教的思想。

　　为了说明魏晋时代唯物论思想的发展和它对唯心论的斗争这一总形势，我们必须把魏晋玄学思想与当时的佛教和道教的思想一并考虑。这一巨大的工作现在刚刚开始，我们必须对这一时代的思想作更深、更广的研究。

　　如果只靠研究哲学史本身，企图解决哲学史中的问题，这是不够的，甚至不可能。哲学思想不是孤立的，我们哲学史研究的结果必须与它当时的经济、政治、文学、艺术、自然科学以及其他方面的研究成果相参验，才能做出比较符合事实的结论。

1953 年 5 月于北京大学

中国古代大军事家孙武*

在中国古代春秋末期（约在公元前五世纪后半期），出现了一位杰出的军事家——孙武。相传孙武是《孙子兵法》的作者。他生长在齐国（相当于今天的山东省地区）。他活动的时代，大致和孔子同时，年龄比孔子小。他在齐国时已经是一位有学识的军事学家，并开始著作兵书。后来他跑到南方的吴国（相当于今天的江苏省南部地区）做了将军。《史记》上记载，他曾和吴国大将伍子胥一同攻打楚国，一连攻下了楚国的许多城市，最后把楚国的首都——郢（在今天湖北省江陵附近）也攻下了，把楚昭王赶出了楚国。吴国和楚国比起来，吴是小国，楚是大国。但是在吴楚战争中，吴军转战数千里，攻城陷阵，势如破竹。吴国击败楚国这一巨大事件，使得北方的大国像齐国和晋国（晋国相当于今天的山西省的地区）也为之震惊，南方的越国（相当于今天的浙江省的地区）也被吴国的军威所慑服。史书记载中曾说，这是由于"伍子胥、孙武之谋"，才能够使吴国"西破强楚，北威齐晋，南服越人"。

孙武在中国，以及在世界军事史上，所以有不朽的地位，并

---

* 原载《八一杂志》1956 年第 108 期。

不在于他有战功,更重要的在于他是一位卓越的军事思想家。他的军事思想都保存在《孙子兵法》这部经典著作中。

《孙子兵法》被后人尊为"兵经",这是世界上最古的、成系统的军事学的著作。这部不朽的著作曾被译成多国的文字,在世界上起着影响。法国名将拿破仑带兵打仗就经常摆一部《孙子兵法》在身边。从《孙子兵法》影响的广泛,也可以想见它的价值。这部书是根据古代的战争总结出来的战争基本原理。也有人认为这部书中所谈到的战争规模很大,常说"带甲十万",也谈到有关用骑兵作战的地方,因而断定这部书是战国时期的作品。据近来历史家的研究,认为《孙子兵法》这部书可能导源于孙武,完成于战国时代的孙膑(孙膑是孙武的后代子孙)。中国古书(包括一切学派的著作)都不是由一个人亲手执笔写成的,是由各家学说的信奉者不断地补充、发展,经过若干年才写成定本的。《孙子兵法》中包括战国时期的情况,是完全可以理解的。先秦古书《老子》《墨子》《易经》和其他著作差不多都有这样的情况。

《孙子兵法》的价值在哪里呢? 现在可以分作以下几点来谈谈:

(一)《孙子兵法》提出了颠扑不破的名言"知己知彼,百战不殆"(《谋攻篇》)。这就是说,首先要摸清楚敌我双方的情况,不盲目打仗。《孙子兵法》中不止一次地提到这条原理。在《地形篇》中说:作战时只知道我方的优势而不知道敌方的优势,打起仗来只有一半胜利的希望(知吾卒之可以击,而不知敌之不可击,胜之半也)。只知道敌人的弱点而不知道我方的弱点,打起仗来也只有一半胜利的希望(知敌之可击,而不知吾卒之不可击,胜之半也)。知道了敌人的弱点,又知道我方的优势,如果不知道地形对我方不利,打起仗来也只有一半胜利的希望(知敌之

227

可击,知吾卒之可以击,而不知地形之不可以战,胜之半也)。只有"知彼知己,胜乃不殆;知天知地,胜乃可全。"(《地形篇》)

作战之前要先了解敌我双方全面情况,这是任何时代都要遵守的战争原理,谁要违反了这一原理,必然遭到失败,这是历史上无数次战争的实践所证明了的。其实不仅作战要先了解情况,做其他工作又何尝不要先了解情况?所以毛主席对《孙子兵法》中这条原理给了很高的估价。毛主席在《中国革命战争的战略问题》中说:"有一种人,明于知己,暗于知彼,又有一种人,明于知彼,暗于知己,他们都是不能解决战争规律的学习和使用的问题的。中国古代大军事学家孙武子书上'知己知彼,百战不殆'这句话,是包括学习和使用两个阶段而说的,包括从认识客观实际中的发展规律,并按照这些规律去决定自己行动克服当前敌人而说的;我们不要看轻这句话。"

(二)《孙子兵法》提出了在战术上以多量兵力集中打击敌人的少量兵力的原理。《孙子兵法》的《虚实篇》中说:"我专为一,敌分为十,是以十攻其一也,则我众而敌寡。"意思是说:我集中兵力为一,敌分散兵力为十,我仍可以用十个打它一个。这就是我多敌少。怎样造成这样以多胜少的局面呢?他又说:"吾所与战之地不可知。不可知,则敌所备者多。敌所备者多,则吾所与战者寡矣"。大意是说,我方要善于隐蔽自己的作战意图,敌人不知道我方从哪里进攻,必然处处防守。处处防守,就必然分散兵力。兵力一分散,我就可以以多打少。

在我军的军事思想和军事实践中,接受了并大大地发展了这一宝贵的遗产,在革命战争中用它消灭了不少敌人。毛主席说:"我们的战略是'以一当十',我们的战术是'以十当一',这是我们制胜敌人的根本法则之一。"

(三)《孙子兵法》提出了为战争的胜利准备条件,并争取主动的原则。《孙子兵法》中说,打胜仗的军队总是先准备好了一切胜利的条件然后求战;相反地,打败仗的军队总是不知道准备好胜利的条件,先打仗再求胜。他说:"胜兵先胜而后求战,败兵先战而后求胜。"(《形篇》)《孙子兵法》中经常提到:"善战者立于不败之地","先为不可胜以待敌之可胜。"(《形篇》)正由于准备充分,能立于不败之地,所以要处处争取主动,要指挥敌人,不要被敌人指挥:"善战者致人而不致于人"。(《虚实篇》)能够做到这样,我方无论进攻或防守就都有把握。

(四)《孙子兵法》虽然是一部杰出的军事学的著作,可是它没有陷于单纯军事观点,它没有主张战争万能论。它能够从比战争更广泛的范围来估量战争。它说:"不尽知用兵之害者,则不能尽知用兵之利也。"(《作战篇》)

孙子指出最好不要用战争而取得胜利:"百战百胜,非善之善者也;不战而屈人之兵,善之善者也。"(《谋攻篇》)因此孙子虽然没有认识战争和政治的关系,但是它已初步接触这一问题的实质。它说最好的策略是粉碎敌人向我发动战争的企图(上兵伐谋);其次的策略是利用国家之间的矛盾,孤立敌人,使他不敢发动战争(其次伐交);再次的策略才是用兵作战(其次伐兵);最下的策略是攻城(其下攻城)。

《孙子兵法》不能不受到历史条件的局限,因而也不可避免地带着一些不好的东西。

毫无疑问,现代战争与古代战争是迥乎不同了,孙子的许多原理是大大过时了,其治兵的方法更是过时了。但是,这位伟大的古代军事家给我们留下的遗产是极其宝贵的,是有很大研究价值的,我们必须批判地加以接受。

韩非哲学的性质 *

问：法家的创始者韩非子的学说是唯心的还是唯物的（江苏孙宅巍）？

答：评判一个思想家，特别是古代的思想家，不能够简单化。因为他们不一定是彻底的唯物论者或彻底的唯心论者。但是，一个哲学家到底属于唯心或唯物的阵营，也应该找出基本的区别。

韩非的哲学思想，基本上应当属于唯物主义阵营。他的唯物主义观点和倾向主要表现在以下几个问题上：

（1）对鬼神问题，也就是对宗教迷信和无神论的问题，韩非是明确的无神论者。韩非尖锐地指出，治理国家如果相信鬼神而不努力改革政治，就会亡国。对宗教迷信提出了不调和的批判。

（2）对于社会历史发展的看法，韩非反对上天决定社会历史的陈腐观念，他提出了杰出的人物（圣人）创造文化、推动历史的

* 原载《历史教学》1956 年第 10 期"问题解答"。标题为此次整理编者所加。

理论。对于前一种观念来说,韩非的思想显然是比较注重实际的。

(3)对于道德问题,韩非反对人类有天赋道德观念。他提出人类所关心的是自己的利益,人们为了个人的利益才会努力工作。

总的看来,韩非的思想是和当时的宗教迷信对立的,是和当时阻碍社会发展的顽固保守力量对立的。在客观上,韩非的思想对宗教迷信不利,而对于当时的科学思想的发展有利。因此,我们可以说韩非是属于唯物主义阵营的思想家。

但是也必须指出,韩非的唯物主义并不是彻底的。他夸大了个人在历史上的作用,把人类的自利当作推动社会的动力,把社会的发展简单地看作生活资料占有的欲望,他的性恶论也有唯心的色彩,这些观点都是和我们今天科学的唯物主义的历史观不一致的。

孟　子 *

身世和师承

　　孟子姓孟名轲,生于公元前 372 年,死于公元前 289 年,是战国时孔子学派的一位著名的思想家。他是鲁国的邹(在山东省邹县)地方的人,是鲁国的贵族孟孙氏一族的后代。但是在孟子以前若干世代,已失去了贵族的地位,所以孟子的父亲、祖父以及以上各代的名字也失传了。孟子这种没落贵族家庭出身的情况十分像孔子。孟子是靠他个人的社会活动和学术地位而知名的。

　　据说孟子的母亲是一位聪明能干、关心子女教养的妇女。当孟子还是小孩子的时候,家住在靠近坟墓的地区(从这一点可推知孟子幼年家境贫困),孟子天天学做埋葬死人的游戏。孟子的母亲认为这个环境对孩子没有好处,就搬到一个市场附近的地区居住。因为靠近市场,孟子天天学习论价钱、做生意的游戏,他母亲认为这也不能使自己的孩子增长知识,又开始第三次

---

　　* 原载《中国青年》1956 年第 18 期"中国思想家人物志"。

搬家。这一次搬到了一所学校的附近。由于耳濡目染，孟子也学习学校里学生们读书、行礼的举动。这是孟子接受鲁国传统文化的开始。

以后，孟子跟着子思读儒家的经典著作，正式继承了孔子的思想。按照学术传授的系统来说，曾子（姓曾名参）是孔子的学生，孔子的孙子子思（孔伋）是曾子的学生。孟子是孔子第四传的学生。从孔子到孟子中间相隔107年，他们中间思想传授的线索是清楚的。孟子自称是孔子学派的继承人，事实确是这样。但是孟子并不是简单地继承孔子的学说。他在某些方面修正和发展了孔子的学说。

时代和著作

战国时代，中国社会激烈地变化着，旧贵族处在新时代的面前更加显得无能，他们在统治人民、管理军队方面的本领都很差。因此不得不以高官厚禄来招聘一些有专门知识的"士"来帮忙。战国时代各国养"士"的风气比春秋时盛得多。孟子成名以后，受到当时各国君主优待。孟子到各国游说的时候，经常有几十辆车子和几百名随从人员（里面有他的学生和服役的人），比起春秋时代孔子的生活来，显然阔气得多。孟子曾在齐国作过一短时期官，此后一直没有机会参加政治，和孔子一样，在各国诸侯之间游说，希望实现他的政治理想。他一生活动的地区不出今天山东、河南一带。幼年和中年在鲁国，中年成名以后，在齐国、魏国。除了在他家乡鲁国住的时间较长以外，他在齐国住得最久，其次是魏国、滕国，还有其他小国。

孟子生活的时代，是战国时代学术思想最活跃、百家争鸣的时代，由于当时阶级的分化，社会上涌现了各种思想流派。就和孟子先后同时,有专门带兵打仗的军事家,像吴起、孙膑、庞涓;有主张变法图强的法家,像商鞅、申不害;有专门进行外交活动的纵横家,像公孙衍、苏秦、张仪;有宣传隐居退守的杨朱学派;有宣传唯物主义的稷下学派,像宋钘、尹文、田骈、慎到;至于春秋以来影响广泛的墨家更是儒家的有力的敌人。孟子在思想上,为了发挥孔子以来儒家宣传仁义的主张,必须对其他各派展开激烈的思想斗争。

孟子的政治主张不像纵横家、军事家或法家那样,实行后马上可以见效,所以孟子尽管在当时享有很高的荣誉,但各国的国君都认为他的办法空洞、不切实际,因而各国都不采纳他的政治主张。孟子一生也和孔子、墨子一样,始终找不到实现他的政治理想的机会。他到了老年,不得不也走了孔子所走的道路,和学生们讲学著书。现在保有下来的《孟子》这部书,就是他们活动的记录。

《孟子》这部书约三万五千字,是孟子学生们的笔记,里面记载着孟子的政治活动,有关学术问题的问答,以及和其他学派的争论。这部书生动地反映了当时百家争鸣、思想斗争的实况。由于这部书说理透辟,文笔犀利、流畅,能够深入浅出,因而被公认为是少数优秀的古代散文的典范。孟子不但是一个哲学家,在文学史上也有很高的地位。

贵王贱霸的政治主张

孟子继承了孔子"仁政"的理想,他认为只有推行"仁政",才是稳定社会秩序的唯一办法。仁政的主要措施之一就是恢复井田制度。据说古代每八家划作一个生产单位,把田大致划成一个"井"字的样子。每一家耕种一百亩(相当于今天的三十亩)。

"井"字中间的一块田是贵族的,叫作"公田";八家农民的田叫作"私田"(私田的所有权并不归农民私人所有)。农民共同负责耕种中间的"公田"。"公田"的收获物全部归贵族所有;私田的收获物归农民自己。这是比较原始的一种对农民的剥削方式。春秋中叶以后,井田制度就改为按每亩的实际收获量按比例收租。这样,贵族可以不必监督农民生产,可以不必照顾农民的耕作季节,可以随时征调农民去作战,也可以刺激农民加紧生产(因为生产得多,农民也可以多留一些)。所以到了战国时期,井田制度不能复活了。孟子这种想法是开倒车的,行不通的。

但是孟子的主观愿望认为井田制恢复,可以使农民的负担相对地减轻,可以减少一些战争。孟子把他的理想建筑在"仁政"的基础上,认为只要国君天良发现,从思想感情上关怀人民,人民就可以过着幸福的日子。他无法理解,在敌对的阶级社会中根本不可能使剥削的阶级不剥削。所以孟子的"仁政"的理想,只能是个空想,不可能实现。

孟子看到当时贵族们残酷的剥削会引起统治秩序的崩溃,为了统治者们的长远打算,他提出了"省刑罚,薄税敛"的口号。并且他以愤激的感情揭露了贵族们不顾人民死活所造成的罪恶。在某种意义上说,也是对贵族的警告。他指出当时情况是:

> 厨房里堆着肥肉,马棚里养着肥马,可是农民脸上有饥饿的颜色,野外躺着饿倒的僵尸,这真是带着一群野兽在吃人啊!

当时那些荒淫无耻的贵族非常欣赏儒家尊君的主张,因为孔子以来就宣称臣对君要忠顺,不允许造反。有一次齐宣王和孟子谈话:

> "听说古代汤把他的国君夏桀赶跑了,武王把他的国君

纣打败杀死了。有这样的事吗?"齐宣王问。"在古书上是
这样的记载着",孟子回答。"为臣的居然造反,杀死他的国
君,可以这样做吗"? 齐宣王问,并希望孟子能够为了国君
的利益发表一些只能服从,不能造反的议论。他料想不到
孟子说:"伤害了'仁'的原则的人叫做'贼',伤害了'义'的
原则的人叫做'残';具有'残'和'贼'这种品质的人叫做
'光棍',我只知道古代曾杀掉了一个'光棍'叫做纣的,没有
听说以臣杀君。"

孟子这一段激烈的议论,不但说得齐宣王张口结舌,连后来孔孟
的追随者都觉得孟子这些话不大像圣贤口吻。我们今天看来,
这种让贵族们听来感到不舒服的言论,正是孟子思想中光辉的
部分。

孔子只谈到君要像个君的样子,臣要像个臣的样子。至于
那些君不像君、臣不像臣的人,孔子没有进一步表明态度。孟子
对君臣的关系提出了他的相对义务的观点,君对臣不能有绝对
的权利。他说:

> 君待臣像手足,那末臣待君就像腹心一样;君待臣像犬
> 马(只养活他,使用他,但不尊重他),那末臣待君就像路人
> 一样(各走各的路,互不关心);君待臣像土芥(看得一文不
> 值),臣待君就像仇敌一样。

孟子又说过"民为贵""君为轻"。孟子这种极有价值的思想,几
千年来,一直在人民口头传诵着。事实上,后来的进步思想家多
半从孟子那里得到启发。我们应当认为孟子的思想中这一部
分,可以算是中国古典哲学中民主思想的萌芽。

孟子一方面提倡仁政,他认为能推行仁政的人可以为"王"。
另一方面,又反对"霸政"。晋文公和齐桓公,是春秋战国时代知
名的强国的国王,先后都做过各国诸侯的盟主。可是孟子却认

为他们是不值得称道的。那么,王与霸的分别在什么地方呢?孟子认为,以德来服人的叫作"王"。在孟子看来,德的主要内容就是"仁义"。如果是以力来服人的叫作霸。孟子所说的力,是武力。孟子贵王贱霸的政治主张,是针对当时各国诸侯互相争战来说的。这种主张的目的在于减轻人民的痛苦,缓和阶级矛盾,但对于当时社会矛盾发展的必然趋势来说,却是不合时宜的。

劳心和劳力

孟子说,社会上必须有两种人,一种是劳心的,另一种是劳力的。孟子认为:

> 劳心的人统治人,劳力的人被统治;被统治的人养活人,统治人的人被人养活。这是天下的普遍原则。

孟子这种社会观点,后来被历代的剥削者利用起来,作为人剥削人的理论根据。几千年来,剥削阶级都认为是"天下之通义"。我们应当说,在很长久的时期内它是起着反动的影响的。

但是我们对孟子的这种社会观点也要加以具体的分析。孟子这段话是为了反驳许行的学说才提出来的。墨子学派有一个叫许行的人,认为人人都应当自耕而食,自织而衣,国君和人民一样,也应过这样的生活(即所谓"君臣并耕")。许行这话的目的在于反对压迫和剥削,这是好的。但他在反对压迫和剥削的同时,把社会的分工也反对掉了。这是不符合历史发展的情况的。从原始公社制到奴隶制社会,在科学和文化发展上跃进了一大步,这里重要的原因就是由于奴隶制社会有了体力和脑力劳动的分工。有了一部分人从事于体力劳动,从事生产,才有可能腾出时间,使少数人从事于科学和其他文化创造研究。我们一方面要揭示出剥削制度的不合理,一方面也要承认它在历史上是必然的历史阶段。在剥削制度存在的社会里,要抹煞劳心和劳力的差别,是非科学的态度。奴隶制社会的文化之所以高出于原始公社制社会的文化,其原因之一就在此。

因此,孟子主张劳心和劳力的分工,和他对二者关系的认识,和许行的空想主义比起来,倒是应该说是进步的,现实的。而许行要人为地否认这种分别,反而是倒退的、不现实的思想。

我们也要指出,严格说来,劳心和劳力应当指的是对于物质和文化财富的创造性的劳动,应当指的是农民、手工业者、科学家、文学家等。因为只有他们才能创造财富。至于那些吃得脑满肠肥的贵族们,只是寄生在人民身上,懒得连政治也不肯管,他们既没有劳力,也说不上劳心。孟子的劳心和劳力的区别的说法,一部分是对的,因为他有分工的意义;一部分是有阶级目的的,因为他确实为剥削制度辩护。但是,在当时的社会历史条件下,消灭剥削、废除阶级实际上是不可能的。什么是剥削,什么是社会分工,这两者之间的区别,只有今天我们才有条件能把它指出来,孟子时代的人是没有能力对它加以区别的。

性善说

另一个影响深远的学说就是他的"性善"的学说。孟子认为每一个人生来都具有善良的本性。孟子曾举过一个有名的例子说明他的性善说。他说,当人们看到一个小孩在井边爬,快要掉到井里去的时候,不管是谁,只要看见,首先就会想到如何挽救这个孩子。孟子把人们当时这种心情叫作"仁",又叫作"恻隐之心"。孟子说这种"恻隐之心"就是人与人相互关怀的共同的思想基础。

孟子举的这个例子很雄辩，因而曾说服了当时不少的人。他从这个例子出发，推论出去，他断定人类的感觉器官如耳、目、口、鼻的功能作用，既然大家差不多，人类的嗜好也大家差不多，可以想见人类的道德思想意识也应当大家差不多。因而认为仁、义、礼、智是人类的共同本性，都是善的。所以孟子说人性善。

孟子认为：人类的本性虽然是善的，但也还需要后天的修养。修养的方法是不断地扩充人的本性。这样不断地扩充，最后就可以成为一个"大丈夫"；得志的时候和别人一起来实行仁义，推行自己的主张；不得志的时候，就自己一个人来实行自己的主张；做到"富贵不能淫，贫贱不能移，威武不能屈。"孟子认为具有这种精神的人，便是具有所谓"浩然之气"的人。

孟子是以他的性善说来作为他的许多主张的理论根据的。但是今天我们看来，孟子的性善说是难于成立的。因为孟子把他所代表的贵族阶级利益的道德观点硬说是人类共同的道德观点，把阶级的偏见强加到其他阶级的人们的头上，这是错误的。在孟子和当时的贵族阶级看来，君臣、父子的伦理秩序是天经地义，是出于人的本性，这就是把他自己本阶级所要求的"人性"当作了全人类的"人性"，并且叫它作"善"的。

事实证明孟子的这种观点不正确。既然在阶级对抗的社会里，每一个人的思想意识不能不打上阶级的烙印，特别是涉及本阶级利益的时候。所以墨子为小私有者和手工业提出了某些政治要求的时候，孟子就武断地骂墨家是"禽兽"，认为他们的主张和要求是违反人类的善性。可见这种阶级偏见的严重和不可避免。至于孟子所举的看到小孩子将要掉到井里去的例子，是一个不牵涉到阶级利益的例子，和为一定阶级服务的仁、义、礼、智的道德规范不是一类事物。如果不涉及阶级利益的关系时，是可以为各阶级所共同接受的,这种事例在人类社会生活中是常有。但由此便推论出甘心忍受剥削和压迫(一切剥削阶级的道德都是宣扬剥削是合理合法的)是出于人的善性,从而说受剥削、受压迫的本性是人类生来就有的,这显然是错误的。孟子的性善说正是犯了这个错误。

孟子是孔子以后的一位儒家的大师,在他的学说和思想中,有唯心主义的成分和为剥削制度辩护的地方;但同时也有着很多可贵的民主思想的色彩。这些民主思想色彩,在中国历史上起过一定的积极的作用。

庄　子[*]

　　庄子姓庄名周,是战国时代宋国蒙(现在的河南省的东北部)地方的人。庄子和孟子同时,比孟子略晚一些。据有人考证,孟子见齐宣王、梁惠王时,已到了老年,这时庄子在政治上和学术上还没有展开活动。孟子和庄子没有见过面。

　　庄子的出身不很清楚。据推测,庄子可能出身于没落的贵族。他和当时一般没落贵族不同的地方,就是他是一个博学能文的学者。他非常看不起当时那些为了个人名誉地位到处奔走找官做的读书人。他希望过着自由的生活。

　　有一个比较短的时期,他做过蒙这个地方"漆园吏"(管理漆树园的小官吏),这个职位他也没有干了多久。后来他可能也和战国时代其他的思想家一样,开始讲学著书。庄子的生活很贫困,在穷得没有办法时,曾向监河侯(一个管理河道的小官吏)借过米;有时靠打草鞋过活;他曾穿着补了又补的粗布衣服见过魏王,连草鞋上的带子也是断了又结起来的。

　　庄子的著作保留下来的共有三十三篇,这部书名就叫作《庄子》。这部书中只有极少数的几篇是后人伪造的。有些人认为

---

　　[*]　原载《中国青年》1956 年第 19 期"中国思想家人物志"。

止有开首的七篇是庄子自己写的,这种说法不正确。

《史记》上写庄子的为人,有这样一个故事:楚威王听说庄子有学问、有才干,派了两名使臣,带着贵重的礼物,聘请他作楚国的宰相。不料庄子笑着对楚国的使臣说:"千两黄金确是很重的聘礼,宰相也确是尊贵的职位。你们没有看见过祭祀天帝时供神用的肥牛吗? 养了好几年,把它养肥之后,宰杀了,给它盖上绣花的单子,抬到太庙里去。试替这只被宰杀的肥牛着想:这时候他即使想当一只又瘦又小的猪崽,办得到吗? 你们赶快走开,不要玷污了我。我愿意终身不做官,只图个精神痛快。"

穷困的生活并没有压倒庄子的理想,他穷得有志气。《庄子》书中记载着一个生动的故事:

宋国有一位叫作曹商的人,宋王派他出使秦国。他去的时候只得到宋国的几辆车子。到了秦国,秦王很高兴,赏给他百辆车子。他回到宋国,见了庄子,对庄子说:"您住在破旧的巷子里,穷得织草鞋,饿得颈子细长,面孔黄瘦,这是您的长处;至于一旦见了大国的国君,就能搞到上百辆车子,这就是我的长处了。"从曹商的话中,不难想见这位暴发户是怎样在他的同乡面前炫耀自己的财富和能干,显然有些昏头昏脑、得意忘形了。庄子对他说:"我听说秦王得了痔疮,找医生给他治。谁能把痔疮弄破,就得到一辆车子;谁能舐他的痔疮,就得到五辆车子;治病越治得下流,得的车子就越多。你是不是给秦王治过痔疮? 怎么得到这么多的车子呢? 去你的吧!"

庄子和惠施是好朋友,惠施曾作过魏国的宰相。有一次惠施路过孟诸(地名),有车马百辆相从。这时庄子正在钓鱼,他见到惠施那种煊赫的气势,很看不惯,连自己的鱼也觉得是多余的东西,就把它抛到水里了。

庄子这种不慕富贵、不求荣利、对当权派的恶势力采取轻视、嘲笑的态度,但又不愿意走革命的道路,就是所谓"清高思想"。有"清高思想"的人,虽然不免常常被恶势力所利用,但比那些甘作恶势力帮凶的势利小人,要好得多。庄子的"清高思想",开辟了反传统、反权威的先例。几千年来,中国历史上有许多进步思想家,在反传统、反权威、反宗教迷信这些方面,确实吸取了庄子思想中的这些积极因素。

庄子是中国古代一个非常聪明的哲学家,他在哲学的根本问题上,有不少的创见。庄子观察了自然界事物的变化,他提出:一切事物没有停止不变的时候,而且这种变化不是什么神的意志使它变的,而是事物自己在变的。他继承了老子思想中的辩证法因素,这是我们对他的哲学要加以肯定的。古代的科学还没有今天这样发达,人们对于自然界的变化和发展,为什么有生,为什么有死?为什么有人富贵,为什么有人贫贱、受压迫?为什么有春夏秋冬的分别?这一系列的问题不能得到解答时,宗教迷信思想就活跃起来。当时的进步思想家,像庄子这些人,针对宗教迷信所宣扬的上帝安排一切的谬说提出了要从自然界本身中找寻解答。庄子的伟大贡献就在于他反宗教、反迷信。

但是,他把辩证法引向了消极的方向。他说,既然有新生的东西,就会随着新生的东西添了新的麻烦,如果没有新东西的产生,这新的麻烦也不会产生。所以庄子看到事物在飞跃地变化矛盾中,他无能为力,又不能制止,于是就感到有些悲观、消极,甚至发出了无可奈何的慨叹:

> 人们和所处的环境之间,有时违逆,有时顺适。人生就是在这种违逆顺适的情况下,像快马一样地奔驰过去,谁也不能使这种情况停止下来,这不是很悲哀的吗?终身忙忙碌碌,而看不见成功,困顿辛苦而不知哪里才是归宿,不也是很哀痛的吗?

庄子的思想,反映了没落贵族阶级的思想意识。在战国时代,阶级变化非常剧烈,贵族中间有一些人由贵族的地位下降为平民,而这种变化,在没落阶级看来,既是不可避免的,又是不被欢迎的。在被历史的规律所决定的阶级看来,这确是一个悲剧。

矛盾对立的原则是客观的存在,庄子也看到了这个事实。但是他不敢正视矛盾,迎接矛盾,克服矛盾。他认为既然有永远克服不尽的矛盾,最好是:少做事,少行动,少出主意,少变革,这样就可以少遇到新的麻烦。这种消极退守的人生态度,就是今天我们还经常遇到的"多一事不如少一事"的人生态度。从这里出发,庄子在处世接物上,就变成了玩世不恭的态度。庄子说:他若像婴儿那样,我就也跟着他学婴儿那样;他若没有威仪,我便也和他一样没有威仪。庄子的人生态度是极不严肃的。这一点和儒家、墨家大不相同。儒、墨的人生态度,尽管也有偏见,但他们可以为了他们的理想牺牲性命,他们能产生悲剧性的"殉道"者。庄子学派的人生态度却是随随便便,得过且过的,他们中间不可能产生殉道者。中国历史上也有不少的不敢面向现实、不敢对不合理的社会进行正面斗争的思想家,他们往往是采取了庄子思想中这些消极因素。

人们在日常生活中总不免遭遇到一些和主观愿望相违背的事。在阶级对抗的社会里,首先使人感到痛苦的是阶级所造成的贫富贵贱的对立。被压迫的阶级不自由,要进行反抗,压迫人的也要费尽心机,镇压人民的反抗。在自然条件方面,人们总是希望长寿,不愿意夭死。许多人对于这类的问题提出了不同的解决办法。庄子认为世界上的万物万事都在变化着、发展着,没有一刻暂停的时候,因为世界上任何东西只是相对的存在,不是绝对的。比如说,古代传说有个长寿老人(彭祖),活了八百岁;但在庄子的眼光看来,寿命的长短是相对的,比起整个宇宙的寿

命来,彭祖只能算"夭折"。他说:

> 算一算,四海在天地之间,不就像瓦罐在大湖中吗?中国在四海之内,不就像粟米在太仓中吗?人类在万物之中,不过是其中的一物。人类在九州之中,能够耕种的地方,身体所能通行的,也只是其中的一部分。

总之,他认为人在整个自然界中,仅仅占一个极不重要的地位。从自然界的观点来看,世界上的一切,不论贵贱贫富、生死、毁誉、大小、美丑……都是一样,都是相对的。《庄子》书上有一个故事,说庄子妻子死的时候,庄子不但不哭,反而"鼓盆而歌"。有人问他为什么这样?他说:开始我也有些悲痛,但又一想:天地间本来没有人,后来才有的,现在人死了,是又归于无。这是很自然的事,所以反而觉得高兴了。还有一个故事说:庄子快死的时候,他的弟子要"厚葬"他。庄子反对。他说:我以天地为棺椁,以日月星辰为珠宝连璧,以万物为食物。我什么东西都有,为什么还要"厚葬"?弟子们说:我们怕乌鸦吃你呀!庄子说:你们怕乌鸦吃,却把我埋在地下让蝼蚁来吃,这太不公平了。

自然界的任何变化发展,人都不能有所改变。由于自然界的变化,才使得万物有变化。所以庄子要以自然界为老师。他对伟大的自然界发出由衷的歌颂:

> 老师啊,老师!您粉碎了万物,但不能算作暴戾;施给万世的恩惠,但无法称作仁慈;您比辽远的上古还悠久,但不足以说明您的长寿;您包罗天地,雕刻出万物的形象,而无从称赞您的技巧。

这就是说,自然界本身是伟大的造物者,它是永恒的,无限的,是第一性的存在。在这样的意义下,庄子是个唯物主义者。

承认客观世界的独立存在,并服从它的规律,这是庄子思想中正确的地方。但庄子却完全做了"自然"的俘虏。他说,最好的政治,即使像尧那样好的君主,他使天下人以生活为快乐,也是破坏了人生的自然状态,算不得幸福;如果有像桀那样的坏君主,他使天下人感到生活的困苦,使得人们失去了人生自然安静的状态,更说不上幸福。真正的幸福是大家都过着极度自由的生活,无拘无束,好似互不关心,但是却有最大的快乐。他用了一个生动的比喻,来攻击当时儒家和墨家竭力宣传"仁义"的学说不妥当:

> 天干了,一群鱼失去了水,挤在泥塘里,他们用唾液互相湿润。像这样的互相关心,怎能比得上在江湖中自由地游来游去的互不关心呢?

庄子认为,一切社会政治、文化、礼教,都是限制人性的自由发展的,人性中没有这些。像孔孟这些学派,尽管讲的是什么仁义,要大家互相关怀,其实这种办法只能给人带来痛苦,倒不如不谈什么仁义,大家像鱼在江湖中互相忘记,倒是幸福的。

在自然的面前,一切人为的东西都显得是那末渺小、不足道。所以庄子大胆地嘲笑那些服从权威、信仰旧传统的保守分子。庄子认为那些谨守古训的"君子",不过是抱着古人的尸体不放,违反了自然的规律,实在可笑得很。他们开口"先王",闭口"圣人","圣人"早已死了,他所留下的一些制度,不过是束缚人性的绳索罢了,都是骗人的。庄子在这里,的确看到问题的一方面:因为当时虽然有许多人在那里讲仁义,说道德,制定出礼乐制度,然而,人民的生活还是很痛苦的。但是庄子为了反对剥削制度的文化,他就归罪于文化本身,认为人类的苦难是文化带来的。照庄子的见解,非要把人们引向蒙昧的原始状态不可。这在事实上既不可能,在理论上也是讲不通的,庄子没有看到文化给人类带来的幸福。庄子看见自然界的作用,而没有看见人类的主观的能动作用,所以荀子说庄子的缺点是"蔽于天而不知人"。这种批评是中肯的。

庄子处在战国时代,那时在学术思想上是百家争鸣的时代,每一家每一派都有他的主张,都用他们的主张向不同的学派展开斗争。庄子是怎样对待这个问题呢?他主张"齐物"。所谓"齐物"就是根本无所谓真理,一切都是相对的,对这人是对的,对别人也许是错的。所以,无所谓对的错的,"此亦一是非,彼亦一是非"。庄子曾举过一个有趣的比喻说明他的观点:

人们睡潮湿的地方,就会腰痛半身不遂,难道鳅鱼也是这样吗?人们上到树上就害怕,难道猴子也这样吗?这三种动物(人、鱼、猴子)中哪一种知道真正的住处?

人们吃牛羊肉类,麋鹿吃草,蜈蚣喜欢吃蛇,猫头鹰喜欢吃老鼠,这四种动物哪一种知道真正的口味?

毛嫱丽姬,人类认为漂亮,可是鱼见了她们就沉入水底,鸟见了她们就高飞,麋鹿见了她们就飞快地跑掉,这四种动物哪一种知道天下的真正的美呢?

庄子从此得出世界上没有绝对真理的结论,这种看法显然是不对的。因为庄子所举的例子首先混淆了事物的分类,不同类的事物不能拿在一起相比。人和鱼不同,鱼和鹿也不同,怎能有一个共同感觉的标准呢?当然不能。庄子却企图用不同的类之间没有共同标准这一事实,来证明世界上根本没有绝对真理。

庄子认为,真理既然没有客观的标准,那还有什么争论的必要呢?他说,各家各派的辩论胜了的也未必对,失败的未必不对。也许两者都不对,也许两者都对。所以最好的办法就是不辩论,对任何问题都不了了之。世界上的是非,本来就是无所谓,如果还他一个无所谓,也就自然解决了。任其自然,自然也就明白了。这就是庄子所说的"以明"的方法。

从前有一个下棋的高手,他的弟子向他请教怎样才能必胜;

他说必胜很难学,他自己也没有把握,倒是有一个办法可以不输,弟子们觉得能不输也很好,再三向他请教,他说要不输很容易,就是不下棋。这虽是个故事,倒也不是现实世界不存在的。这种"诀窍"庄子早就提出来了。

庄子看来,世界是太大了,世界上的事物也确实太丰富了。而人类的寿命有限,知识有限。以有限的寿命、有限的知识要想对世界的事物做出正确的认识,是不可能的。认识总难免不全面,做事总难免犯错误。他说:弹琴时,弹了悲哀的曲调,就不能同时表现快乐的感情。最好表现感情的方法就是不弹琴,这样没有表现,也就没有欠缺。

庄子认识到我们所生活的世界是极丰富多彩的,是无限的。就这一点来说是正确的。但是他的没落贵族的阶级意识的偏见,使他不能采取正面的、积极的方法从实践中逐步认识世界,改造世界,并从实践中纠正错误,消灭错误。相反地,他是从消极方面着想:怕认识错误,就不去认识;怕行动错误,就不去工作。当然这样确实可以不犯错误,可是我们试想想,这样一个人,尽管他活着,和一个死人有什么区别呢?

庄子在文学史上的地位,应当说,比他在哲学史上的地位更为重要,他是中国文学史上第一流的文学家。庄子的作品成为几千年来中国文学家所必读的文章典范之一。庄子能把极深刻的理论用生动的、文学的语言表达出来。他的著作中有诗的想象,有引人入胜的人物对话。《庄子》书中的人物是有生命的。《庄子》这部书是一部优美的寓言和故事集。他的寓言和故事充满了有生活气息的、大胆的、奔放的想象力。从庄子的著作中体现了中国古代人民素朴的、丰富的幻想。它不加雕饰而清新活泼。

庄子的文章启发了人们思想的道路;他的文章中没有板起

面孔说教的气息，而是那末平易近人，使人读了感到亲切自然。鲁迅称道庄子的文章是"汪洋捭阖，仪态万千"，在先秦诸子中没有人能比得上他。这种称许，一点也没有夸张，实际情况确实如此。

介绍老子的哲学 *

从古到今关于老子的著作不下几百种。但是其中绝大多数是从唯心论或宗教徒的观点来解释的,因而可资参考的并不太多。欧美资产阶级学者关于《老子》的译文和论述,仅最近五十年来,先后用英、德、法各种文字发表的共有一百多种。这些译述也都是从资产阶级的观点写的,没有什么参考的价值。

现代的一些先进的科学工作者,像郭沫若、范文澜、侯外庐、吕振羽都对老子的思想做过系统的研究,都是从马克思主义的观点对老子思想进行过分析,他们的见解和结论虽然还不一致,但对于今后研究老子哲学的人有极重要的启发作用。

老子的哲学也引起了国际哲学工作者的注意。苏联的《百科全书》中,苏联的《世界哲学史》的讲授大纲中都对于中国的老子的哲学给以很高的评价,认为老子是中国古代唯物论思想的代表人物。苏联杨兴顺教授的《中国古代哲学家老子及其学说》一辑(目前还没有全部的译文出版),也引起中国哲学界的广泛的注意,最近民主德国的学者正打算把它译成德文。保加利亚学者季连绰已把《老子》一书译成保文。以上这些研究的成绩和

---

* 原载《光明日报》1956 年 1 月 11 日"哲学"第 48 期。

努力都是值得称赞的。

除了我们的朋友，所做的工作之外，我们的敌人，帝国主义的御用学者像罗素，像蒋介石的走狗胡适，都千方百计故意曲解老子的学说，借此诬蔑中国文化。

以上这些事实表明我们哲学工作者要深入研究老子哲学，做出科学的评价，另外也要随时注意批判帝国主义分子歪曲中国哲学家的语言。目前这两方面的工作，做得都还不够。

关于老子这个人和《老子》这部书的时代，从汉代起，就有不同的说法。一派认为老子是孔子的老师，和孔子同时，略早；一派认为老子的时代比孔子迟，书也是战国时期的产物。双方很多重要的理由可参看罗根泽编的"古史辨"第四册。

到目前为止，郭沫若先生的说法是比较稳妥的。他在《青铜时代》书中说：

由上三种秦汉以前的典籍（作者按：《庄子》《韩非子》《吕氏春秋》），可知老子即老聃，曾为孔子之师，在秦汉以前人并不曾发生过问题。（《青铜时代》234页）

又说：

我的见解……老子确是孔子之师老聃，《老子》书也确是老聃的语录，就和《论语》是孔子的语录，《墨子》是墨翟的语录一样。

《论语》虽然不是孔子的手笔，《墨子》虽然不是墨翟的手笔，但其中的主要思想我们不能不说是孔子和墨子的东西。同这一样，《老子》虽然不是老聃的手笔，但其中的主要思想，仍然是老聃的创见。秦汉以前的人都是我们的证人。汉人所提出来的老莱子和太史儋，实在是不能冒牌的。（同上，238页）

为什么说老子的哲学是唯物论的而不是唯心论的？目前还

有不少学者认为老子是唯心论者而不是唯物论者。为了说明这个问题,有回溯一下哲学史的发展的必要。

唯物论从来就是和宗教迷信站在对立的地位的,唯物论从来就是给科学开辟道路的,唯物论经常是反映进步阶级的思想意识的。至于唯心论就刚好和唯物论相反。

春秋末期,世袭贵族的势力已成为社会发展前进道路中的绊脚石。他们拼命维持旧制度、旧礼教和宗教迷信。他们借宗教迷信,借"天"和"鬼神"的力量从精神上奴役人民。事实上,"天"和"鬼神"在很长时期内支配着广大人民的生活习惯,麻醉着人民的反抗意志。

正因为"天"和"鬼神"在当时是一种思想武器,所以春秋战国时代的唯心论和唯物论的哲学家没有一个不对这一问题表明态度的。两派提出了对立看法。唯物论者反对宗教,提出了科学的看法;唯心论者拥护宗教,提出了反科学的看法。反对宗教迷信的哲学家有老子、庄子、荀子、韩非等人;拥护宗教迷信的哲学家有孔子、墨子、孟子等人。古代的哲学思想战线上,就这样展开了宗教与反宗教、科学与反科学的斗争。这就是古代唯物论和唯心论斗争的基本内容。因为在当时来说,对人民的精神压力最大的不是别的,正是宗教的势力。

老子的哲学是有意识地、明确地运用当时可能达到的科学知识,对"天"(或"上帝")提出了不信任,并严重地打击了"天"(或"上帝")在人民中的威胁。"天"不再是神怪化的东西,不再是至高无上的权力、意志的神,而是自然的"天空",它是和"地"相对待的物质性的东西。天也要得到世界发展的总规律才能清明(天得一以清);天不是最根本的东西,最根本的东西是"无名"(无名天地之始);天也有它的规律("天之道""天道无亲");"道"的出现远在上帝之先(象帝之先)。老子的"天"的意义和后来庄子、荀子的"天"的意义是相同的,和孔子、墨子以及后来孟子的"天"的意义是针锋相对的。

老子的哲学的作用,在于打击当时的宗教迷信,为科学的发展开辟了道路,同时也对于进步人类的思想起着解放作用。这是唯物论必然产生的结果,也是唯物论的使命。

也有人怀疑:"道"是无形象的东西("无状之状,无物之象""绳绳不可名"),是看不见摸不着的东西("视之不足见,听之不足闻""道之为物惟恍惟惚"),甚至不能用言语形容("吾不知其名,字之曰道"),它应当是精神性的而不是物质性的。

以上的怀疑是没有根据的。我们试把老子的哲学和古代希腊的唯物论相比较,就容易发现古代的唯物论都是素朴的唯物论,有它们共同的特色。古代希腊的米利都斯学派中的安那克西曼德认为万物的本源是无限;安那克西美认为万物的本源是气。至于稍后的赫拉克利图认为万物的本源是火。"无限"和"气"固然是看不见的物质;即使是赫拉克利图的"火"也不就是烧饭取暖的"火焰"而是指的"按规律燃烧着,按规律熄灭着的永恒的火"(《联共(布)党史简明教程》,莫斯科中文版,142页),它是一种原素,可以转变为"气""水""土"。

恩格斯论古代希腊的唯物论时,他说:

> 因此,在这里完完全全已经是一种原始的自然发生的唯物论了,它一开始便十分自然地把自然现象无限多样性底统一看作是自明的东西。[①]

根据恩格斯的指示,老子的"道"恰恰具有上述的意义。恩格斯又指出:

> 唯物论的世界观,就是简单地理解自然,按其本来的面

[①]　《自然辩证法》,人民出版社,第4页。

目去理解,而无须任何的附加。[1]

唯物论的立场和宗教唯心论企图在世界以外去寻找世界规律就是根本不同的。承认世界的客观规律,和它的物质性,并不是说只有看得见、摸得着的东西才算物质。这样就会陷入马赫主义者的错误。马赫主义者,正是企图用主观唯心论否认物质存在的客观性,这种错误的见解早已遭到列宁的批判。列宁指出:

> 因为物质底唯一底"特性"——哲学的唯物论是与承认这个特殊性联系着的——乃是物质之作为存在于我们的意识之外的客观实在的特性。[2]

现在也还有人要问:老子的"道"是无限的,是最根本的存在,它比上帝更根本,并不以人的意志为转移。"道"是精神性的还是物质性的? 如果"道"是精神性的,那末,老子的哲学是客观唯心论而不是唯物论。

为了说明这个问题,且看老子的"道"的涵义:

老子的"道",虽然用眼睛看不见,但是其中"有物""有精"。它是最具体、最真实的(见二十一章)。"道"在阴阳二气中得到统一("万物负阴而抱阳,冲气以为和")。"道"是"先天地生",它不在万物之外而在万物之中("大道泛兮,其可左右","譬道之在天下,犹川谷之于江海"),这是和客观唯心论根本不同的。万物生于道,又回到道("道常无名朴""复归于无极")。道是万物深藏的地方("道者万物之奥")。道是无限的("绵绵若存,用之不勤")。道不以别的更高的存在为法则,以它自己本来的样子为法则("道法自然")。道只是万物自己变化发展的规律,而不

---

① 《马克思恩格斯全集》,俄文版14卷,第651页。

② 《唯物论与经验批判论》,人民出版社,1954年版,第291页。

是主宰万物,创造万物的超越的力量("生而不有,为而不恃,长而不宰"),它只是使万物"自正""自朴""自宾",它只是"似万物之宗"。

根据以上的事实,老子的哲学是依靠当时科学的知识和观察的证明,并以自然的原因解释实际的现象,表示了它对宗教的敌视。因此,我们说老子的哲学是唯物论的,不是客观唯心论的。

老子的书是用诗歌的形式写的,文字极简单,因而在注解老子的哲学时,从汉魏以来就发生了分歧。到目前为止,中国学术界对老子的哲学思想是唯物论还是唯心论,还没有取得一致的见解。侯外庐的《中国思想史》,吕振羽的《中国政治思想史》都认为老子是唯心论者;范文澜的《中国通史简编》(修订本),北京大学哲学系中国哲学史教研室,以及苏联的研究中国哲学史的学者都认为老子是唯物论者。就目前的趋势看来,认为老子是唯物的看法,似乎逐渐取得更多的人的相信。至于老子的哲学中有丰富的辩证法,这是古今中外没有人有任何怀疑的。

老子的辩证法,反映了中国古代哲学家对于自然现象和社会现象相当深刻的认识。老子指出万物是自己在变化,而不为外力推动的("有无相生,难易相成""为无为则无不治");若违反了事物自己的规律,必然失败("为者败之,执者失之");事物的变化向着它相对立的方向进行("反者道之动");事物表面相反,实则相成("曲则全,枉则直,洼则盈,敝则新""后其身而身先,外其身而身存""明道若昧,进道若退");万物由量的积累可以引起质的变化("图难于其易,为大于其细""合抱之木,生于毫末;九层之台,起于累土");万物的变化,都不是用人力勉强得到的("天之道,不争而善胜,不言而善应,不召而自来");事物永远有变化,永不停止("独立而不改,周行而不殆")。

老子的唯物论和他的自发的辩证的观点，是中国哲学史上一份珍贵的遗产，它是古代中国人民智慧的结晶。虽然它还是依靠着非常有限的科学水平，但是它显明地表现了关于世界对立发展、相反相成这一普遍规律的天才的猜测。

恩格斯在评价赫拉克利图的自发的辩证法时，写道：

> 这个原始的、素朴的但实质上是正确的宇宙观，正是古代希腊哲学的宇宙观，它最初由赫拉克利图明白地发表出来：万物存在着，同时又不存在着，因为万物皆在流动，万物皆在永恒的变更中，皆在不断产生与消灭的过程中。①

恩格斯对于赫拉克利图的评价，对于我们今天认识老子的哲学有着极重要的启发作用和原则性的指导意义。列宁在他的哲学笔记中也曾指出赫拉克利图的哲学具有"生动、新鲜、素朴和历史的严整性"②。老子的哲学也同样具有这些特点。

老子的哲学不像赫拉克利图敌视人民群众，而是同情人民群众；老子不是奴隶主的利益的体现者，而是部分地反映了广大小私有者利益的哲学家。他反对剥削，反对人压迫人的制度，反对周代用来统治人民的道德、法律、礼教和社会制度（"失道而后德""礼者忠信之薄而乱之首""以智治国，国之贼""法令滋彰，盗贼多有"）。他控诉剥削制度的社会的不合理（"人之道，损不足以奉有余""民之饥，以其上食税之多，是以饥""民不畏死，奈何以死惧之？"）。他大力主张对人民不干涉的无为而治，使人民"自治""自富"，过着安乐富足的生活。他为了人民的利益，诅咒战争，向往和平。

由于历史的局限性和阶级的局限性，老子的哲学并不是没

---

① 恩格斯：《反杜林论》，第 9 页。
② 列宁：《哲学笔记》，俄文版，第 327 页。

有它的严重的弱点的。

老子发现了矛盾对立的法则，但他不是采取迎接矛盾的态度而是采取消解矛盾、避免斗争的态度（"不敢为天下先""持而盈之，不如其已""知足之足，常足矣"）。由于他的小私有者的阶级性格带来的弱点，使他不敢向前看，只求安于目前现状，因而妨害了他的光辉的辩证法的正常发展。

老子卓越地区别开感觉与思维在认识中的作用不同，但老子有轻视感觉经验的偏向（"不出户，知天下；不窥牖，见天道""为学日益，为道日损"）。后来许多思想的懒汉、"知识里手"都以"秀才不出门，遍知天下事"自夸，这就脱离了唯物论的认识论的原则，而陷于唯心的错误。

和赫拉克利图一样，老子的辩证观点并没有完全摆脱形而上学的束缚，他的发展观是循环的（"万物并作，吾以观复"），而不是由低级的到高级的。老子无条件地把"柔弱"的作用夸大，他认为柔弱在任何时候都能战胜刚强。他把强弱对立互相转化的辩证关系，仅仅看作片面决定的关系，这也使他的辩证法受到形而上学的局限。

总起来看，老子的素朴的唯物论和他的自发的辩证法是中国以至全世界人民的宝贵遗产。老子的哲学今天受到全世界人民的重视，不是偶然的。也有个别的学者（杨荣国的《中国古代思想史》）对老子这个人和代表老子思想的这部书，根本怀疑，认为《老子》这书是从《庄子》书中摘录、杂凑成的。这种看法证据不足，很难成立。

从《内经》看中医的理论基础 *

　　《黄帝内经》是汉初编纂的一部医学全书，是世界上最早的成系统的医学巨作，它总结了周、秦以来的医疗经验。所有的中国医学著作，从《伤寒论》起，都是在《内经》已有的基础上逐渐丰富完善起来的，所以历代的中医学者称它为"医书之祖"。

　　几千年来公认《内经》为"医书之祖"倒不仅是由于它的时代最早，而是由于它提供了一套中国医学的理论和医疗原则。《内经》在中国医学史上的不朽的地位，恰如《孙子兵法》在中国军事思想史上的不朽的地位一样。

　　《内经》一书中充满了一些"阴阳""五行""精""气"的观念。在受过现代医学教育的人们看来，是很难接受的，认为中医所讲的道理有些玄虚，觉得"中国医学讲阴阳五行，不科学"。为了说明这一问题，有回溯一下中国古代哲学史发展的必要。

　　中国古代哲学史和世界哲学史一样，也是在两条不同的哲学路线斗争中发展起来的。一条是唯心主义的路线，一条是唯物主义的路线。许多唯物主义哲学流派认为充满了宇宙的是极精微的物质实体"气"所构成的。"气"具有流动性、粒子性，有

＊　原载《江西中医药杂志》1956 年第 6 期。

清、浊之分。清的和轻的气是构成天空的材料,属于阳;浊的和重的气是构成大地的材料,属于阴。阴、阳二气构成了万物和人类。这种观点在战国末期(公元前四、三世纪)形成了唯物主义哲学的主流。像《吕氏春秋》的十二纪、《礼记》的月令、《管子》中的若干篇,以及后来的汉初的《淮南子》,都包含着这种思想。例如《吕氏春秋》所说的:

> 太一出两仪,两仪出阴阳,阴阳变化,一上一下,合而成章。浑浑沌沌。离则复合,合则复离,是谓天常。

这里所谓"太一",就是原始状态的、混沌未分的气;两仪、阴阳是已分的,具有矛盾对立性质的气。

五行的观念,是根据人们日常生活实践中所最常接触的五种物质形态归纳出来的。他们认为世界上一切东西都是由五种元素——水、火、木、金、土构成的。成分简单的东西由一种元素构成,成分复杂的东西由五种元素在极复杂的情况下构成。这一派还认为五种元素之间有互相推动、孳生的关系,他们叫做"五行相生";五种元素之间也还具有互相克服、限制的关系,这种关系叫作"五行相胜"。

阴阳五行的学说在于摆脱上帝支配世界的观念的束缚,力图在物质世界本身中寻求万物发生发展以及消灭的根源,从经验、从生活实践、从当时的科学成就的基础上向宗教迷信进行斗争。因此,阴阳五行学说在战国末期逐渐发展成为一套比较完整的唯物主义的哲学体系。这就是古书上所说的"阴阳家"。古代的阴阳家都是包括了五行学说的。郭沫若先生曾指出:

> (阴阳五行的学派)在它初发生的时候,我们倒应当说它是反迷信的,更近于科学的。在神权思想动摇了的时代,学者不满足于万物为神所造的那种陈腐的观念,故尔有无神论出现。有太一、阴阳等新的观念产生。对这种新的观

念犹嫌其笼统,还要更分析入微,还要更具体化一点,于是便有这原始原子说的金、木、水、火、土的五行出现。万物的构成求之于这些实质的五个大原素,这思想应该算是一大进步。①

作者基本上同意郭沫若先生的看法,阴阳五行学派的出现,标志着中国唯物主义哲学得到进一步的发展。

阴阳五行学说本质上是唯物的,但是应该指出,唯心主义者也利用了这种学说,他们把阴阳对立、五行相生相克的观点解释社会、历史和人们的吉凶祸福,宣传了宿命论和神秘主义。这一派和上面所说的阴阳五行学派应加以区别。

《内经》的理论基础是和古代阴阳五行学派密切相关的。《内经》首先根据当时素朴的唯物主义的世界观指出:

夫五运阴阳者,天地之道也,万物之纲纪、变化之父母、生杀之本始、神明之府(作者按:即精神的寄居所)也。②

《内经》在这里正确地指出人类身体活动、精神作用、生命现象是整个自然界的一部分。它从自然规律的统一性这一唯物主义世界观的前提出发认识生理和疾病现象,在五行观念的支配下,《内经》把人类的五脏、五官、五情,以及五味都和五行配合起来,比如木代表肝,火代表心,土代表胃,水代表肾,金代表肺。《内经》还根据医疗经验,指出五脏之间,有互相制约互相辅助的关系。金可以克木,意味着肺部有病,会影响到肝脏和血液的正常。《内经》也还利用"五行"的观念,把人类的身体器官和它的作用看成统一的整体。因此,中医所谓"胃",其实不仅限于容纳食物的胃脏,它也指人们的消化系统,还指人身的消化作用。这

① 《十批判书》,405页。
② 《内经·天元纪大论》。

样,采用了更广泛的、象征意义的"土"来代表胃的器官和功能就方便些。古代中医对其他内脏的看法也是如此。

所以中医用阴阳五行之气来说明病理和生理,看来很"玄虚",其实是确有所指的。我们说这种基本观点(特别是机构和功能联系,机构之间的制约)是可取的,是有着合理的内核的。

中国古代医学根据当时科学实践,并根据当时素朴的唯物主义哲学观点,指出人是自然的一部分,所以要按照自然规律认识病理和生理现象:"五脏十二节皆通天气"。根据自然规律统一的原则,《内经》认为,顺着自然界的规律,就不会生病,违反了就会生病以至死亡。《内经》说:

> 阴阳四时者,万物之终始也,死生之本也。逆之则灾害生,从之则苛疾不起。(《内经·四气调神大论》)

如果违反四时的变化,就会生病:

> 数犯此(作者按:此即四时、阴阳)者,则邪气伤人。此寿命之本也……顺之则阳气固,虽有贼邪,弗能害也。(《内经·生气通天论》)

中国古代医学已意识到自然界有一种不利于人类身体的极细微的物质,他们称作"邪气",有时也叫"四时不正之气"。这种邪气侵入人的身体内部,就会使人生病。古人不知道有细菌,但中医根据长期丰富的经验,推测到某种危害身体的不是鬼神的作祟而是某种物质性的"邪气",这一观点在当时是科学性的假设。中医还指出,只要身体健康,抵抗力强("阳气固"),就可以避免邪气的侵害。由于中医正确地掌握了这一观点,因而在医疗观点、保健理论方面也经常采用增强病人的体质的措施,使病者"阳气固"来抵抗疾病。中药中有许多药物并不是有治疗作用(像一些"滋阴""养卫"的药品特别多),却有防病的作用,这在世界医学中是一特色。这种以增强体质来抵抗疾病的治疗观点,和它的自然观是分不开的。

中国古代医学从唯物主义的原则认识病理现象,所以治疗理论方面也贯彻了唯物主义的原则:

> 病之始起也,可刺而已(作者按:病象轻微,可用针砭);其盛,可待衰而已(作者按:中医治疗乙型脑炎和伤寒的理论根据即在此);故因其轻而扬之;因其重而减之;因其衰而彰之。形不足者,温之以气;精不足者,补之以味;其高者,因而越之;其下者,引而竭之;中满者,写(泻)之于内;其有邪者,渍形以为汗;其在皮者,汗而发之;其慓悍者,按而收之;其实者,散而写(泻)之。审其阴阳,以别柔刚;阳病治阴,阴病治阳。定其血气,各守其乡。血实宜决之;气虚宜掣引之。(《内经·阴阳应象大论》)

我们在这里没有必要解说这些治疗过程,但是我们应当认识这些治疗过程贯串着一个极有价值的原则,那就是根据不同的病情和病人的个别体质强弱的差异而提出不同的治疗方案。所以有的要泻,有的要补,有的要发汗,有的要休息……中医在治疗效果获得良好的成绩,和它对病理分析所采取的唯物主义的观点是分不开的。

当然,我们也必须指出,中医的理论也还具有直观性和推测性的弱点。有些原则,它天才地说对了,但它却不能对许多复杂的问题做出完全符合科学原则的说明。中医的理论中间有科学,也夹杂着推测。像以上所举的"邪气"或"四时不正之气"可以伤人的假说,确曾有力地打击了鬼神作祟而使人生病的谬说,并且正确地指出疾病的发生有它的物质根源。但满足于"邪气"伤人的假说,而不对疾病的起源作更深入的钻研,那就无法接受现代科学的最新成果,妨害了中医的继续发展。

中国古代医学是以阴阳五行的唯物主义哲学作为理论基础

的,它一方面具有素朴的唯物主义因素,一方面也具有辩证法思想。中国古代医学认为自然界和自然界中的每一个具体的事物都有它的阴阳对立的两方面。事物就是在阴阳对立的矛盾中存在着。中医认为:阴、阳二气的两种势力在人的身体内,如果能够维持正常的对立平衡状态,人就健康;如果不能维持正常的对立平衡状态,人就会生病。所以说:

> 阴平阳秘,精神乃治;阴阳离决,精气乃绝。(《内经·生气通天论》)

又说:

> 阴不胜其阳,则脉流薄(迫)疾(急),并乃狂;阳不胜其阴,则五脏气争,九窍不通。(同上)

根据阴阳二气对立平衡的原则,从《内经》开始,就奠立了把疾病分为太阳、阳明、少阳、太阴、少阴、厥阴六种类型。《伤寒论》基本上是按照这种观点继续发展和丰富起来的。阎德润先生曾对中医的三阴三阳的分类作过科学的说明:

> 凡病之热者为阳,寒者为阴;实者为阳,虚者为阴。若以西医之名词注释,则病之属于进行性者为阳,属于退行性者为阴;机能亢进者为阳,机能衰减者为阴。[1]

当然,由于当时科学发展的局限性,古代医学家对人类的内脏及肢体的结构的认识还不能达到精密无误的程度。因而有些地方对于病理现象的解释不能令人满意。

中国古代医学还正确地指出了人类生理的器官部位是相互影响、相互联系的整体。五行是不可分割的,有相生相克的关系,五脏也是整体,有相生相克的作用。如果某一部分的机构活动不正常,必然影响到其他有关机构。比如中医认为肝脏发生

---

[1]　阎德润:《伤寒论评释》,人民卫生出版社,1955 年版,第 7 页。

了阴阳失调的现象,就会影响到眼睛的视力,会影响到消化的不正常,也会影响到情绪容易激动等等。其他部门各器官也是这样。所以"头痛医头,脚痛医脚"成为中国医学理论对于形而上学观点的绝妙的讽刺。可惜我们今天也还有些医学家也存在着这类形而上学的观点。他们不但落后于今天先进的医学,甚至连二千多年前的医学中有价值的部分也还没有好好吸取。

中国古代医学在二千多年前,就已指出生理现象和心理现象是互相联系的。《内经》中曾说过:肝脏的活动和愤怒的情绪相关联("怒伤肝");心脏的活动和喜悦的情绪相关联("喜伤心");脾脏的活动和思虑作用相关联("思伤脾");肺脏的活动和忧郁的情绪相关联("忧伤肺");肾脏的活动和恐惧的情绪相关联("恐伤肾")(以上见《内经·阴阳应象大论》及其他各篇)。

现代科学业已证明人类心理活动是由于人类的分析器官受到外界刺激引起的大脑皮质的兴奋和抑制作用。心理活动和呼吸、消化、循环各个系统有内在的联系。由于科学的局限性,中国古代医学没有能够完全正确地说明这种关系。

中国古代医学经常从整体的观点出发,所以反对孤立地认识问题的思想方法,所以对疾病和健康的关系也是联系来看的。因此,中国医学常把保健放在第一位,而把药物治疗放在次要的地位。中国医学主张:

> 动作以避寒,阴居以避暑,内无眷慕之累,外无伸宦之
> 形,此恬淡之世,邪不能深入也。(《内经·移精变气论》)

如果不能注意平日的卫生,就会招致危险的后果:

> 忧患缘其内,苦形伤其外,又失四时之从,逆寒暑之宜
> ……小病必甚,大病必死。(同上)

从维持健康的整体观念出发,中医树立了预防为主的保健观念:

> 是故圣人不治已病治未病……夫病已成而后药之,乱

已成而后治之,譬犹渴而穿井,斗而铸锥,不亦晚乎?(《内经·四气调神大论》)

即使不得已而治疗时,中国医学主张要在早期进行治疗:

善治者,治皮毛(作者按:病未深入时即治疗),其次治肌肤,其次治筋脉,其次治六府,其次治五藏(脏)。治五藏(脏)者,半死半生也。(《内经·阴阳应象大论》)

总起来看,中国古代从科学实践中相当深刻地体现了辩证法的思想。它在医疗、营养、卫生、保健、生理、心理、病理各方面都具体运用了这一正确的观点。这种思想方法和观点是极可珍贵的,值得充分重视的。

但是我们也必须承认中国古代辩证法还不可能发展到十分完善的地步。以《内经》为代表的中医思想方法也具有古代辩证法共同的弱点。自然现象、生命现象、病理现象是复杂的,远在二千多年以前的科学理论绝不可能圆满地、深刻地认识这些规律,所以《内经》中也不免夹杂着许多不科学、神秘主义的成分。有些问题,当时的科学水平不能做出正确的解释,而勉强解释时,必然陷于牵强附会的错误。这些缺点都是无可隐瞒的。恩格斯的教导值得我们记住:

自然哲学所能用以执行这个任务的唯一办法,就是拿理想的、幻想的联系来代替它还不知道的真实的现象联系,拿虚构来替代缺乏的事实,单只在想像中把真实的缺陷填补起来。这样作时,自然哲学吐露了好多天才的思想和猜到了好多后来的发现,但也有过不少的废话和胡说。①

中国古代医学的第一部经典著作《内经》,它的贡献不仅在于提供了治疗的方法,还在于建立了具有素朴唯物主义和自然

---

① 恩格斯:《路德维希·费尔巴哈和德国古典哲学的终结》。

辩证观点的医学理论,这种理论保证了中国古代医学从世界观上和唯心主义的巫术、迷信截然分开。同时,中国医学的理论的某些弱点、缺点也隐伏在这里。因为古代的唯物主义和古代的辩证法思想还不足以完全说明自然界,中间还缺少一段自然科学发展的过程。它的唯物主义还很粗糙,不能区分生理、生命和自然界其他现象的本质区别,它的辩证法思想也夹杂着笼统、混淆的弱点。这就妨碍了它进一步的发展。

在今天,学习中医的人,固然要努力学习中医的医疗技术,学习中医的理论;但在掌握了中医的医疗技术,研究了中医理论中合理的内核的时候,还要努力学习自然科学和辩证唯物主义,以补救在长期停滞的旧时代中国医学所具有的弱点。只有这样,才能为进一步用现代先进的医学理论来予以整理改造打下基础。

庄子的唯物主义世界观 *

近年来,用马克思主义的观点、方法研究庄子思想的,当推郭沫若、侯外庐、吕振羽几位先生为最早。郭沫若先生对庄子的哲学思想曾给以相当肯定的评价,但对庄子是唯物主义者还是唯心主义者,未置可否;侯外庐先生和吕振羽先生,以及最近发表有关庄子研究的哲学家,都一致认为他是一个主观唯心主义者。近几年来,对老子的哲学思想体系是唯心主义的还是唯物主义的,有过争论;而对庄子,还没有发生过争论,好像庄子是唯心主义的哲学家已成"定论"了。本文在于指出庄子不是一个唯心主义者而是一个唯物主义者,他的世界观,基本和老子相同。

研究庄子的哲学思想,势必涉及对于《庄子》书中各篇的真伪的看法的问题。魏晋以来,有些学者以为《庄子》书中内篇七篇是庄子的原著,外篇和杂篇不是庄子的著作。我认为庄子全部著作中只有极少数的几篇,如《说剑》《让王》等是庄子学派以外的人所伪托的,其余各篇都可以代表庄子的思想。

庄子的时代正是奴隶社会解体向统一封建帝国过渡的时代。这时期一部分奴隶主贵族在社会转变的过程中没落下来,

＊　原载《新建设》1957 年第 1 期。

走向贫困破产的道路;另一部分新兴的地主阶级的经济和社会地位开始上升。老子和庄子都是从前者分化出来的知识分子。庄子一生贫困,所以他体验到当时受压迫受苦难的小百姓的生活,他能够说出劳动者的一些要求。他从自己本阶级的没落看到的不可挽回的阶级命运,他对当时的社会不存在任何幻想,因而能够比较清醒地认识现实,他不信上帝,不信鬼神,有反宗教、反权威的思想,有接受唯物主义哲学思想的可能。没落阶级中的思想家,经常会产生完全相反的两种思想类型:一种是向宗教中求安慰,向上帝投降;一种是对上帝怀疑,向宗教挑战。这两种情况都是我们经常遇到的。有些人只看到庄子哲学思想中的消极因素,而忽略了庄子哲学思想中唯物主义的方面,而这恰恰是庄子思想中最有价值的一方面。

春秋战国时期,唯物主义哲学和唯心主义的哲学思想的斗争,是环绕着当时几个最主要的问题展开的。其中对"天"和"鬼神"的看法的分歧就是思想斗争的一个主要方面。唯物主义者利用当时科学的成就,反对当时的宗教迷信思想,建立了自己的无神论的哲学体系;唯心主义哲学却力图维持旧制度、旧礼教,他们借宗教迷信思想麻痹人民。所以宗教迷信思想在古代成为最重要的反对科学、麻痹人民的反抗的思想武器。

宗教唯心主义哲学的特点,在自然观方面,就在于它在世界之外寻找一切事物发生和发展的原因。而唯物主义哲学的特点,就在于它力图从世界本身中寻找一切事物发生和发展的原因。唯物主义者不需要一个超现实的精神力量作为最高的主宰。庄子的哲学思想,正是这样主张的。他继承了老子哲学中关于"道"的理论并加以发挥。

老子哲学中关于"道"的解释,从韩非到东汉末年河上公的《老子注》,都做过比较正确的、符合《老子》原书的唯物主义的解

释,这里不再重复(参看拙著《老子今译》中的附录一及附录二)。庄子对"道"的解释,基本上和老子一致。他说:

> 夫道有情有信,无为无形;可传而不可受,可得而不可见;自本自根,未有天地,自古以固存。神鬼神帝,生天生地,在太极之先而不为高,在六极之下而不为深,先天地生而不为久,长于上古而不为老。(《大宗师》)

庄子在这里指明了"道"的几个特点:

第一,"道"在时间和空间上都是无限的物质实体。它是一切具体事物的根源,也是唯一的、最后的根源。

第二,"道"比"上帝""鬼神"都悠久,也更为根本。宗教迷信思想认为天地是由神或上帝所造的,至少是由它们的意志所决定的,可是庄子却明白指出,天地万物的生长、变化和上帝、鬼神没有关系,倒是连上帝、鬼神也是"道"的产物。这种学说的本身就是对古代宗教迷信思想的挑战。

第三,"道"是物质性的实体,不是感官直接的对象,而是一切事物存在的基础。所以它"无为无形"。

> 视之无形,听之无声,于人之论者,谓之冥冥。(《知北游》)

庄子的"道"有人以为不过是上帝的代用品,如果"道"属于精神方面的实体,而不是物质性的,庄子就是一个客观唯心主义者而不是唯物主义者。庄子的著作中说过:

> 夫道,窅然难言哉! 将为汝言其崖略:夫昭昭生于冥冥,有伦生于无形,精神生于道,形本生于精,而万物以形相生。(同上)

这种"冥冥"而"无形"的万物之源不是什么奇怪的精神的东西,乃是"气"。庄子说:"通天下,一气耳",又说:

> 杂乎芒芴之间,变而有气,气变而有形,形变而有生。

（《至乐》）

庄子在这里指出：人类的生命是由于"气之聚"，人的死亡是由于"气之散"（《知北游》）。其实不止人类如此，一切东西的生灭都是根据气的聚散的原则所决定的。一切东西都是它自己的变化：

> 何为乎？何不为乎？夫固将自化。（《秋水》）

这种变化，"合则成体，散则成始"（《达生》）。由于"道"的原因，才使得：

> 天不得不高，地不得不广，日月不得不行，万物不得不昌，此其道与？（《知北游》）

庄子根本否认有什么神来支配自然界，万物的生长和发展是按照客观规律进行的，所以说"不得不"，"不得不"就是"必然"。他曾自己设问：

> 天其运乎？地其处乎？日月其争于所乎？孰主张是？孰维纲是？孰居无事推而行是？意者其有机缄而不得已邪？意者其运转而不能自止邪？（《天运》）

对于这类富有怀疑精神的问题，庄子在另外的地方做出了符合唯物主义原则的回答。他指出世界上一切的事物都是按照它们自己本来的情形进行的，自然界本来就有（固有）它的规律，它是不以人的意志为转移的：

> 天地固有常矣，日月固有明矣，星辰固有列矣，禽兽固有群矣，树木固有立矣。（《天道》）

庄子要从自然界本身说明世界，他指出了自然界的一切变化，都是自然界自身的原因，而不能在自然界以外去找。所以庄子用自然界刮风时发出的大小强弱不同的声音这一事实，来说明自然界一切现象都是自动进行或停止，不是谁主使的：

> 夫吹万不同，而使其自己也，咸其自取，怒者其谁邪？

（《齐物论》）

唐代成玄英对庄子的这一观念曾有过相当精确的解释,他说:

> 言风窍不同,形声乃异,至于各自取足,未始不齐,而怒
> 动为声,谁使之然也? ……故知鼓之,怒之,莫知其宰,此则
> 重明天籁之义者也。(见郭庆藩《庄子集释》引文)

庄子不承认在现实世界之外、之上还有所谓超自然的神的力量,
所以他认为自然界本身就是支配自然界的唯一力量。这种力量
即庄子所谓"天"。庄子的著作中的"天"有两种用法。一种意
义是和"陆地"相对待的"天空",还有一种意义是和"人为"相对
待的"自然"或"天然"。后一种的"天"的意义是庄子哲学中极
重要的概念。天(自然)的发展和变化是任何人也阻挡不住的。

在庄子看来,人类在整个自然界中所占的地位是极渺小不
足道的:

> 计四海之在天地之间也,不似礨空之在大泽乎? 计中
> 国之在海内,不似稊米之在大仓乎? 号物之数谓之万,人处
> 一焉;人卒九洲,谷食之所生,舟车之所通,人处一焉;此其
> 比万物也,不似豪末之在于马体乎? (《秋水》)

庄子从以上的例子说明人类在整个自然界中所占的地位很渺
小,人类只能受"自然"的支配,却不能支配自然界。由于当时生
产力的低下,生产规模的狭小,庄子这一没落贵族阶级出身的
士,在客观现实面前,显得十分无力,他完全成了"自然"(天)的
俘虏。庄子认为人们和所处的环境之间,有时违逆,有时顺适。
人生就是这样,忙忙碌碌地奔驰着,永远也看不见成功,找不到
归宿。庄子对于不能掌握的"自然",发出无可奈何的慨叹:

> 一受其成形,不忘以待尽,与物相刃相靡,其行尽如驰,
> 而莫之能止,不亦悲乎? 终身役役而不见其成功,苶然疲役
> 而不知其所归,可不哀邪? (《齐物论》)

作为一个唯物主义的哲学家的庄子,他首先肯定了自然界在独立发展着,不是任何人的主观意志所能改变的。庄子认识到客观世界发展变化的规律性和普遍性,这是那些唯心主义的哲学家所不能认识的。这是庄子的哲学思想中最有价值的部分。庄子把自然(天)发展变化的必然性叫作"命"。"命"就是任何事物不可逃避的绝对的支配力量,它和宗教家所讲的有人格有意志的所谓上帝的"命令"有本质上的不同。庄子宣称:

> 知其不可奈何而安之若命,德之至也。(《人间世》)
>
> 无以人灭天,无以故灭命。(《秋水》)
>
> 死生、存亡、穷达、富贵、贤与不肖、毁誉、饥渴、寒暑,是事之变,命之行也。(《德充符》)

这里,庄子所指出的"命",就是庄子所认为客观世界在发展变化中的必然的结果。这种结果,是由客观世界本身所决定的,不是任何人可以用自己的主观意图所能改变的。这一意义之下,庄子提出的"命"的主张是正确的,因为这种主张首先驳斥了目的论的观点,反对了宗教迷信思想。在庄子的哲学体系内没有鬼神和上帝的地位。庄子是无神论者。

但是庄子没有能够区别客观世界上所发生的变化的性质。当然,像生死、寿夭、寒暑这些自然现象,可以不受人的主观意志的影响;至于穷达、富贵、毁誉这些社会现象并不是什么自然界所规定的,而是由人类社会上的阶级关系所造成的。固然,阶级的出现和存在,在历史上也是客观的,不能随着人们的主观愿望而改变。这个道理,庄子时代的人是不能理解的。我们并不要求庄子也和我们一样的见解。庄子把人为的、本来是可以由人们的主观努力加以改变的一些不合理的社会现象,也归结为不可改变的客观规律所支配。这种对"命"的看法是应当反对的。所以庄子不能给人们的主观能动作用以任何地位。他认为,人

如果企图改变自然,不但是不可能,甚至是可笑的。他曾用一个
例子来说明他的思想:

> 日月出矣而爝火(作者按:爝火,即炬火,火把)不息,其
> 于光也,不亦难乎? 时雨降矣,而犹浸灌。其于泽也,不亦
> 劳乎? (《逍遥游》)

庄子在反对宗教,反对目的论的斗争中是一位勇敢的战士,
但他走到另一个极端,他在自然的面前完全成为自然的俘虏。
庄子摆脱了目的论又陷入命定论。这就是历代凡是要求改革现
实的人们,一致对庄子的哲学不满的地方。这也是庄子的唯物
主义哲学不彻底的地方。如果因为庄子的思想有这些缺点,就
连他的唯物主义的无神论思想也一齐抹煞,这是不应该的。

中国古代唯物主义思想经常和辩证法思想密切关联着,庄
子的思想也不例外。因为,既然肯承认客观世界是独立存在的,
就不可能完全不理会它的变化和发展。因为客观世界的存在,
就是在变动不居的形态下呈现出来的。庄子对于事物的发展变
化有较为深刻的认识。

庄子指出了一切事物在变化发展中,他说:

> 万物皆种也,以不同形相禅,始卒若环,莫得其伦,是谓
> 天均。天均者,天倪也。(《寓言》)

至于庄子讲到万物起源,也是贯彻了唯物主义原则的。他说:

> 种有几,得水则为𱕇,得水土之际则为蛙蟆之衣,生于陵
> 屯则为陵舄。陵舄得郁栖则为乌足,乌足之根为蛴螬,其叶
> 为胡蝶。胡蝶胥也化而为虫,生于灶下,其状若脱,其名为
> 鸲掇,鸲掇千日为鸟,其名为乾余骨。乾余骨之沫为斯弥
> ……万物皆出于机,皆入于机。(《至乐》)

买办学者胡适,为了宣传他的庸俗进化论,把庄子这一段话说成
为庸俗进化论。这是他无耻地造谣,没有任何科学根据。庄子

在这里主要在于说明生物有许多种类,植物和动物之间可以相互转化。由于古代生物科学还不够发达,其间所举的互相转化的事实,和实际情况有不相符合的地方。庄子的贡献在于指出了世界上的一切东西都是可变化的,而且随时在变化着;在于说明了一切东西的变化,不是按照什么神的意志,而是它们自己在变化着。这些见解尽管很粗浅,不够细致,甚至有时和某些事实不符合,但是他所采取的说明世界上事物的多样性、复杂性和发展变化的过程时,是和当时的科学携手并进的,是和当时的宗教迷信对立的。

对于万物生成和发展的总的原则,庄子也提出极有价值的辩证观点,这些观点都是从根本性质上着眼的。他说,事物的生灭是气的离合,变化不能离开物质,离开物质就没有变化,事物只是变化,并不是消灭:

> 天地者万物之父母也,合则成体,散则成始。形精不亏,是谓能移。(《达生》)

事物变化的过程是永不停止的。在新生的东西的成长过程之中同时就包含着消灭的因素,任何东西生灭,不过是自然界全部发展过程的一部分,整个世界是一个整体:

> 其分也成也,其成也毁也,凡物无成与毁,复通为一。(《齐物论》)

又说,

> 合则离,成则毁,廉则挫,尊则议,有为则亏……(《山木》)

庄子不但指出了自然界是变化发展的,他并且指出了社会历史也是变化发展的:

> 帝王殊禅、三代殊继。差其时、逆其俗者谓之篡夫;当其时、顺其俗者谓之义徒。(《秋水》)

不可否认,以上这些观点,是老子的哲学思想的进一步的发挥,是建筑在素朴的唯物主义基础上的自发的辩证观点。这是庄子哲学思想中伟大的功绩。

由于庄子的没落贵族的阶级意识,使他对于当时新事物,采取了漠不关心的态度。他虽然看到了事物是发展的,是矛盾对立的,而庄子对这一事实却采取了消极的态度。他不敢正视矛盾,迎接矛盾,克服矛盾。在庄子看来,既然人类只能屈服于自然的伟大力量之下,克服矛盾也是不可想象的。他认为世界上既然有克服不尽的矛盾,最好是少做事,少变革;因为多一事不如少一事。为了不犯错误,最好是不工作。庄子不是没有接触到事物发展的辩证法则,但是庄子却采取了一种不正确的态度来对待这一法则。这是庄子思想中的消极退缩的一面,这和生气勃勃的辩证法思想是相抵触的。

在认识论和思想方法方面,庄子承认有独立于人们意识之外的客观世界,这个世界是无限的、永恒的、伟大的。庄子对这一自然界只有五体投地:

> 吾师乎! 吾师乎! 鳌万物而不为义,泽及万世而不为仁,长于上古而不为老,覆载天地、刻雕众形而不为巧。(《大宗师》)

庄子对它只有歌颂,却不敢赞一辞。在这样一个世界面前,庄子认为人们的认识能力显得太渺小了。他认为以人类有限的精力和时间,要认识无穷的客观世界,是十分困难的,其结果必然使得精神疲敝,劳而无功。他说:

> 吾生也有涯,而知也无涯。以有涯随无涯,殆已。已而为知者,殆而已矣。(《养生主》)

他认为任何分析、认识都不能认识这个伟大的自然的全部,最好是不要作任何分别,有了分别,有了名称,有了概念,不但不能得

到真正的知识,而且会破坏了"道"(自然)的完整:

> 有以为未始有物者,至矣、尽矣、不可以加矣;其次以为有物矣,而未始有封也;其次以为有封焉,而未始有是非也;是非之彰也,道之所以亏。(《齐物论》)

他认为只有无知无识,才能够与"道"(自然)的原则符合,因为,自然界本身无所谓知识,所以"七窍"凿成后,"浑沌"就死了,只有不求有知识的人,才是真正有知识。他说:

> 故天下皆知求其所不知,而莫知求其所已知者;皆知非其所不善,而莫知非其所已善者,是以大乱。(《胠箧》)

既然人类的知识有限,而不安于这种有限,那就会犯错误。庄子认为,

> 一与言为二,二与一为三,自此以往,巧历不能得,而况其凡乎? 故自无适有,以至于三,而况自有适有乎? 无适焉,因是已。夫道未始有封,言未始有常,为是而有畛也。(《齐物论》)

庄子在这里,把事物之间的差别性完全看成人们强加到事物上的,而不承认它是事物自身所固有的。这种观点就违反了事物的实际情况。我们认为名词、概念(即庄子所谓"封""畛")固然是人们制定的,但是它不仅仅是一个符号,而是有它的客观内容的。人们对于某种动物,或是叫它作"牛",叫它作"马",在最初可能是偶然的,但它一旦成为人们所共同承认的概念以后,它就不再允许任意改变,因为它已有了它所代表的客观事物作为它固定内容了。庄子却认为:真正看透了事物的实质的人,随便人们把我叫作"牛",叫作"马",都无所谓。

庄子只看到名词和概念所代表的实在东西有客观性,不论人们如何叫它,它总是独立存在着,他这种认识和中古欧洲的唯名论哲学派别有些相似,仅就这一点来说,他是正确的;但他和

唯名论者一样,也犯了相似的错误,他不承认名词和概念的本身有它的客观性,而不是随便可以增减改换的。在这一个问题上,庄子从唯物主义的观点出发,却不自觉地走向唯心主义的泥坑。

庄子从他的唯物主义自然观出发,认为自然(天)是伟大的,个人是渺小的。自然(天)是全体,而个人只是自然中的一部分。因此,人们的认识就不可避免地带有主观性和片面性。庄子认为认识中的片面性和人们的认识活动同时出现,乃是不可避免的。他只看到主观性、片面性的错误都发生于认识(这一点他说了),他却因此错误地得出了轻视认识、放弃认识的结论。庄子的认识论,本来在于使人们避免主观和偏见。但是他走向另一个极端,在对待真理的问题上,陷于相对主义,这就是庄子的"齐物"的学说:

> 道恶乎隐而有真伪？言恶乎隐而有是非？道恶乎往而不存？言恶乎存而不可？(《齐物论》)

是什么东西遮蔽了道,使得是非、真伪不能分别的呢？庄子认为:

> 道隐于小成,言隐于荣华。(同上)

所以,在他看来,必须超越出人为的一些真假和是非的标准,才能使人免于困惑。庄子曾举过一个很有名的例子来说明他的观点:

> 民湿寝则腰疾偏死,鳅然乎哉？木处则惴栗恂惧,猨猴然乎哉？三者孰知正处？民食刍豢,麋鹿食荐,蝍蛆甘带,鸱鸦耆鼠,四者孰知正味？

> 毛嫱丽姬,人之所美也,鱼见之深入,鸟见之高飞,麋鹿见之决骤,四者孰知天下之正色哉？(同上)

庄子的哲学体系在于反对人们认识活动中的主观性、片面性,这是唯物主义的认识论所应有的态度。但是他因此得出世界上根本没有客观真理的结论来。主要的错误原因就是他混淆了事物的分类。"真假"和"是非"是哲学范畴。鱼、鸟、麋鹿根本没有这样的问题存在。所以我们说庄子的这个论证是错误的。

战国百家争鸣的时代,各家各派都有他们的主张,庄子是怎么对待这一局势呢?他说:

> 恶乎然?然于然。恶乎不然?不然于不然。恶乎可?可于可。恶乎不可?不可于不可。物固有所然,物固有所可。无物不然,无物不可。(《寓言》)

庄子认为各家各派都有它的主观和偏见,所以,在哲学上,无所谓可,也无所谓不可;无所谓对,也无所谓不对。认为对,就是对,认为不对就不对。所以庄子认为大家尽管争辩,而真正的是非是争不清楚的。他说:

> 故有儒墨之是非,以是其所非而非其所是,欲是其所非而非其所是,则莫若以明。(《齐物论》)

又说:

> 是亦一无穷,非亦一无穷也,故曰莫若以明。(同上)

"以明"就是庄子的思想方法。庄子认为是非的辩论只靠双方的一方,是无法判别的,而第三者又有第三者的偏见,也是不能判别的。他认为一切争辩,都是从渺小的个人出发,企图对无限广阔的世界作出判断,是困难的,甚至是不可能的。所以他说:

> 以指喻指之非指,不若以非指喻指之非指也;以马喻马之非马,不若以非马喻马之非马也。天地一指也,万物一马也。(同上)

庄子认为越努力辩别是非,越容易经常陷于错误,如果能够忘了是非,才能够不陷于错误。他说:

> 忘足,履之适也,忘腰,带之适也,知忘是非,心之适也。

278

　　不内变，不外从，事会之适也。始乎适而未尝不适者，忘适
　　之适也。(《达生》)

这就是以破除成见、消灭偏见的方法去对待认识。在判断中总
难免陷于错误。他认为取消了这些认识的过程，才能不陷于争
论中。庄子在认识论的问题上所犯的错误，和他在辩证法思想
上的错误一样。他接触到了辩证法的原则，他看到了一切事物
都在发展和变化着。但是他不是迎接矛盾而是企图避免矛盾。
他也认识到在认识过程中，要尽可能避免主观成见和偏见，但他
企图避免对事物做出肯定。这样，就等于取消了认识的作用。
这是庄子的认识论中严重的弱点。他教人们要：

　　和之以是非而休乎天均。(《齐物论》)

　　在庄子看来，站在任何一方面的是非都是不对的，只有"和
之以是非而休乎天均"的思想方法才是正确的。这种"和之以是
非"的思想方法，并不是在不同的甲、乙两派中间做和事佬，而是
符合事物本来的自然状态(天均)。所以庄子认为他的思想方法
中的"超是非"，根本不同于站在是非争论中的某一方面的见解。
这就是要求人们以取消问题作为解决问题的方法。这是一种不
了了之的办法。

　　庄子的世界观，前面已经说过，在对待哲学的根本问题上，
所持的态度是唯物主义的。他承认客观世界在变化发展。他认
为物质世界是第一性的，思维是第二性的。在这一意义之下，我
们说庄子是唯物主义的哲学家。但是庄子在认识论和思想方法
上走入了唯心主义的歧途。

　　庄子为什么提出这种相对主义、怀疑主义的思想方法呢？
郭沫若先生有过解释：

　　他(庄子)生的时代就是这样的时代，前一时代人奔走
　　呼号，要求奴隶的解放，要求私有权的承认，谈仁说义，要人

把人当成人,把事当成事,现在是实现了。韩、赵、魏、齐都是新兴的国家,是由奴隶王国蜕化出来了的,然而毕竟怎样呢?新的法令成立了,私有权确实是神圣化了,而受了保障的只是新的统治阶级。他们更聪明,把你发明了的一切斗斛、权衡、符玺、仁义,通通盗窃了去,成为了他们的护符。而下层的人民呢?在新的重重束缚里面,依然还是奴隶,而且是奴隶的奴隶。这种经过动荡之后的反省和失望,就是酝酿出庄子的厌世乃至愤世倾向的酵母。(《十批判书》,第168页)

庄子的确是以愤激的心情来对待儒、墨以及其他学派的争辩的。他说:

今世,殊死者相枕也,桁杨者相推也,刑戮者相望也,而儒墨乃始离跂攘臂乎桎梏之间。噫,甚矣哉,其无愧而不知耻也甚矣!(《在宥》)

对于当时剥削者的抗议,对于被剥削者的同情,这方面,庄子有些接近老子。但庄子所走的道路是消极的。他对待社会问题和他对待自然问题的态度一样,他认为社会上的一切事物都是不可改变的,人的主观能动作用没有力量。没落阶级所遭遇的严酷的现实,打破了他们幻想,使他有可能从宗教迷信中摆脱出来,而成为一个无神论者;也正由于他属于没落的阶级,他不能从自己的阶级中看到希望,从而采取了消极厌世、避免斗争、取消问题的生活态度。

人们在日常生活中总不免遭到一些和主观愿望相违背的事。在阶级对抗的社会里,首先使人感到痛苦的是贫富贵贱的对立。被压迫者要进行反抗,压迫人的人也要费尽心机去镇压人民的反抗。在自然条件方面,人们总是希望长寿,不愿意夭死。庄子从他的自然观出发,认为这些不幸和遭遇,事与愿违的事情,都是不可避免的命运所决定的,只要思想上认识这些所谓使人不愉快的事情是自然现象,也就心安理得了,用不着动感情了。所以庄子教人"安时而处顺",这样,哀乐就不能扰乱人心。真正聪明的人(圣人)是能"达于情而遂于命"(《天运》)的。庄子妻子死后,庄子反倒"鼓盆而歌",他理由是:

> 察其始而本无生,非徒无生也,而本无形;非徒无形也,而本无气……今又变而之死,是相与为春秋冬夏四时行也。人且偃然寝于巨室,而我噭噭然随而哭之。自以为不通乎命,故止也。(《至乐》)

庄子认为人类的得失祸福也是自然现象:

> 夫天下也者万物之所一也。得其所一而同焉,则四支百体将为尘垢,而死生终始将为昼夜,而莫之能滑,而况得丧祸福之所介乎?(《田子方》)

从以上的例子,不难看出庄子对待人生的态度有它消极的一方面:他只看见自然现象和自然规律对人类的决定作用,而不能认识人对自然现象有改变力量,庄子的错误在于混同了自然现象和社会现象的区别,把社会现象也看成自然现象。

自然现象中没有所谓是非问题,人的生命的长短是由生理原则决定的,认识了它的规律,就会对于生死问题有比较正确的看法,而不必乞灵于鬼神。庄子认为像这样的人就会得到快乐:

> 知天乐者,其生也天行,其死也物化,静而与阴同德,动而与阳同波。故知天乐者,无天怨,无人非,无物累,无鬼责。(并见于《天道》《刻意》)

又说:

> 复仇者,不折镆干;虽有忮心者,不怨飘瓦。(《达生》)

庄子在一定的意义上,已接触到能够认识必然就会得到自由的观点,这种思想是可贵的。

　　这里也必须指出，庄子宣扬以理化情，把人类的一切感情都看作人生的累赘，他要人们摆脱那些无聊的、由愚昧产生的喜怒哀乐的感情，这是好的。但是庄子只看见自然界规律的作用，完全抹煞了感情的地位，他把一切伟大的、崇高的、爱人类、为真理而生、为真理而死的感情，像"杀身成仁""舍生取义"的感情，也企图一并销毁，这就是错误的，甚至是自私的了。像儒、墨学派的人生态度，虽然也有他们的偏见，但他们可以为了他们的理想牺牲性命，他们能产生可歌可泣的悲剧性的殉道者，庄子这一派道家思想是不能有殉道者的。中国历史上有不少的思想家，他们尽管对不合理的社会有所不满，但他们不敢进行斗争。这些人们往往是采取了庄子思想中的消极态度。

　　既然庄子认为任何现象都是"道"（自然的体现），任何现象都有"道"作为根据，而人类的主观能动作用又是那么渺小，所以他对人生发出了无可奈何的慨叹：

　　　　一受其成形，不忘以待尽，与物相刃相靡，其行尽如驰，而莫之能止，不亦悲乎！终身役役而不见其成功，苶然疲役而不知其所归，可不哀邪？（《齐物论》）

庄子放弃了对客观现实作任何改变的念头，他教人对社会问题、人生问题一律采取"精神解脱"的办法。他认为精神上的自由才是真正的自由，至于肉体上的痛苦、残缺都是不关重要的。所以庄子理想的"圣人"有的很美，有的很丑，有的甚至肢体不全。他看来，这种不同的外形并不妨害他们有共同的优美的精神。庄子所谓"至人""真人""神人""圣人"都是具有他理想的最完美的人格的人物，这些人物都能够"不以物累心"，精神永远快乐。他认为，只有这种人，才能超出于一般人所斤斤计较的富贵、名誉、权势、是非、大小、真伪以外，而获得绝对的自由。这也就是庄子所说的"无待"的"逍遥"。这种人能够：

　　独与天地精神往来,而不傲倪于万物。(《天下》)

只有这种人,才能够:

　　精神四达并流,无所不极。上际于天,下蟠于地,化育万物,不可为象,其名为"同帝"。(《刻意》)

　　据记载,庄子一生长处于饥寒贫困中,他曾以实际行动贯彻了他的哲学的主张。饥寒贫困的生活并没压倒了庄子的理想,他穷得有志气。庄子不慕富贵,不求荣利,对当权派的恶势力采取轻视、嘲笑的态度,这就是所谓超政治的"清高思想"。庄子的"清高思想"开辟了轻视传统、轻视权威的先例。几千年来,中国历史上有许多进步思想家,在反传统、反权威、反宗教迷信这些方面,确实吸收了庄子思想中这些积极因素。

　　总起来看,庄子是中古代哲学史上一个杰出的无神论者,他的哲学体系是唯物主义的。因为,庄子的思想,在事实上,对当时占统治势力的宗教迷信思想起了破坏作用。有人喜欢把庄子和西洋古代哲学史上的怀疑论者相比。这种比拟是不恰当的。因为西方的古代的怀疑论者认为事物是不可知的。怀疑论者教人放弃判断,取消认识,仅仅保持个人的心灵的安静就够了。而庄子的哲学是古代唯物主义哲学家老子思想的继承与发展,他对世界的物质性、客观性、规律性并不怀疑;不但不怀疑,而且坚决相信"道"是最后的实在,"道"是万物的根源,"道"是万物的尺度,"道"是万物发生和发展的内在力量。所以庄子不同于怀疑论者,他提出了事物发展变化中的最坚强有力的必然性——"命"。庄子是世界哲学史上第一个接触到自由和必然的关系的哲学家。关于这一方面的巨大成就,只有斯宾诺莎和他可以相比。

　　老子的哲学思想是唯物主义的,现在已愈来愈多地得到哲学家的承认。在中国哲学史上,一向老、庄并称,而庄子也自称是老子学说的继承人。如果这两派的哲学体系果真南辕北辙，它们中间的继承关系是说不通的。老、庄成为汉代以后某些唯物主义哲学家共同信仰的人物，不是偶然的。

介绍墨子的思想 *

　　墨子(约公元前 480—前 420),姓墨,名翟,鲁国人。他是我国古代卓越的政治活动家和哲学思想家。在古代,墨子和孔子有同样高的声誉。他们都是一生东奔西跑,想找个能够任用他们的国君,来实现他们的政治理想。古代有这样两句话:"孔子没有时间把他坐的席子暖热,墨子没有时间把他的灶上的烟筒熏黑"("孔席不暇暖,墨突不得黔"),就是形容他们一生奔忙的情形。墨子创立的学派,后来称为"墨家",这是秦以前和儒家对抗的最大哲学流派。这个学派是一个有严格纪律和宗教精神的学术性团体。它的成员,人家称为"墨者"。他们有以下的四种特点:

　　一,墨家的领袖可以派遣学生到各诸侯国做官。

　　二,派出去做官的弟子如果背弃了墨家的基本精神(违反了"兼爱"和"非攻"的原则),墨家的领袖可以随时把他召回。

　　三,墨家有极严格的纪律和坚强的组织。据记载,墨家的领袖孟胜为阳城君守城,城破了,孟胜和他的弟子一百八十三人一齐殉难。墨家的另一个领袖腹䩔住在秦国,儿子杀了人,已被国

---

　　*　原载《语文学习》1957 年第 1 期。

君秦惠文王赦免了死罪。腹䐠说,"照墨家的法律,杀人的要偿命,伤人的要处刑。这是为了禁止一切杀人伤人的行为,是墨家共同遵守的原则。国君虽然赦了他的死罪,可是我不能不执行墨家之法。"腹䐠没听从秦惠文王的劝告,终于把他的独生儿子杀了偿命。

四,派出去做官的弟子有义务把薪俸的一部分供给墨家的团体。

墨家的经典著作《墨子》是根据墨子的弟子们的笔记整理编成的。它虽不是墨子的手笔,但书中重要的思想无疑是代表了他的思想。《墨子》有残缺,现存五十三篇。

墨子学说的核心部分,是他的"非攻"主张。他深刻地认识到侵略战争带给广大人民的灾难,坚决地攻击当时侵略战争的罪恶。指出被侵略的国家的人民命运固然悲惨,就是侵略国的人民,生活并好不了多少;只是少数统治者占了便宜。墨子曾用一个生动的比喻来说明战争的害处。他说,比如有一种药,一万人吃了,只好了四五个人,这种药就是无效而有害的。战争的结果如果只便宜了"荆吴之王""齐晋之君",这就肯定战争是极端有害的,所以应当反对。墨子在《非攻》里曾作过极生动详尽的论证,证明战争的害处。

墨子主张"非攻",并不是无条件地反对一切战争,对于抗敌御侮,保卫和平的战争,他不但不反对,而且以实际行动,全力支持它。他和他的学生都是防御战的专家,在现存的《墨子》里就有十一篇讲的是器械制造和守城战术。

墨子反侵略战争主张的理论根据,是他的"兼爱"的思想。它的主要论点是:一切战争都由于人们彼此不相爱产生的,因此,为了消灭产生战争的根源,就要求按照"兼相爱,交相利"的原则相处。墨子认为社会上的人,不分贵贱,都应互相爱护,彼此帮助。他说,每一个人爱别人就像爱他自己一样,还有谁去争夺呢?如果国家与国家之间能够相爱,还有谁来进行战争呢?实际上,在阶级社会里,"爱"是有阶级性的。墨子看不见产生个人斗争和国家之间的战争的社会根源,把战争和不相爱的原因归之于道德品质,显然是不妥当的。只从思想上、道德上要求一切人兼爱,当然只是一种空想。虽说他"兼爱"的理论是空想的,但并不能因此否认或降低他的反侵略战争这个主张的思想价值和实际意义。这是《墨子》的精华,也是我国人民爱好和平的优良传统。

墨子为了改善当时小私有者、手工业者的社会地位和经济地位,他提出了"官无常贵,民无终贱"的主张。并提出,只要人民中间有聪明能干的人,即是"农与工肆之人",照样有权利参加政治。这就是墨子的"尚贤"的主张。这种见解是极可宝贵的。

墨子希望和平,希望"饥者得食,寒者得衣,劳者得息"①,也就是说他希望劳动者能够得到应有的、起码的生活条件。在中国哲学史上,同情农民的进步思想家,宣扬饥者得食、寒者得衣的人还不算少,但是力争"劳者得息"的哲学家却只有墨子和他的学派。我们说墨子反映了劳动者和小生产者的要求,是有根据的。他从国家人民的大利考虑,认为除了战争的破坏外,贵族的压榨,是人民遭受贫困、痛苦的最大原因;战争尚或有间歇,而人民受剥削却是经常的。他认为有必要对贵族奢侈腐朽的生活加以限制,提出"节用"的主张,意思说,凡是生活所需的东西,以实用为主,反对铺张浪费。他以"节用"为中心,提出"非乐""非命""节葬"的主张。"非乐"主要论点是:眼前急待解决的是人民饥寒交迫的生计问题,音乐的享受是次要的。"非命"的主要

---

① 《墨子·非命下》。

用意在教人不要坐着等待命运的支配,要努力生产,富贵贫贱不是天生的,而应是人的努力或不努力的结果。在《节葬》里,他提出薄葬、短丧,反对贵族们的厚葬、久丧。这些主张虽然有某些片面的地方(如他忽视音乐教育人、感染人的作用,只把它看成是一种享受;同时,他为了反对贵族们的奢侈生活,连人民应该有的艺术生活也一并取消),但他针对当时贵族的奢侈生活进行批判、提出严正的抗议,完全是应该的。

《墨子》里还存在一些宗教思想,那就是"天志"和"明鬼"的学说。这方面基本上是继承了古代的宗教迷信。这里必须指出,墨子的天和鬼神是按照当时小生产者的愿望塑造出来的。这些小生产者是当时社会经济发展里新出现的社会力量,他们受剥削压迫,常把希望寄托在上帝、鬼神身上,希望通过天和神的威力,使那些特权阶级受到一定的制裁。墨子的上帝、鬼神思想,反映了他对当时剥削阶级的不满,同时也反映了他对剥削阶级的妥协,因为他的宗教思想的实际效果,无疑对人民斗争起了消极的、麻痹的作用。

墨子学说中提出的认识客观事物的方法和检查认识可靠性的标准,就是有名的"三表"或"三法"。"表""法"都是标志、标准的意思。墨子认为判断事情的真假是非的标准,第一,不能只凭主观的印象,而要有历史上的根据、前人的经验。这就是他所谓"上本之于古者圣王之事"。第二,要根据"百姓耳目之实",就是说要用广大人民亲身的经验作为标准,不能主观。第三,要看这种理论和学说合不合"国家百姓人民之利"①。这三"表"是墨子判断真理的标准,它的根本精神是唯物主义的。墨子思想中许多丰富的、带有进步的因素,都是在这一思想方法指导之下发

---

① 《墨子·非命上》。

展出来的。

墨子对劳动者有无比深切的关怀,他喊出了当时的小私有者、手工业者的呼声。他对那些不顾人民死活、穷奢极欲的王公大人的腐朽享乐的生活提出了严正的抗议。他对破坏生产、残杀人民的掠夺性的战争深恶痛绝,并提出了消灭战争的伟大理想。他一生为改善小生产者、劳动者的物质生活,提高他们的政治地位而斗争。他提出了判断事物是非、真伪的标准。他创立了艰苦力行、求真理、爱和平、有组织的学派。

初中课本《文学》第四册选的《公输》是《墨子》中的一篇。这一篇记述墨子劝阻楚王侵略宋国的故事。这事发生在公元前455 年到前440 年之间。这个故事,两千多年来一直流传着,好多古籍里都有记载。这是一篇完整动人的故事,它形象地表现出古代伟大的政治家、哲学家墨子的反对侵略战争的崇高理想和坚定的态度,也写出墨子坚持正义的自我牺牲精神。

故事开头写墨子听说公输般为楚王造成云梯将要攻打宋国,他就步行十日夜,赶到楚国京城——郢,去设法劝阻。故事结尾写墨子在楚谈判成功回来,路过宋国,大雨,把守街门的宋人不让他进去避雨。可见墨子不辞艰辛地赶往楚国,冒着生命危险来阻止攻宋,他的行为是扶助弱小反对侵略战争的正义行为,其中并不夹杂任何个人打算。墨子在郢,见到公输般和楚王,从各方面分析说明,义正词严地指摘了对方的错误。从对公输般的话里可以看出墨子对"智""仁""忠""强""义"的理解和标准。他对楚王谈话中鲜明的比喻,说明富强的大国侵略贫弱的小国是极端卑劣可耻的。这些话都突出地说明墨子思想中光辉的部分:反对侵略战争的主张和他对侵略战争的看法。墨子见到说道理不能说服对方时,就与公输般比赛攻守的战术并战胜了公输般。最后揭穿公输般的阴谋,明白地告诉楚王,宋国已有足够的防御力量。这都表明墨子为了人民的利益要求和平,但并不是向侵略者乞求和平,他更不只是空谈理论的哲学家,他除用严正的言辞跟侵略者抗辩以外,还充分认识到要求得和平必须有保卫和平的力量。事实证明,有足够的实力保卫和平,才能遏止楚王攻宋,宋国才免于战祸。

墨子接近劳动者,对他们所遭受战争的痛苦有深刻的认识,因而他的反对侵略战争的思想也是极强烈的。这种思想情感支持他不辞艰辛,不避危险,以伟大的自我牺牲的行为,对反对侵略战争的正义事业作了出色的贡献。

中国哲学研究在苏联*

　　自从苏联共产党第二十次代表大会以后,苏联关于东方问题的研究有了新的发展,但这并不是说苏联在过去对东方各国文化历史的研究就没有成绩。现在只谈谈苏联学术界对中国哲学的研究。这种研究,远在几百年以前就开始了。就以中国古典哲学的翻译来说,像《四书》,从18世纪以来,就有许多不同的译本。托尔斯泰也受过老子思想的影响。至于那些著名的汉学家,像罗索赫扬、里昂节夫、比丘里、华西列夫、莫那斯太也夫、波波夫等人,在翻译和介绍中国古代哲学著作方面,都分别做出过不少的贡献。

　　18世纪,俄国启蒙思想家诺维可夫曾译过一篇程颐《上皇帝书》,宣扬中国哲学家对"圣王"的期望和理想。程子的思想在宋代(11世纪)所引起的实际影响,以及我们如何评价程子的哲学,这是另外一个问题;俄国当时许多启蒙思想家所理解的所谓"圣王",却是一个符合俄国新兴资产阶级利益、反对封建专制的贵族政治的人物。他们把改良政治的希望寄托在开明的君主身上。因此,程子的哲学本来是为中国封建制度服务的学说,却在

---

　　* 原载《北京日报》1957年4月19日。

俄国起了意想不到的进步影响。这一事实一点也不稀奇。中国在启蒙时期也曾借用过外国的某些学说作为武器,像赫胥黎的《天演论》就是一个例子。

在 18 世纪,俄国革命民主主义者拉吉谢夫曾发表过和中国建立经济联系的论文。华西列夫院士的"论佛教"的著作,对中国的佛教有所阐述,他的著作还影响到另一位革命民主主义者杜波罗留波夫对中国佛教的研究。

车尔尼雪夫斯基的战友初贡诺夫曾发表过一篇"中国文明"的论文。这篇文章根据的材料虽然还不够充分,但是他以革命民主主义者的进步立场歌颂了中国人民的谦逊、勤劳、多才多艺的性格。他非常同情中国人民所遭受的封建主义和资本主义国家的双重压迫。他在他的著作中严正地指责了欧洲殖民主义者对中国内政和对太平天国革命的干涉。他还谈到中国古代的伟大思想家孔子和老子,并且认为老子的哲学是同情被压迫者的。

乌克兰的革命民主主义者谢甫琴珂在被流放的时期,还写了文章歌颂太平天国的起义,并且认为在俄国如果能有这样的农民起义,就可以快一些推翻沙皇制度。

十月革命以后,许多苏联学者对中国的研究被提到新的阶段,因为他们掌握了马克思列宁主义这个武器。比如彼得罗夫关于王充的研究(已由中国科学出版社出版),就是一部值得推荐的书。此外,杨兴顺对中国古代哲学家老子的研究,也曾引起了许多人的重视。谢宁在对孙中山的哲学思想和社会政治思想的研究中,也提出了一些值得重视的看法。

我们中国科学院哲学代表团不久前到苏联访问,经常遇到一些对中国哲学发生兴趣的学者。我们遇到的青年及老年学者中,有的研究管子,并把《轻重篇》译成俄文;《四书》的新译本已经完成初稿;有的青年研究生研究韩非子的哲学思想;有专门研究王船山的哲学的;有专门研究中国古代阴阳五行学说的起源和发展的;也有研究马克思主义在中国的传播和发展的;此外还有研究中国思想对日本的影响的;还有人研究乌克兰革命运动中中国人的贡献等等。

更值得提到的是苏联的哲学研究所已经和中国科学院的哲学研究所约定,双方合作,由中国供给资料,由苏联同志把中国从殷周时期的《尚书》到"五四"以后的许多重要哲学著作译成俄文。如果全部译成,约有六卷之多。相信这一工作完成以后,苏联同志们对中国哲学的研究会比过去做出更多、更好的成绩,因为他们已经掌握了许多原始资料。

中苏两国人民的友谊是牢不可破的,我们不但有共同的利益,还有共同的理想,这个理想是建立在马克思列宁主义的思想基础上的。我们今后的任务,就是要比过去更团结、更亲密,双方还要更进一步地互相了解。我们不但要互相了解我们的今天,也要进一步互相了解我们的昨天。在这一意义下,我们哲学史工作者必须担负起这一任务的主要部分。我们相信,经过一定时期的努力,经过双方哲学家的共同合作,将促使两国人民的友谊更加巩固。苏联哲学家对中国哲学史的研究,为我们今后如何进一步研究俄国哲学史提供了一个良好的榜样。

苏联哲学界争论的一些问题 *

我们这次访问苏联，时间只有一个月，所见所闻又只限于莫斯科、列宁格勒和基辅三个地方，事实上难免片面。现在只能谈谈我个人的一些观感。苏联哲学界所争论的问题，有些是我们也有的，有些是和我们不同的。这些异同颇值得我们研究。

首先使我们感到和中国哲学界相似的，是辩证逻辑和形式逻辑的关系问题。在过去，形式逻辑有一度被忽视，后来才开始得到正常的发展。在实际上，苏联的大学和科学研究机构里，形式逻辑是属于辩证唯物主义这一组的。到目前为止，大学哲学系还没有设置单独的逻辑教研室，听说暑假后可能在某些大学里设置逻辑教研室。

有许多论文讨论这两者的关系问题，有些苏联同志对我们说，他们讨论辩证逻辑和形式逻辑的"关系"太多了，而对于辩证逻辑和形式逻辑的本身研究得不够，因此很难深入研究这二者是怎样的关系。这一点倒是和中国目前的情况有些相似。

在苏联，对于辩证逻辑这门科学是否有它独立的研究对象，也有争论。有人认为只有辩证法，没有辩证逻辑，有人认为辩证

---

* 原载《新建设》1957 年第 5 期。

逻辑和辩证法的关系也还不明确。有人认为辩证逻辑有它独特的对象,是研究辩证思维规律的科学,和作为研究客观世界矛盾发展的一般规律的辩证法有所不同。到目前为止,辩证逻辑还没有成为一种独立的课程在大学哲学系里讲授。

在这一方面,苏联的哲学家和波兰的某些逻辑学家也有争论。波兰的逻辑学家,有些人不承认辩证逻辑是逻辑,认为逻辑就是形式逻辑和数理逻辑。这个争论还没有结束。

关于辩证法、认识论和逻辑的统一的问题,是列宁提出的,在苏联有不同的理解。有些人认为这三者之所以统一,就是因为这三者本来是一回事,都属于认识论的范围,不论如何,哲学所研究的总归是认识论的问题。有些人认为这三者各有它所研究的对象,不是一回事。它要包括思维与存在的关系、范畴的系统、认识的特殊过程,他们认为只要研究范畴的体系就可以解决了认识论和逻辑的问题。关于范畴的研究,在苏联哲学界已广泛展开,虽然这是近二三年的事,预料不久就有很多的著作可以出版。

关于范畴问题的研究,也有些人不仅开始研究范畴的客观性,也注意到范畴的主观性。

关于哲学史,也有过一次规模较大的争论。那是在 1956 年的 6 月,全苏联开过一次哲学史的讨论会。比我们中国哲学史的讨论会早了半年。在讨论会上除了检查了过去在哲学史工作中所发生的偏差以外(比如,在哲学史工作中没有很好地说明俄国哲学与西方哲学的关系,没有说明俄国哲学中的唯心主义,因而使得哲学史发展的路线不够分明,等等),还涉及研究哲学史一般的重要问题。他们对俄罗斯自由主义的评价,发生了争论。有人认为俄罗斯自由主义思想有进步作用;有人持不同的看法。

在会上还讨论到哲学史的对象问题,有人认为哲学史就是要叙述整个哲学思想发展的历史,有时有唯物主义与唯心主义的斗争,有时只有唯心主义在统治着当时的哲学界,没有斗争。因此这些人认为哲学史不能把唯物主义与唯心主义的斗争作为研究的对象。会上多数人反对这种意见,认为日丹诺夫的定义基本上是正确的,即使有些小的不完善之处,但大处是对的,哲学史如果忽略唯物主义与唯心主义的斗争,就会脱离了阶级斗争来讲哲学史。

苏联在哲学史研究方面,也力图摆脱片面化、公式化的偏向。过去他们对唯心主义经常采取不理会或一笔抹煞的态度,近来他们一致认为对唯心主义要作具体分析,不论对唯物主义或唯心主义的哲学,要注意它内部的区别。庸俗唯物主义是辩证唯物主义要批判的,19世纪30年代的柏林斯基虽然是唯心主义者,但他起了进步作用。反对处理问题简单化,这一点,苏联哲学界的见解是一致的。

至于我们目前对于中国哲学史所研究的范围的问题,在苏联的哲学家看来,不成问题,哲学史和一般社会政治思想是不同的。他们最近出版的《俄国各民族哲学及社会政治思想史》,是由于有些民族有丰富的社会政治思想(虽然有的民族没有自己的文字),但是他们没有哲学思想,所以他们的哲学史也包括社会政治思想。苏联的哲学史工作者的这个经验是值得我们吸取的。

在哲学史的讨论中,他们还指出,在唯心主义的哲学体系内,有时包括有辩证法的思想,黑格尔是一个例子,黑格尔以外,还有其他的哲学家。因此,辩证法与形而上学的斗争,也不要忽略。

关于哲学这一门科学的存废问题,在苏联也有过争论。因为有些人看到自然科学进入原子时代,有飞快地发展,而哲学方面进展的速度似乎跟不上。有些人主张把辩证唯物主义这一部门所要研究的问题分门别类地交与自然科学各科学部门去研究，比如物理、化学、生物、数学各部门可以分别进行自己专业的哲学问题的研究，不必由哲学家来做结论。我们遇到许多哲学家反对这种看法，他们说这种看法就等于实证主义的看法。实证主义就是想以科学代替哲学的，实际上就是要取消哲学。这里也反映了一种实际情况：哲学是指导科学研究方法的。如果哲学不能及时提供科学研究方法，也难怪科学家感到不满意，有意见。

苏联哲学界已十分注意如何进一步研究自然科学中的哲学问题。因为现代（特别是当前的资产阶级唯心主义哲学）的唯心主义哲学流派经常利用现代科学成果去歪曲科学的原理，从而对马克思主义哲学进行攻击。这一战场的斗争可以说刚刚开始。今年六月间要举行一次全苏联的自然科学的哲学会议。预计在全体会上有以下的报告：物理学方面有"量子力学的唯物主义解释""相对论的哲学问题""初步质点的理论"；生物学方面有"生物化学的哲学问题""消化的哲学的问题""遗传学的哲学问题""生理学的哲学问题"等。在会上还讨论一般的自然科学的哲学问题，有"列宁著作对研究自然科学的作用""物理的方法如何推广到生物学的研究中去""各种运动的形式"等题目。

这些问题并没有什么秘密，因为资产阶级的唯心主义哲学家早已在物理、生物各方面对辩证唯物主义肆行诬蔑和曲解了，我们不过是根据科学事实击破他们的进攻，保卫马克思主义的哲学罢了。

在这一新的领域内，中国哲学家们的工作刚刚开始，至于如何使我们的科学家进一步精通马克思主义哲学，如何使我们的哲学家进一步掌握一定的自然科学，实在是一个迫切的任务。

苏联在这一方面有许多经验是值得我们学习的。

在历史唯物主义方面,关于基础与上层建筑的问题也有争论,并且这个争论已逐渐深刻。苏联有些哲学家认为上层建筑既然为基础服务,当无产阶级取得政权后,就要把旧的上层建筑一齐推翻,认为上层建筑没有继承性。有些人反对这种看法,认为上层建筑是有继承性的,上层建筑在形成自己的过程中发展了自己。

有人认为既然经济基础即是当时占统治地位的生产关系,在一定的社会内即不可能有另外的生产关系。比如资本主义社会的经济基础即资产阶级的生产关系,问题很简单,似乎不必争论。也有人指出即使资本主义社会也没有纯资产阶级的生产关系,比如个体经济的生产关系、封建的生产关系等。如果把资本主义社会的生产关系简单化,就无法了解个体农民的经济基础。

有人认为上层建筑即统治阶级的机关和思想。也有人认为问题也不是这样简单,认为这样就不能了解别的阶级的思想。这些学者认为,如果只承认资产阶级的思想体系在资本主义社会才是上层建筑,那么工人阶级的思想体系就不算上层建筑,只算作上层建筑的一些现象,这种看法是企图掩盖矛盾。

有的人认为要正确理解经济基础是现阶段所有生产关系的总和的意义。马克思、恩格斯提出经济基础的范畴,是为了一般地研究社会,他们说经济基础是现阶段所有生产关系的总和,但统治阶级的生产关系占主要地位。所以像国家和法律是上层建筑的主要因素。但是必须承认阶级社会在生产关系中是有矛盾的。这种矛盾必然反映到上层建筑中。因此,有一部分上层建筑保护它的基础,也有一部分上层建筑要破坏它的基础。

苏联哲学家还大力研究世界各国从资本主义过渡到社会主义的规律;中国向社会主义迈进是否和平过渡,据我们接触到的哲学家,对这个问题有着不同的看法。此外,对于社会主义国家之间的矛盾,社会主义国家人民内部矛盾的性质(对抗性的或非对抗性的)也和我们有类似的讨论兴趣。此外他们也注意到修正主义与教条主义的问题,什么是修正主义,什么是教条主义,也是苏联哲学家很关心研究的问题。

关于美学问题,和我们所争论的问题差不多,他们也讨论到美的主观性和客观性的问题,美学原理的认识论基础,美学的范畴等等。所不同的,苏联的美学理论的研究和美学实践联系得比我们好些。美学理论家,经常和戏剧、电影、音乐、美术工作者取得关系,我们的美学理论到现在为止,似乎停留在抽象理论方面更多一些;即使联系实际,也多半和绘画、文学有些联系,接触实际的圈子似乎小了一些。我们的美学理论家有的只重在古代,有的对古代了解得很少,这些地方,苏联的工作是值得我们重视的。

总起来看,苏联哲学界所争论的问题,都是当前哲学工作中迫切的问题。这些问题对我们中国哲学家有共同的兴趣,苏联老大哥在许多科学领域内走在我们的前面。苏联革命成功后四十年的辉煌成就,不只表现在经济建设、政治生活方面,也表现在文化生活方面,当然哲学的成就也包括在内。

从苏联哲学界的争论的问题,我们可以看出苏联哲学界正以全力从事三个主要方面的研究。第一,是自然科学中的哲学问题。不但过去几年来有很好的成绩,今后若干年内也将会有更多、更大的力量投入这一新的科学领域。这一方面从恩格斯、列宁已经给我们树立了光辉的榜样,可是我们哲学工作者远远落后于实际的需要,列宁以后,这一方面发展得较为缓慢,有些反动的唯心主义者千方百计地从这一方面向唯物主义进攻,如果这个战场上打得好,才能更有效地捍卫马克思列宁主义的哲学。苏联的哲学家们走在我们前面、并已取得巨大的成绩,我们中国哲学家为了和苏联哲学家起并肩作战的作用,非赶快开展这一方面的研究不可。马克思主义的哲学是生产斗争和阶级斗争科学知识的总和。就目前的中国的哲学家来说,对生产斗争的科学知识还很不够。这样就不能很好地发挥马克思主义的哲学。

第二点值得我们注意的,是苏联哲学界非常注意哲学史的研究,从我们所接触到的哲学家来说,这一方面科学干部的力量在目前苏联哲学界是最强的。苏联的哲学家们,不仅以全副精力,满怀信心地面向未来的共产主义社会,他们还及时地总结人类过去几千年来思想斗争的经验,探寻它的规律。苏联的哲学家告诉我们,他们曾以十年的时间,集中全国的著名学者为了完成一部世界哲学史而工作。更值得注意的是他们对俄国哲学史的研究,无论从成绩来看,就其政治意义来看,都是头等重要的工作,研究的质量也是很好的。

第三点值得我们注意的,他们非常注意研究当前的实际问题,把当前实际问题的研究提高到理论的高度。他们非常关心从资本主义过渡到社会主义的规律问题,人民内部以及社会主义国家之间的矛盾问题。尽管他们有争论,有意见上的分歧,但是他们保持了马克思列宁主义哲学研究的优良传统:理论联系实际。这一点和我们党所领导的科学研究的学风是一致的。我们很希望两国的哲学家能够经常联系、观摩,共同发展马克思列宁主义的哲学。

除了上述三点苏联哲学界以全力进行研究以外,还有在目前比较薄弱、有待于展开的部门。这些部门在整个社会主义国家都展开得不够,比如马克思主义的伦理学,在今天全世界范围内还没有深入下去,没有很好地开展研究;比如辩证逻辑与形式逻辑的关系;美学上的许多问题,范畴的问题,以及无神论及马克思主义伦理学原理等科学部门,有待于我们两国的哲学家共同努力,共同开展。逻辑问题和美学问题这一两年来中苏两国的哲学家都很感兴趣,都有过一些讨论。如果能共同讨论、研究,会对这方面的科学研究起推动作用。伦理学方面,苏联还没有很好地展开争论,中国哲学界也有同样的情况。我们要以共产主义的道德原理教育我们的下一代,我们也要经常以这一原理教育自己。而这一方面的讨论和研究很不够。我之所以提出这一问题的重要,主张急起直追倒不是由于苏联的争论或者由于我们自己的争论引起的,倒是由于中苏两国的哲学界都很少在这个科学领域内展开过争论才提起的。

十年来从事中国哲学史工作的
一点体会*

自己对中国哲学史这门学科发生兴趣已有几十年,但是真正说得上研究中国哲学史,只能从建国十年来算起。

在旧中国的大学里都有"中国哲学史"这门课程。哲学史,顾名思义,应当是哲学发生发展的历史。什么是哲学,资产阶级的大学里根本讲不清楚。资产阶级学者故意掩饰他们为剥削阶级服务的党派性,把哲学说成"超阶级""超时代""追求永恒真理"的学问。像这样的"学问"当然是不存在的。在资产阶级唯心史观支配下的哲学史"研究",必然是非科学的。那些年月里也念了一些书,熟悉了一些资料,但资料总是在一定观点支配下取得的,世界上没有脱离了观点的资料。

旧中国的哲学史说不上是一门科学,不过是旧大学里不得不开设的一门学科。说它不是一门科学,并不意味着它不具备它的特点。因为哲学史和其他上层建筑一样,唯心主义观点的哲学史在旧中国是为封建主义、帝国主义服务的工具。以资产阶级观点写的哲学史著作来说,有的露骨地宣扬买办文化,有的

---

* 原载《文汇报》1959 年 9 月 22 日。

露骨地宣扬封建文化，有的二者兼而有之，也有的自称"超政治""超阶级"，实际上为反动统治阶级点缀升平，引导青年脱离政治斗争。如果说旧中国哲学史工作者也对中国文化有过一些贡献，也仅仅限于资料整理方面。也有一些资产阶级哲学史的著作中在个别的问题上看到了一些现象，由于他的观点、方法、立场不正确，因而对一些现象所做出的解释总是荒谬的。他们的资料整理工作也是一鳞半爪，远远谈不上科学的整理。

在旧中国，也有少数先进学者以马克思主义观点、方法整理过中国哲学史，如郭沫若、吕振羽、侯外庐、范文澜都曾在极艰苦的条件下在各个方面对中国哲学史的研究有过贡献，他们的努力是值得尊敬的。但在整个学术界，大量泛滥的还是资产阶级唯心主义的哲学史。

彻底改变哲学史这一科学的精神面貌，在哲学史这领域内插上马列主义的红旗，马列主义哲学成为人们普遍相信的真理，那是最近十年来的事。中国哲学史的研究工作十年来也发生了质的飞跃。

全国解放后，广大知识分子开始系统地学习马克思主义，开始知道了哲学是一定阶级的世界观，知道一切哲学流派都有党性，知道马列主义哲学是改造世界的工具。对于哲学有了正确的认识，才有可能把哲学史的研究纳入科学的轨道。

十年来在党对广大知识分子的亲切关怀下，给知识分子安排了种种学习和锻炼的机会，使他们一步一步放弃唯心主义、认识辩证唯物主义的真理。我个人就是在党的教育、培养下，从接近马克思主义到相信马克思主义的一个。找到了马克思主义的真理后，才知道过去古人所讲的什么"修身、齐家、治国、平天下"的"内圣外王之道"不过是骗人的空话。离开了阶级斗争空讲什么"万物一体之仁"，完全是假话。只要世界上还有人剥削人的制度,就不会有什么"天地万物一体之仁"。这个道理,劳动人民比知识分子懂得多。农民知道天下人民是一家,但是他们的观念里不包括地主。工人阶级大公无私,但他们知道资本家和工人是两条心。相形之下,知识分子就糊涂多了。今天看来是最简单的道理,十年前,对许多知识分子来说,竟闻所未闻。

马克思主义是真理,它像太阳一样,照亮了每一个角落。十年来,广大知识分子越来越多地接受了马列主义这一放诸四海而皆准的真理。从此,眼界开阔了,思路也清楚了。

自己深切体会到要研究哲学史,首先要学好马列主义的理论。要学好马列主义的理论,必须联系实际,不接触实际,光念书本,是学不懂马列主义的。十年来,亲身经历了许多轰轰烈烈的政治运动,像土地改革、"三反""五反"、思想改造、肃反、合作化运动、去年的"大跃进"和人民公社化高潮、下放劳动锻炼,等等。每一次运动和政治活动都使参加者受到了生动深刻的教育。经过实际的锻炼,对马克思主义的一些基本原理和基本精神的理解就多懂得了几分。回头来再看看哲学史上的许多问题,有的迎刃而解,有的比过去有了较深入的认识,也有些问题从前看不见的,现在看见了。

"史"的工作总是搞的"古"的东西。自己体会到越是研究古代,越需要通晓当前的实际政治斗争和思想斗争。要做到"古为今用",首先要明白今日要"用"的是什么。不通今不能认识古。马克思曾说过,人体解剖是猴体解剖的钥匙,正是告诉我们不了解当前的社会就无法了解古代的社会,缺少钥匙就打不开研究古代的大门。

建立马克思主义的哲学史,首先要求从事这一工作的人是一个马克思主义哲学工作者。如果缺少实际锻炼、不会做基层工作、不能和劳动人民交朋友的知识分子,一定不能懂得马克思主义的道理;他写出的文章,即使能够引经据典,必然干瘪、空洞,不解决实际问题。这并不是说理论学习、书本知识不重要,而是说,对于长期脱离实际、和劳动人民隔绝的知识分子来说,念书本还算比较容易的。马克思主义的经典著作不允许人们把它当教条来记诵。马列主义的经典著作,脱离实际、只读字句的人是读不懂的。

我还深切体会到研究哲学史,缺少理论是不行的,要学懂理论,必须联系当前实际,如果对当前的人民公社的许多问题茫然无所知,或"不感兴趣",侈言能精通三代两汉的社会、政治、哲学,那是自欺欺人。

旧知识分子自以为观点有时差些,资料总还熟悉。我也感到事情不是这末简单。因为资料不是孤立的,在唯心主义观点支配下搜集的资料,往往是片面的、主观的。有些真正有价值的资料往往看不见。科学地研究哲学史,连资料工作也要虚心当小学生,重新做起,靠"存货"是危险的。

哲学史工作者一般通病是对哲学懂得多,对"史"懂得少,比如对经济史、政治史知识比较欠缺,这也要进行补课。只从概念上分析,即使析入毫芒,也难免不着边际。

十年来祖国各方面的成就是伟大的,中国哲学史的领域内也获得空前的丰收。其荦荦大者,如在学术界普遍树立了马列主义坚强的领导,衡量是非有了共同的尺度;经过几次大规模的学术批判,提高了辨别资产阶级伪科学的能力,壮大了马列主义的科学队伍;在百家争鸣的方针指导下,有效地推动了学术界的繁荣发展,出现了空前活跃的学术空气;几年来逐渐形成认真读书的风气,在哲学史研究中言之有物、言之有据的专门著作日渐增多。这些哲学界的成就都是马列主义的胜利。

十年来取得的成就是伟大的,但是我们的工作远远落后于客观发展的要求。有许多"荒地"等待我们去开垦,任务是光荣的,也是艰巨的。我们决心在党的光辉照耀下,和学术界同志共同努力,克服艰险,继续攀登科学研究的顶峰。

哲学系在农村进行
的科学研究工作[*]

今年六七月间,在教育路线的大辩论中,全哲学系的师生对教学和科学研究一致感到不能照旧样子做下去了。科学研究工作中也暴露了许多资产阶级观点。这些资产阶级观点是资产阶级的科学研究路线所造成的必然后果。许多教师和一部分同学(高年级同学有科学研究的任务),在科学研究中存在着比如厚古薄今、脱离实际的教条主义倾向。至于少数资产阶级教授借"百家争鸣"的机会替唯心论争地位,企图修正马克思主义的所谓"科学研究"更是有害的毒草。也有些人为研究而研究,科研脱离教学的倾向也十分严重,但是这些缺点比起上述的缺点来说反而显得不算重要了。

只要回顾一下我们所做的科学研究题目就足以发人深思。比如,中国哲学史方面的题目多半集中在春秋战国、两汉魏晋,对于近代现代的伟大思想家和重要思想斗争注意得不够。这里不是说不应研究古代哲学,我们今后到共产主义社会还要研究上古三代、两汉魏晋的哲学思想;现在要指出的是有些人忘记了

＊　原载《北京大学学报》(人文科学)1959 年第 1 期。

古为今用,忘记了研究古代的目的是为当前社会主义建设服务。研究西方资产阶级哲学的专家们,由于立场和思想认识的模糊,研究康德的,往往成为康德的俘虏,研究黑格尔的成了黑格尔的信徒。就是拿辩证唯物主义这一方面的科学研究来说,也有许多人存在着严重的教条主义现象。研究者没有下乡下厂,只是凭借报纸、杂志、经典著作上的一些词句来写文章。科学研究的题目像:"过渡时期的基础与上层建筑""我国农业合作化的道路""论资本主义工商业改造"等大题目,由于研究者缺乏下乡下厂的实践,就很难了解当前大变革中劳动人民的思想面貌,只看到一些物质方面的现象,难免陷入见物不见人的片面认识。这里不是说理论性较强的题目不应当研究,而是研究者缺少感性认识,一开始就进行理论分析,不是训练青年进行科学研究的好办法。这样训练出来的研究工作者一定会脱离实际,只会翻书本而不善于解决实际问题。

经过全系师生的红专辩论,教育方针的辩论后,绝大多数师生拥护教育与生产劳动相结合,教育为无产阶级的政治服务的方针。经过一段时期的准备工作,哲学系师生全体三百多人的队伍下放到北京南郊大兴区芦城乡先锋农业合作社。这个社不久即扩大为黄村人民公社。

哲学系师生下放以来,和老乡们同吃、同住、同劳动,学习农民的优秀品质,在劳动中和群众建立了深厚友谊,在所在村的每一块土地上留下了劳动脚印,淌过汗珠,大家就更加热爱亲手参加建设中的农村。知识分子第一步和工农结合了。体力劳动和脑力劳动也开始荟于一个人身上。三个多月来的实践证明了党所指出的共产主义教育方针收到了显著的效果。现在只就我个人的见闻和体会,谈谈有关科学研究的一些问题。

学校党委提出要建立教学、科学研究、生产劳动的联合基地。哲学系党总支根据党委的指示的精神和在农村进行教学的情况,提出了"五结合":即教学、科学研究、生产劳动、社会工作、思想改造相结合。我们下放农村一年中的任务是:全面贯彻共产主义教育方针,积极参加劳动和实际工作,虚心向农民群众学习,创造性地学习马列主义的基本原理,运用理论联系实际的方法,学习公社,研究公社,办好公社,为培养有共产主义觉悟的劳动者和优秀的马列主义宣传员而斗争。

三个多月来的实践证明,哲学系师生进行的科学研究的方向是正确的,内容也丰富多彩,质量比过去所进行的一些研究有了显著的提高。

刚下来时,多数同学习惯于查文献,广泛引证经典著作的研究方法,还不习惯、不知道创造性地工作,深入工作,总结经验就有活生生的辩证唯物论,就有科学研究。有些同学一下来就想研究"基础与上层建筑""生产力与生产关系"等内容宽泛的大题目。而这些题目的研究和当前农村中的建社宣传工作,劳动生产活动,关于农民思想情况的调查了解工作连不上。因此,有些人认为,下乡来主要任务只能是劳动,教学和科学研究在农村不好搞,有人甚至认为不能稿。

针对这种情况,校党委和中宣部、市委负责同志先后来芦城视察时都及时作了具体指示:不会总结一点一滴经验的人,就不能研究大题目。对同学们来说,首先要学会写有内容的小文章。养猪、刨花生、深翻土地中就有哲学。他们还指出,学社会科学的首先要了解社会、熟悉社会,才能改造社会。马克思主义哲学在于改造世界,如果不参加社会的改造运动(在目前对哲学系师生来说就是把公社的工作做好),就不能算作学哲学。哲学工作者的任务就是参加活动,参与世界的变革。

在党的正确领导下,开过几次现场会议,其中有教学工作的、红专学校的、哲学普及工作的、化肥厂的、食堂工作的,大家都认识到农村中有无限广阔的科学研究园地,科学研究大有可为。科学研究可以从任何工作中总结出经验来。这些经验对于办好公社,改变农村面貌,推动教学,从农民中学习他们的长处进行自我思想改造,都收到了显著的效果。"五结合"成为水到渠成的事。

哲学系的科学研究工作也采用了在其他生产战线上早已采用并行之有效的大、中、小并举,能者为师的办法。

下乡后,曾多次约请当地领导干部给我们做报告。他们分别讲过公社的生产分配情况,当地合作化史,当地某些人民内部矛盾等问题。由于这些同志有过多年的农村工作经验,熟悉情况,立场坚定,他们的报告生动、具体,给同学们的教育启发很大。像这样的科学报告,本来就是有价值的科学研究的结果。

同学们在农村中初步生了根,从农民的日常谈话中不断汲取科学研究的泉源。有一位农民曾经说过"是活怕人,还是人怕活"的问题,同学们从这里体会到人的主观能动作用,向自然斗争的基本规律,它包含着丰富的辩证法。同学就这个问题写出了一篇几百字的文章,简短而有内容。这一工作引起了同学们的兴趣,今后还要陆续进行这样的哲学采风。

为了进行哲学普及和广泛宣传,同学们也试用民间流行广泛的《水浒传》和《三国演义》中的故事,加以哲学分析,做出哲学论证。虽然这一方面的工作刚刚开始,有些故事的情节和企图阐明的哲学道理未必那末紧密合拍,但已收到良好的效果。有的干部学过哲学后开始改进了工作方法;广大群众也开始学会正确地运用"辩证法""形而上学""唯心主义""唯物主义"这些概念。我们也开始培养了几个农民哲学家。

为了服从工作需要,哲学系师生多半是干什么工作就研究他工作范围的有关题目。同样题目可以多人共同研究,比如《黄村人民公社的分配问题》《人民公社的组织原则与民主集中制》《人民公社是向共产主义过渡的最好形式》《如何办好农村幼儿园》《仓库管理工作》《麦田管理》。我们组织了文化革命的调查队,进行一些美学问题的研究等等。

在教学发生争论时就根据争论中的问题展开大字报、鸣放、辩论。在鸣放辩论中,意见逐渐系统化,把它提高到理论认识时,就形成了科学论文。在上一个月进行破除资产阶级法权思想残余的辩论中,关于知识分子的道路,知识分子的地位、作用等问题由大字报的形式逐渐发展成了近百篇的文章。这些文章,尽管在理论分析和观点方法上未必十分完善,它是现实生活中产生的问题,因而这些科学论文就不是无的放矢,而是有内容的。

我们的科学研究工作的进行,有时在不同的村子里分别进行,也有时由许多村中抽调一部分人集中到一个点进行调查研究。既要来自下面的材料,也要从公社领导角度考查。有些项目要以全系的力量去搞,系总支在公社党委领导下,密切配合当地各级党政组织进行研究。有些题目可以由个人分别着手。小经验的点滴积累可以逐渐构成大问题的重要组成部分;大问题的研究又促使小经验更加成熟,避免陷于片面性。从小到大,从大到小,大小结合,就可以使同学们更加明确公社的各个方面。这对于改进公社,丰富教学都有好处。

哲学系也在某些年级开展了几次科学报告会。由于每人都参加了一定的社会工作,都参加了劳动生产,所以讨论起来很热烈。讨论会上能者为师,大家互相提出批评或补充意见。既发展了报告的内容,又研究了公社有关方面的工作,也提高了理论认识。

通过科学研究,更加使师生们明确了马列主义哲学确实是改造世界的武器。哲学系的师生,过去不是不知道哲学要改造世界。但是坐在书斋里,对改造世界来说,总觉得隔了一层。即使研究的是实际中的问题,由于没有亲身参加变革现实的实践,感性认识不足,做出的理论分析就不容易深刻,更难说解决实际问题。

同样是研究人民公社的分配问题,现在亲身参加到农民的行列里,和农民群众一道生活,就感到研究分配问题,不只是作为一个"题目"来研究它,而是感到这个问题是关系几亿农民的命脉,关系生产,关系生活的大事。许多从事科学研究的师生,在这样的认识下,我们的科学研究工作不是在掉书袋,做文章,不是苦心孤诣考虑结构、逻辑性,而是首先考虑如何对公社负责,对农民对国家有利。这样,无形中就把教条主义挤得没有容身之地。

由于亲身参加了劳动生产,我们都深感到某些方面管理不善就造成窝工,对损失感到痛心,对公社的利益有着深切关怀,就更加认识到研究人民公社的管理制度,研究开展群众政治思想工作的重要。因此,科学研究不得不和教学、生产劳动、社会工作、思想改造息息相关,一环扣一环,形成五结合的整体。

工作中、辩论中经常遇到困难,回头再来看书,会产生在学校图书馆死抠字眼时所收不到的效果。有人说,在乡下经过生产劳动,实际工作,经典著作似更好懂了。通过我们学习公社,许多人亲身参加到公社里的各项工作的感受,我们再读斯大林的《苏联社会主义经济问题》一书,就一辈子也忘不了马克思以来,经典作家所说的社会发展规律不以人们意志为转移这一真理,对生产关系必须适合生产力发展的原则的认识深度也和过去不同了。

在下放到农村以前,许多人对待科学研究的态度是不太严肃的,甚至有人为了"一鸣惊人"而大做文章。现在的科学研究不是在做文章,而是在工作经验的总结基础上,提出哲学理论方面的问题。下来后,能在科学研究中取得发言权的未必是书念得很多的人,首先是肯钻研、能劳动、爱社如家的积极分子。科学研究不允许夸夸其谈,而要求实事求是。由于我们的科学研究和公社的利益、全体人民有着血肉相连的关系,我们的态度严肃了,认真了,看问题不得不深入了,开始树立了踏实的新学风。

取得了这些成就的同时,也随着这些新成就出现了一些问题。有些人由于深入实际后有所收获,克服了教条主义、脱离实际的偏向。因此有人只重实际工作,不肯接触书本,以实际代替理论。总支发现后,已及时做了纠正。科学研究工作中由于接触黄村公社的实际较多,又忽略了全国其他的人民公社的发展,如果不及时注意,很容易见树木不见森林。在时间安排上,在乡下随着公社的中心工作学习和研究。科学研究的开始和结束不可能完全和公社的中心工作安排一致。比如说我们关于公社的分配问题的研究,主要是为了公社的分配工作,但是分配问题的科学研究,还有一些重大理论问题,社会主义经济法则的许多问题,要占有更广泛的材料,需要较多的时间,和当前的中心工作有时要脱节。也有时生产任务急迫,教学工作和科学研究在时间上不很容易完全保证。现在这个问题已经初步解决了。此外,集体作用与个人作用如何配合,教师的作用如何发挥,都有待于今后从实践中创造经验来加以丰富。

从一个哲学系来说,也有许多科学研究的题目是不适宜于在乡下进行的。比如关于哲学史的研究,现代资产阶级学术批判,逻辑方面的研究等。如果说,哲学系通过下放就可以完全解决了哲学系的科学研究问题,也是不恰当的。

哲学系下放到农村教学,才短短几个月,有许多经验还有待今后进一步发展,有些看法还不够全面,现在做出结论,还为时过早,总的看来,一个崭新的哲学系在党的正确教育方针领导下诞生了。正确的科学研究道路和方向开始找到了。摆在我们面前的任务是通过实践,学习理论,运用理论指导实践,解决实际中的问题,使哲学出粮食,使哲学出钢铁,使哲学进一步巩固、发展,使哲学在群众中生根。

老子的朴素辩证法思想 *

关于老子这个人和《老子》这部书的时代，从汉代起就有不同的说法：一派认为老子是孔子的老师，和孔子同时略早；一派认为老子的时代比孔子迟，书也是战国时期的作品。

老子的哲学体系是唯心主义还是唯物主义，现在哲学界有不同的看法。至于老子的哲学有丰富的辩证法思想，则是没有争论的。

老子的辩证法思想是春秋末期阶级矛盾在哲学思想上深刻的反映。它系统地揭示出世界上的事物不是各个孤立的，而是相互依存的，如美丑、善恶、难易、长短、高下、大小、生死、刚柔、进退、祸福、荣辱、巧拙……这些对立面如果一方不存在，它的对方也就不存在。所以老子说"有无相生，难易相成，长短相形，高下相倾"（《老子》二章）。它们的关系是矛盾的统一。

老子还指出任何事物都不是停止不变的，它们随时都在变化之中，并且都按照一定的规律在变化着。这就是"向着它的对立面转化"："反者道之动"（《老子》四十章）。他说："祸兮福所倚，福兮祸所伏。"（《老子》五十八章）用现代语言就是："灾祸

＊　原载《教学与研究》1962 年第 2 期。

啊,幸福紧靠在它旁边。幸福啊,灾祸埋伏在它里面。"老子看到事物无不向着它的对立面转化这一规律,他看到大小、强弱的互相转化,他认为对幼小的、柔弱的事物要给以足够的重视。他指出"柔弱胜刚强"的原则,作为认识世界,对待生活的基本依据。他举出,水最柔弱,但是它能战胜比它坚强的东西。又由于老子看到事物发展到一定的程度会否定了它自己,走向它的对立面,他主张最好预先容纳一些反面的因素,使事物不要发展到它的极限。他说"物壮则老,是谓不道,不道早已"(《老子》三十章)。这就是说,只追求强大,必然走向衰老,这就不合乎"道"。不合乎"道",必然很快死亡。

为了防止不利于自己的事物的发生或发展,老子主张对它的发展要加以控制,使它不要过分,它就不会发生转化。他说:"大成若缺,其用不弊;大盈若冲,其用不穷。"(《老子》四十五章)。意思是说"最圆满好似欠缺,可是它的作用不会败坏;最充实好似空虚,可是它的作用不会穷竭"。用这种原则对待敌人,就要主动发展其有利的因素从而使他们陷于不利。老子说"将欲弱之,必固强之;将欲废之,必固兴之;将欲夺之,必固与之"(《老子》三十六章)。这就是说,将要削弱它,必须暂且增强它;将要废毁它,必须暂且兴起它;将要夺取它,必须暂且先给它。

老子的辩证法思想不是没有弱点的。它的弱点在于讲变化而不注意转化的条件。他看到事物必然向它的对立面转化,是他的杰出的贡献。由于他忽略转化要通过一定的条件,他在孤立地讲转化,有时不免把对立面的转化讲得抽象化、孤立化,他认为人们在变化过程中只能处于被动的命运。祸福的转化,有无的转化,总是在循环往复,周而复始。这就破坏了辩证法,给循环论开了后门。照老子的辩证法,既然强大会招致衰老,宁可不要强大;既然争荣誉会带来屈辱,宁可不争荣誉。所以老子说

"知其雄,守其雌""知其荣,守其辱"(《老子》二十八章)。这就是说,虽深知什么是雄强,却安于柔雌的地位;虽深知什么是荣誉,却安于卑辱。

这些都是老子的朴素辩证法本身的一些弱点,这点弱点,限制了他的辩证法的体系的正常发展。

孔子的"仁"的保守思想中
的进步意义[*]

孔子一生目的在于恢复周礼,恢复周礼的政治措施是"正名","正名"是孔子唯心主义的政治路线,恢复周礼的思想保证是贯彻"仁"的原则。孔子认为恢复周礼并不难,只要贵族们主观上有"爱人"的感情,自觉地遵守周礼的规定("克己复礼"),"仁"的原则就可以实现。因为孔子看到当时带头犯上作乱、杀父弑君的叛乱行为经常发生于统治阶级内部。当时的君、臣都是奴隶主贵族的身份,孔子无法理解当时处在臣的地位的许多叛逆者(如季氏等人)已经是新的生产关系的体现者,他们君臣之间的矛盾,是新旧两种生产关系不可调和的矛盾,只能由新的代替旧的去解决。孔子从奴隶主阶级立场,主观地认为他们的争端只是由于不相爱,没有按照周礼的规定去做的结果。所以孔子说:"君使臣以礼,臣事君以忠"(《八佾》),提出了"仁"的原则以消除当时公室(天子、诸侯)和私家(大夫、陪臣)的矛盾。孔子的"爱人"并不包括奴隶和劳动者,有人说孔子的"仁"的原则是奴隶解放的号召,显然是过高地估计了孔子的进步作用。孔

＊ 原载《学术月刊》1962 年第 7 期。

子虽然说过"己欲立而立人,己欲达而达人,能近取譬,可谓仁之方也矣"(《雍也》),又说过:"己所不欲,勿施于人。"(《颜渊》)但是孔子根本没有想过他的"己所不欲"可以包括奴隶,他也没有想过"能近取譬"可以超越周礼规定的范围。孔子不会想到:他自己不愿意当奴隶,也不愿意别人当奴隶,他的恕道只是奴隶主之间的恕道。如果有人想:"我自己希望篡弑,也同意别人篡弑;我自己想僭越,也同情别人的僭越。"对这种大逆不道的思想,即使"能近取譬",孔子也不会认为他是"仁",而是他是大不仁的。

孔子从唯心主义观点出发,他把客观存在着的阶级矛盾简单地看作贵族之间不相爱、不行忠恕之道的结果,把实际的阶级矛盾当作思想认识问题,所以孔子认为实现"仁"的原则并不要其他条件,只要主观努力就行了,他说:"仁远乎哉?我欲仁,斯仁至矣。"(《述而》)他认为求仁不在外求,全靠个人主观的自觉。

从以上的意义上看,孔子的"仁"的思想是保守的,也是一种唯心主义的道德原则。

但是必须指出,"仁"的提出,在中国哲学史上仍不失其积极意义。孔子第一次提出"仁"这一道德范畴,第一次提出了调整统治阶级内部的矛盾的原则,这是一大发现。这一发现,标志着人类除了在改造自然中逐步加深了对自然界一般规律的认识外,还在人的社会关系中逐步加深了对人与人关系的认识。

由于孔子第一次发现了这一原则,不免夸大了"仁"的作用,不适当地抬高了"仁"的地位,他把"仁"看作指导生活、处理事务的普遍原则,认为可以终身行之的绝对真理,这显然是不对的。

李筌的唯物主义观点和
军事辩证法思想[*]

李筌是一位长期被忽略了的唐代唯物主义哲学家,约为唐玄宗时人,生卒年不详,著有《阴符经疏》[①]和《孙子兵法》的注解、《太白阴经》等书。有丰富的军事辩证法思想和唯物主义思想。他在青年时期曾隐于嵩山。唐代有些求仕进的知识分子,如果不是出身门阀士族,就要经过科举考试。也有以隐士身份作为进仕之阶的,即所谓以终南为"仕宦之捷径"[②]。少室为嵩山三峰之一,与唐东都洛阳相去不远,李筌原来是"少室布衣",后来曾任荆南节度判官,后做到刺史[③]。

一 唯物主义自然观和无神论思想

李筌的唯物主义哲学思想主要保存在《阴符经疏》中。《阴

---

[*] 原载《北京大学学报》(人文科学)1963 年第 6 期。

[①] 《阴符经》可能出于北朝,或与道士寇谦之有关。李筌有注疏。

[②] 《新唐书·卢藏用传》。

[③] 据近人余嘉锡《四库提要辨正》卷一一,科学出版社,1958 年版,第 595 页。

符经》是道教的重要经典，与兵家思想有关，也有不少宗教神秘主义思想，有些含混不明确的哲学概念。李筌的《阴符经疏》却对它作了明确的唯物主义的解释。

关于宇宙起源的问题，李筌说："天者，阴阳之总名也。阳之精气，轻清上浮为天，阴之精气，重浊下沉为地，相连而不相离……故知天地则阴阳之二气，气中有子，名曰五行。五行者天地阴阳之用也，万物从而生焉。万物则五行之子也。故使人观天地阴阳之道，执天五气而行，则兴废可知，生死可察。除此外，无可观执，故言尽矣。"①（《阴符经疏》）。在先秦时期，还没有把阴阳、五行、万物的发生次序固定化，阴阳与五行的关系还不是这样明确的。后来，汉以后，才明确了阴阳、五行、万物的依次派生关系。李筌继承了两汉的唯物主义传统，以天地为阴阳二气所构成，五行为二气的演化，万物又由五行产生。这种朴素的唯物主义的宇宙生成论后来成为我国古代最一般的说法。

《阴符经》说："天有五贼，见之者昌，五贼在心，施行于天。宇宙在乎手，万物生乎身"，这是唯心主义观点。李筌在《阴符经疏》中说："五贼者，五行之气也，则金、木、水、火、土焉……所言贼者，害也，逆之不顺，则与人生害，故曰贼也。"把五贼解释为五行之气，五行之气是客观存在的物质，它的运行不以人的意识为转移，所以人如"逆之"则对人发生危害。他又说："此言阴阳之中，包含五气，故云'天有五贼'……又'贼'者，五行更相制伏，递为生杀，昼夜不停，亦能盗窃人之生死、万物成败，故言'贼'也……心既知之，故使人用心观执五气而行，睹逆顺而不差，合天机而不失，则宇宙在乎掌中，万物生乎身上。如此则吉无不利，与道同游，岂不为昌乎？"（《阴符经疏》）这里李筌明确地提出人

---

① 这一段话是对《阴符经》"观天之道，执天之行，尽矣"的注释。

了解阴阳五行运行的规律(心既知之),并掌握(用心观执五气而行)这些客观规律,即可顺利。

关于天道自然变化与人事社会治乱的关系,李筌也力图做出唯物主义的说明,从而反驳了阴阳灾异的唯心主义观点。《阴符经》说:"愚人以天地文理圣,我以时物文理哲。"这两句话意思十分含混,李筌《疏》中给予明确的唯物主义的解释:"愚人见星流日晕、风雨雷电、水旱灾蝗而生忧惧,殊不知君臣道德,政理①淳和矣,安抚黎人②,转祸为福……天地悬日月以照善恶,垂列宿以示吉凶,皆道德自然之理矣。愚人仰视三光,观天文之变易,睹雷电之震怒,或寒暑不节,或水旱虫蝗,恐祸及身,悉怀忧惧,愚人以此为天地文理圣也。时物文理者,但君怀廉静,臣效志贞,玁鹊不喧,边烽无燧,兆人③康乐,寰宇宁泰,纵天地灾祥,无能为也……尧遭洪水九年,汤遭大旱七载,兆庶和平,人④无饥色,何者? 为君有道,政理⑤均和,主信臣忠,百姓戴上,虽有水旱,不能为灾也。水旱者天地也,文理者时物也。若明时物之理者,皆能转祸为福,易死而生。故曰'我以时物文理哲'。"这是说,愚人不明白自然变化的规律,以天变为神圣不测,只有明白这些规律的人,才可以把社会现象(时物)与天象变化区分开来,才可以不以天变灾异而生忧惧。李筌虽然没有达到刘禹锡的天道与人道区分的认识水平,但已发展了仲长统的"人事为本,天道为末"的思想。

《阴符经》说:"天地万物之盗,万物人之盗,人万物之盗也。"意思是说天地盗取万物,万物盗取人,人盗取万物。它的究竟的意思还是不大明确。李筌的《疏》,却有其独特的解释。他说:

---

①⑤ 唐人避唐高宗讳,"治"字都作"理"字。
②③④ 唐人避唐太宗讳,"民"字都作"人"字。

"言天地万物,胎、卵、湿、化、百谷草木,悉承此七气①而生长。从无形至于有形,潜生覆育,以成其体。如行盗窃,不觉不知,天地亦潜与其气,应用无穷,万物私纳其覆育,各获其安,故曰天地万物之盗。"这不是说天地盗取万物,而是万物盗取了天地之气而成万物。

解释"万物人之盗"时,李筌说:"人与禽兽草木,俱禀阴阳而生。人之最灵,位处中宫,心怀智度,能反照自性,穷达本始,明会阴阳五行之气,则而用之……人于七气之中,所有生成之物,悉能潜取以资养其身,故言盗。"这是说,人具有智慧,能夺取万物以资养其身,这种夺取(盗)是合理的。

解释"人万物之盗"时,李筌说,"言人但能盗万物资身,以充荣禄富贵,殊不知万物反能盗人以生祸患。言上来三义更相为盗者,亦自然之理"(《阴符经疏》)。

李筌已感到天地、万物与人之间有矛盾又有统一的关系。他认为这是自然之理,顺应这个自然理,就可得到胜利,"惬其宜则吉";违反了这个原理,就带来灾祸,"乖其理则凶"。"向于三盗之中,皆须有道,令尽合其宜,则三才不差,尽安其任矣"(同上)。

李筌对当时迷信阴阳五行的思想进行了批判。当时唯心主义哲学利用阴阳观念宣传宗教迷信思想。他说,万物因阴阳而生,但不是脱离了具体条件来谈阴阳。比如春天来了,草木萌芽,但仓廪中的粮食并不能萌芽。离开一定的条件,光靠"阴阳"不能使万物发生。至于迷信阴阳、占卜,依靠天命鬼神,只能导致败亡。战争的胜败,主要决定于人事。他说:"任贤使能,不时日而事利;明法审令,不卜筮而事吉;贵功赏劳,不禳祀而得福。"

---

①　阴阳与金、木、水、火、土五行,共为七气。

(《太白阴经·天无阴阳》)。这是说,任用有才干的将士,不必选择好日子,就会得到胜利;严格按照法令办事,不要卜筮,就会得到好的结果;赏罚严明,不要求神保佑,也不会遇到灾祸。至于那些忽略人的努力,迷信占卜,求神保佑,只能在战争中得到失败:"无厚德而占日月之数,不识敌之强弱而幸于天时,无智无虑而候于风云,小勇小力而望于天福,怯不能击而恃龟筮,士卒不勇而恃鬼神"(同上),放弃人事,求助于鬼神,只能自取败亡。李筌认为天道鬼神是看不见、不存在的东西。李筌继承了《孙子兵法》中的唯物主义观点,《孙子兵法》说,"天者,阴阳寒暑时制也"(《始计》),这里所谓阴阳不是占卜迷信的唯心主义阴阳时日,而指的是阴阳气候。孙武也讲到"先知",但不是向鬼神求教,"不可取于鬼神"(《孙子兵法·用问篇》)。李筌最后说:"天道于兵,有何阴阳哉?"(《太白阴经·天无阴阳》)

二 发挥主观能动作用的辩证法思想

(1)地理险阻不是最后决定胜败的因素

在古代武器的技术条件下,地形对于战争的决定作用远比武器发达的今天重要。李筌充分认识到地形对于战争的重要作用,但是他没有陷于地形决定论。他主张在地形的条件下,要充分发挥人的主动作用。根据了《孙子兵法·九地篇》关于利用地势的原则,他认为"兵因地而强,地因兵而固"。作战时,诸侯自战的"散地"不要进行战斗;进入敌国境内,不深的"轻地"不要停留;不要攻取交战双方都有利的"争地";不要断绝双方都可以去的"交地";对三属诸侯之国的"衢地"不要合围;对城邑附近的"重地",只能掠夺其资;遇到山林沼泽地带的"圮地",要迅速通过；对地形险要，敌方可以少数兵力阻击我们多数兵力的"围地"，计谋；不战则亡的"死地"，则必须力战。地形是主要的因素，作战时必须充分考虑地理环境。但这些，李筌认为只能作为"兵之助"，真正起决定作用的是人，不是地，在任何地势条件下都可以制定出正确的取胜的作战方案，所以他说，"地之险易，因人而险"（《太白阴经·地九险阻》）。

（2）人的勇怯不是天生的

当时还有流行的一种形而上学和唯心主义观点，认为某一地区的人勇敢，某一地区的人懦弱，并且认为这种勇敢、懦弱是天性生成，不可改变的。当时有所谓"秦人劲，晋人刚，吴人怯，蜀人懦，楚人轻，齐人多诈，越人浇薄，海岱之人壮，崆峒之人武，燕赵之人锐，凉陇之人勇，韩魏之人厚"（《太白阴经·人无勇怯》）。李筌认为这种唯心主义的先天的人性勇怯论是毫无根据的。他列举了无数的战争的历史证明秦国也打过不少败仗，不能说"秦人劲"。吴王夫差曾称霸中原，打败越国、齐国，不能说"吴人怯"。蜀人在诸葛亮统帅下，屡次用兵中原，威加魏将，不能说"蜀人懦"。项羽起兵灭秦，威加海内，不能说"楚人轻"。齐国田横五百壮士，同时死难，不能说"齐人诈"。越王勾践以弱攻强，九年灭吴，不能说"越人浇薄"。

李筌用大量史实，批判了所谓先天人性论，指出这种说法与事实不符。他认为人的勇怯之性是后天形成的："勇怯在乎法，成败在乎智，怯人使之以刑则勇，勇人使之以赏则死。能移人之性、变人之心者，在刑赏之间。勇之与怯于人何有哉？"（同上）只就他反对人性有先天勇怯的区别这一点来说，他给那些唯心主义观点以严峻的批判是有积极意义的。李筌毕竟是一个地主阶级的军事家，他从剥削阶级的立场来认识人性，认为人性都是好赏畏罚的,他认为驾驭人民的手段只有赏和罚。这和韩非等人对待人民的看法是一样的。他的剥削阶级的偏见使他不肯、也无法理解劳动人民的性格。这也说明作为剥削阶级的军事思想家,对待士兵的看法的局限性。李筌无法理解,当农民起义时,连封建王朝的法统也敢于一齐推翻,更不用说他们颁布的刑赏条例了。李筌也无法理解什么是人的本性。但是只就他反对有所谓先天的勇怯,反对用地理环境决定勇怯的观点,是可取的。对古代人性论的进一步开展认识,不是没有参考价值的。

(3)国家的强弱不是注定不可改变的

还有一种形而上学观点,好像是从事实出发的唯物主义观点,认为只有富强的国家才能在战争中取胜。贫弱的国家的命运,只好听任大国的摆布。那些泥古守旧的读死书的人说"儒生之言皆曰,兵强大者必胜,小弱者必亡。是则小国之君无伯王之业,万乘之主无破亡之兆"。他用历史事实反驳说:"昔夏广而汤狭,殷大而周小,越弱而吴强"(《太白阴经·术有阴谋》),但是事实表明弱小者终于战胜了强大者。李筌用辩证法的观点,批判了这种形而上学的宿命论。

李筌先指出战争的胜负决定于双方力强的对比,强大者胜。但是李筌还进一步指出,必须"乘天之时,因地之利,用人之力,乃可富强"(《太白阴经·国有富强》)。"乘天之时"并不是坐等天的恩赐,而是做到"春植谷,秋植麦,夏长成,冬备藏"(同上),尽量发挥人力。"因地之利",并不是专靠土地的肥沃和地形险要,而是要积极"饬力以长地之财",调动全国各地的物力,而使物尽其用,要使"器用备"(完备生产工具),"地诚任,不患无财"。"用人之力",要把人力用于生产方面:"非有灾害疾病而贫者,非惰则奢;世无奇业而独富贵者,非俭则力。"他主张只有发挥了人力,才能"不畏强御"。

李筌还指出,贫富不是天生不可改变的,只看人是不是肯发挥主观的努力。他说"夫有容身之地,智者不言弱;有市井之利,智者不言贫;地诚任,不患无财;人诚用,不畏强御","国愚,则智可以强国,国智,则力可以强人"。强国,主要在于发动人力,积蓄力量。他说"故知伯王之业非智不战,非农不赡,过此以往而致富强者,未之有也"(《太白阴经·国有富强》)。

上述发挥主观能力的见解,还是有它的阶级局限性的。他把个人贫富的原因,只看做个人的努力,而不能看到社会制度的作用。比如他认为造成个人的贫困的经常原因是奢侈和懒惰;把富足的原因说成勤俭和努力。用这种理由说明农民的贫困,则不公,因为农民主要是受剥削而陷于贫困的;用这种理由说明地主的富足,则不实,因为地主说不上勤俭。这是受他的地主阶级立场决定的。这里要指出的是李筌没把贫富的原因归于天命,没有把国家的强弱诿之于命定,他给人的主观能力以充分的估价,这是十分可取的。因为在反对目的论、天意决定论的斗争中,一般唯物主义者,如果不用"宿命论"(如王充),就是用偶然论(如范缜),这两种理论的共同缺点都忽视了人的能动作用。无论宿命论或偶然论,都把事业的成败从有人格、有意志的上帝那里夺取过来,交给了不可知的"命运"的手里,仍然是在社会外部寻找说明,不得不背离唯物主义的初衷,陷入唯心主义。李筌总算力图从人类本身的努力,从社会内部寻求说明社会的原因,在中国哲学史的社会历史观方面,是有贡献的。

我们也必须指出,李筌只讲到尽了人的主观努力,即可转弱为强,化贫为富。但是他还没有认识转化要有条件。毛泽东同志说:"两个相反的东西中间有同一性,所以二者能够共处于一个统一体中,又能够互相转化,这是说的条件性,即是说在一定条件之下,矛盾的东西能够统一起来,又能够互相转化;无此一定条件,就不能成为矛盾,不能共居,也不能转化"①。李筌忽视转化的条件而讲转化,势必使他的结论陷于唯心主义。

(4) 充分利用有利形势和时机,掌握主动

李筌认为作战要保持自己的机密,利用一切有利的条件,"战阵无常势,因敌以为形。故兵之极至于无形,无形则间谍不能窥,智略不能谋"(《太白阴经·兵形篇》)。所谓"无形",是说不把自己的战略意图暴露在敌面前,有时要故意造成假象迷惑敌人。当自己兵少,有时"曳柴扬尘"以表示阵地人数众多;自己兵多,又有时"减灶灭火"以表示人数不多。

有利的形势,必须使全军明了,就可以增加作战的信心。他说"夫未见利而战,虽众必败;见利而战,虽寡必胜"。一切形势是由人造成的,战和不战都"制在于人"。指挥作战,必须捕捉战机,"见利而起,无利而止"(《太白阴经·作战篇》)。李筌说"见利乘时,帝王之资。故曰,时之至间不容息,先之则太过,后之则不及。见利不失,遭时不疑。失利后时,反受其害"(同上)。不失时机,便会主动;失去时机,就会被动。他说"夫善用兵者,以便胜,以地强,以谋取,此势之战人也"。这是说要善于利用一切有利的形势,以发挥主动权。掌握了这样有利的形势,就像"建瓴水于高宇之上恚然而无滞雷,又若破竹,数节之后,迎刃自解,无复着手矣"(同上)。李筌对于掌握时机,争取主动,还举例说,"令其半济(过河)而击之,前者知免,后者慕之,蔑有斗心"(同上)。像宋襄公那种蠢猪式地空讲仁义道德,失去有利时机,化优势为劣势,其结果只能是陷于被动,归于失败。

---

① 《毛泽东选集》第一卷,人民出版社,1991 年,第 2 版,第 333 页。

三　主动发现敌人意图和利用权术的军事思想

在《孙子兵法》中曾说过，对待敌人不能太老实。敌人是不可信的，因而提出了《九变》《用问》等篇。李筌发展了这一思想。李筌说，古代有人对敌人讲仁义，结果犯了大错误。"徐守仁义，社稷邱墟①，鲁尊儒墨，宗庙泯灭"（《太白阴经·数有探心》）。李筌认为，根据敌的不同特点，要探敌人之心。"探仁人之心，必以信，勿以财；探勇士之心，必以义，勿以惧；探智士之心，必以忠，勿以欺；探愚人之心，必以蔽，勿以明；探不肖之心，必以惧，勿以常；探好财之心，必以贿，勿以廉"（同上）。以上是根据敌的性格、人品来了解敌人的虚实的一些原则。

李筌还根据敌人不同的社会地位、知识才能、经济地位发现敌人的秘密。他说：

> 夫与智者言，依于博——智有涯而博无涯，则智不可以测博。与博者言，依于辨——博师古而辨应今，则博不可以应辨。与贵者言，依于势——贵位高而势制高，则位不可以禁势。与富者言，依于物——富积财而物可宝，则财不足以易宝。与贫者言，依于利——贫匮乏而利丰赡，则乏不可以赒丰。与贱者言，依于谦——贱人下而谦降下，则贱不可语谦。与勇者言，依于敢——勇不惧而敢刚毅，则勇不可以慑刚。与愚者言，依于锐——愚质朴而锐聪明，则朴不可察聪。（同上）

最后作者总结了这八种不同的敌人对象以及对付他们的不同的方法时，说：

---

①　指战国时，徐偃王行仁义，为楚国灭掉的故事。

> 此八者(智、博、贵、富、贫、贱、勇、愚)皆本同其道而末
> 异其表。同其道,人所欲听;异其表,听而不晓。如此则不
> 测浅,不测深,吾得出无间,入无朕,独往而独来……谋何患
> 乎不从哉?(《太白阴经·数有探心》)

李筌指出,只有充分了解敌人,才可以争取主动而不被动。他
说:

> 夫道贵制人不贵制于人。制人者握权,制于人者遵命
> 也。(同上)

这是说,用兵的原则,要调动敌人,而不要教敌牵着鼻子走,要使
自己握权,而不要对敌人"遵命"。争取主动的原则是"避人之
长,攻人之短;见己之所长,避己之所短"。他继承和发展了《孙
子兵法》中利用敌人的特点把敌人的优点化为弱点,把自己的弱
点化为优点的思想。他提出对待敌人、敌国的统治者,要做到:

> (敌人)好说道德者,必以仁义折之;好言儒墨者,必以
> 纵横御之;好谈法律者,必以权术挫之。(同上)

李筌说,"情变于内者形变于外,常以所见而观其所隐,所谓测隐
探心之术也。"他主张,要制造一些对自己有利对敌人不利的条
件以探测敌的意图(测隐探心)。这不是被动地等待机会,而是
主动地创造条件进行了解,这都是对《孙子兵法》"知彼知己"的
原则的进一步的运用。

《太白阴经》中还有不少对敌人的一些权术思想。他对于
《孙子兵法》的"不战而屈人之兵"的理解是充分利用敌的矛盾和
弱点。他说:

> 夫太上用计谋,其次用人事,其下用战伐。(《太白阴
> 经·术有阴谋》)

李筌企图区别战争的正义性与非正义性,他说"《经》曰,兵非道
德仁义者,虽伯有天下,君子不取"。又说"盖兵者凶器,战者危

事。阴谋逆德,好用凶器,非道德忠信,不能以兵定天下之灾,除兆民之害也"(《太白阴经·善师篇》)。李筌虽然主观上企图区别战争的性质,但是我们必须看到,李筌毕竟是剥削阶级的军事家。一切剥削阶级没有不是唯利是图,对内镇压,对外侵略的。李筌为了取得战争的胜利,为了满足剥削者的贪欲和掠守野心,他主张不择手段地对敌国进行破坏活动。他说对于敌国,要"离君臣之际,塞忠谠之路,然后淫之以色,攻之以利,娱之以乐,养之以味。以信为欺,以欺为信;以忠为叛,以叛为忠;忠谏者死,谄佞者赏。令君子在野,小人在位,急令暴刑,人不堪命。所谓未战以阴谋倾之,其国已破矣"(同上)。

从李筌的言论,我们从历史实践中又一次证明了,剥削阶级的本性才是战争的根源。因为它无论对内对外,都要靠剥削和掠夺才能生存。"战争是政治的另一种手段(即暴力)的继续"[①],它是颠扑不破的真理。只有社会主义国家,内部没有对广大人民的对抗性的社会矛盾,对内没有剥削,对外根本不需要、也不允许进行向外扩张的战争。历史知识可以使我们开阔眼界,对于我们今天认识帝国主义的侵略本性,不是没有用处的。

李筌的军事辩证法,基本上继承了《孙子兵法》的辩证法和朴素唯物主义思想。但是,他根据秦汉南北朝以来长期战争经验的总结,对《孙子兵法》的辩证法思想有所发展。李筌更进一步认识到人的主观能动作用的问题。他的贡献不止于军事科学本身,而且也具有一般认识论和方法论的哲学意义。他开始避免了过去的唯物主义者论述社会现象经常犯的两种错误(宿命

---

① 《列宁全集》第21卷,人民出版社,1959年版,第284页。

论和偶然论)。对待社会现象,他比过去的哲学家具有更多的唯物主义因素。

刘知几的进步的历史观 *

　　刘知几①,生于公元661年(唐高宗龙朔元年),死于公元721年(唐玄宗开元九年),唐代的著名史学家,在唐朝任史官近三十年。他以一生的精力写成《史通》。这部书是我国第一部成系统的史论,是研究刘知几思想的重要材料。

一　对传统思想怀疑与批判

　　刘知几是唐朝地主阶级中进步的知识分子,他和当时贵族大地主集团有一定的矛盾。他在唐中央政府任职期间,一直遭受贵族大地主集团的排挤、压抑,甚至刘知几的史学工作,也受到干涉。现实的政治斗争,丰富了他的学术内容,增强了他的批判精神。他对剥削阶级的明争暗斗、互相倾轧的黑暗内幕感受较深,对统治阶级内部矛盾有一定的认识。现实政治斗争的经验使他对待历史的理解深刻了,使他具有不同于死抠书本的书呆子的读书方法,他的史论,也就不同于一般封建知识分子的空

---

　　*　原载《文史哲》1964年第1期。
　　①　《旧唐书》卷一六二;《新唐书》卷一三二。

洞议论。关于历史本身的著作、研究方法的议论不属于本文讨论的范围,这里不去说它,只就他对传统思想的怀疑与批判,有许多有价值的见解,值得提出,引起注意。

按照几千年相传的传说,以及典籍记载,尧舜是被认为无可怀疑的圣人。有人说"尧舜之民,可比屋而封"(见陆贾的《新语》)。刘知几根据他所理解的政治斗争和一定的史料,对尧舜这样的偶像提出了怀疑。他说尧自动把天下让给舜,这种传说是美化了尧舜,掩蔽了事实。"据《山海经》谓放勋之子为帝丹朱,而列君于帝者,得非舜虽废尧,仍立尧子,俄又夺其帝者乎?"(《史通·疑古》)刘知几联系到后来的历史事实,他说:"观近古有奸雄奋发,自号勤王,或废父而立其子,或黜兄而奉其弟,始则示相推戴,终亦成其篡夺。求诸历代,往往而有,必以古方今,千载一揆。斯则尧之授舜,其事难明。谓之让国,徒虚语耳"(同上)。这是说,他不相信正统派写的历史,他认为正统派一贯相传的尧舜以天下相让,其实不过是篡夺。

历史界的传统看法认为舜以天下传给禹。刘知几对此也提出了怀疑。据《虞书·舜典》,舜死于苍梧之野。刘知几说,苍梧在楚境的汨罗,在汉称为零桂。那个地方接近五岭,地气瘴疠,家里略有些产业的人也不会由中原跑到那里去,怎能设想万乘之君,可能到那里去巡游?舜以垂暮之年,远涉不毛之地,而且二妃没有伴随,哀怨幽恨以死。舜的下场哪里像个自动逊位皇帝?刘知几根据他自己的历史知识推断,"历观自古人君废逐,若夏桀放于南巢,赵嘉迁于房陵,周王流彘,楚帝徙郴,语其艰棘,未有如斯之甚者也"。因此,他断定,舜老死苍梧,恐是禹把舜放逐出去的。

尧、舜、禹正统史学家说他们是三个好的帝王,被捧为封建帝王的最高典范。刘知几根据史实,揆以情理,对此提出疑问。

这种不盲从、不迷信,敢于怀疑的精神,开拓了治史者的思路,使那些埋首故纸堆中,只顾记诵、不动脑筋的读书人不得不为之震惊。更重要的是他指摘了三代圣王的篡夺行为,也是揭露历史上的所有帝王的假仁假义的虚伪面貌。这是我国封建史学中最富有民主性的菁华思想的部分。

正统派的史学家一向把亡国的桀、纣当作暴君的典型。刘知几对此也提出了不同的意见。他说:"《五经》立言,千载犹仰,而求其前后,理甚相乖"。他举例说,"称周之盛也,则云三分有二,商纣为独夫。语殷之败也,又云纣有臣亿万人,其亡流血漂杵。"刘知几指出,这些话虽然出自经典,但前后显然矛盾。纣虽然有过失,"欲加之罪,能无辞乎?"(史通·疑古)

《论语》也是在汉以后封建学者不敢轻议的一部经典,王充还敢提出一些怀疑,其余的封建学者只能附会、注释,不敢怀疑。刘知几对于孔子称赞周文王的话也敢于怀疑。《论语》说:"大矣,周之德也! 三分天下有其二,犹服事殷。"①刘知几说,周的统治者如果仍旧是殷的臣属,他的三分天下有其二,土地只能兼并来的,这就是僭越。周统治者"戡黎灭崇",就是自专征伐,"亦犹近者魏司马文王(司马昭)害权臣,黜少帝,坐加九锡,行驾六马。及其殁也,而荀勖犹谓之人臣以终! 盖姬之事殷,当比马之臣魏。必称周德之大者,不亦虚为其说乎?"这不啻直接指摘孔子的夸大、不实,把圣德之至的文王比作准备时机、进行篡夺政权的司马昭。不带有几分叛逆精神,这些话是不敢说的。

此外,对于孔子的《春秋》②的写作态度、内容的真实性都有

---

①　见《论语·泰伯》,文句略有出入。

②　刘知几相信《春秋》是孔子自著。对《春秋》一书的体例的评论和不满也就是对孔子的评论和不满。

所指斥。《春秋》有时把坏事说成好事,有"虚美"的缺点。

二 对历史记载中五行灾异、神鬼迷信记载的驳斥

刘知几根据历史材料对各种有关迷信的记载,通过事实分析给予有力的驳斥。刘知几的反迷信思想对于当时科学思想的发展有直接促进作用,对于唯物主义哲学思想也有积极推动作用。由于他的地主阶级的阶级偏见,使他对于古代的历史记载中的荒诞不经之谈,还不敢断言其必为虚妄;也由于受到当时科学发展水平的限制,他对于许多怪异现象还无法找到科学解释。因而刘知几的无神论思想还有某些不彻底的地方。

(1)对阴阳五行灾异说的批判

自从邹衍开始,用五德终始讲历史发展,董仲舒又推波助澜,完成了庞大的神学目的论思想体系。又经历了两汉之际的谶纬迷信的传播,以致形成了深入社会人心的风气。经过王充等人的批判,对神学目的论有所澄清,但封建统治者为了夸大他们取得统治地位的神学根据,也不断编造迷信传说,并把它写进历史记载,以欺骗人民。

刘知几认为历史所记载的大事的成败,主要在于人事而不系于天道、龟卜。他举例说,武王伐纣时,占卜吉凶,"龟焦蓍折",如按照迷信,认为神明不允许出征,武王还是出了兵,结果一举擒纣。南朝宋武帝出兵攻打卢循时,军中大旗杆折断,幡沉水中。迷信者认为是不吉之兆,但刘裕毅然进兵,大败卢循。相传鹏鸟入舍,会给主人带来不幸。汉代贾谊在长沙时,有鹏鸟入舍,次年文帝召他入京,他不但没有得祸,反而得到升迁。古之国史,"闻异则书",历史上有许多日食、山崩、陨霜、雨雹、冬天

冰、螟伤苗之类的记载。这并没有什么神秘①。

有许多阴阳家,为了把事实神秘化,他们故意把天变与历史事实本不相关的事件联系在一起,"不凭章句,直取胸怀,或以前为后,以虚为实。移的就箭,曲取相谐。掩耳盗钟,自云无觉"(《史通·书志》)。他们自以为这样乱说一通就可以骗人,其实他们这些迷信家之间的说法就矛盾百出,难以自圆其说。刘知几指出:"且每有叙一灾、推一怪,董(仲舒)、京(房)之说前后相反;(刘)向、(刘)歆之解,父子不同。"比如春秋桓公三年"日有食之",董仲舒、刘向以为是预示后来"鲁宋杀君易许田",刘歆以为是预示后来晋曲沃庄伯杀晋侯,京房又以为是预示后来楚庄称王,"兼地千里"。又庄公七年,夜中星陨如雨,刘向以为夜中指的是中国,刘歆以为白昼象中国,夜中指外国。刘知几说,这都是完全由主观推测、毫无根据的。刘知几对董仲舒首倡阴阳五行之说给以严厉的批判。他说:"下帷三年,诚则勤矣。差之千里,何其阔哉!"(《史通·五行杂驳》)刘知几还指出历史上有许多记载是"前事已往,后来追证,课彼虚说,成此游词"(《史通·书志五行》)的。

刘知几对于那些乌烟瘴气的用迷信的历史解说家给以有力的反击。但是他还有些迷信思想残余,他还认为除了那些随意乱说的迷信之外,还有所谓可信的神秘主义的预言,他说"至如梓慎之占星象②,赵达之明风角③,单飏识魏祚于黄龙④,董养征晋

---

① 大意见《史通·书志》。
② 《左传》昭公十七年,梓慎预言宋、卫、陈、晋将有火灾,后果有火灾。
③ 《三国志·吴志》,赵达善于推算吉凶,"无不中效"。
④ 《后汉书·方术传下》,单飏预言五十年后在谯这个地方有王者兴,后来魏代汉。

乱于苍鸟①。斯皆肇彰先觉,取验将来,言必有中,语无虚发。苟志之竹帛,其谁曰不然?"(《史通·书志五行》)这是刘知几过分相信史书的记载,以假当真的思想局限。

(2)对祥瑞符命迷信思想的批判

刘知几对祥瑞符命的认识,也和他对阴阳灾异的认识一样,基本上认为是虚妄的。但他还没有根本否认它。在《史通·书事》篇中说:"夫祥瑞者,所以发挥盛德,幽赞明王。至如凤皇来仪,嘉禾入献,秦得若雉,鲁获如麇,求诸《尚书》《春秋》,上下数千载,其可得言者,盖不过一二而已。"这说明刘知几认为所谓祥瑞事件只是历史上千年不遇的极个别的现象。这些祥瑞的出现是"发挥盛德,幽赞明王"的,可是后来的情况就远远不是这样了:"爰及近古则不然,凡祥瑞之出,非关理乱,盖主上所惑,臣下相欺。故德弥少而瑞弥多,政逾劣而祥逾盛!"这是说,后世的祥瑞是臣下投合人主的喜好,故意编造出来的,君主的道德越少,国家的政治越坏,祥瑞就编造得越多。汉代桓、灵两帝的政治最混乱,他们的祥瑞比汉代太平盛世文、景时代还多。曹魏和司马氏的政治就不好,五胡十六国的刘渊、刘曜、石勒这些残暴的统治者比曹氏和司马氏更坏些,而刘氏王朝的祥瑞比曹氏、司马氏两朝还要加倍。"而史官征其谬说,录彼邪言,真伪莫分,是非无别!"(《史通·书事》)刘知几能指出祥瑞之说泛滥于"主上所惑,臣下相欺",不能不谓之有识,但是他还相信祥瑞有"真伪",这是他对迷信思想让步、妥协处。

刘知几还指出,即使有祥瑞、符命,而真正对国家的兴衰治

---

① 《晋书·隐逸传》,永嘉中洛阳城东北步广里地陷,有二鹅出。苍者飞去,白者不能飞。董养预言中国要发生大乱。

乱起决定作用的还是人的主观努力。他批评司马迁的史论过多的讲天命，而没有重视人的主观作用是错的。司马迁在《魏世家》发表议论说：

> 太史公曰：说者皆曰魏以不用信陵君故，国削弱至于亡。余以为不然。天方令秦平海内，其业未成，魏虽得阿衡之徒，何益乎？

刘知几针对司马迁这段过于相信天命的思想进行了驳斥。他说：

> 夫论成败者，固当以人事为主。必推命而言，则其理悖矣。盖晋之获也，由夷吾之愎谏①；秦之灭也，由胡亥之无道……然则败晋于韩，狐突已志其兆②；"亡秦者胡"，始皇久铭其说……假使彼……君，才若桓、文，德同汤、武，其若之何？苟推此理而言，则亡国之君，他皆仿此，安得于魏无讥者哉？
>
> （《史通·杂说上》）

刘知几这里更明确地指出即使有所谓关于国家兴亡的预言，如果有了德才兼优的君主，国家不幸的命运并不是不可以改变的，将亡的国家还是可得到挽救。亡国不决定于符命和预言，创业建国，也不是符命和预言就可以决定的，决定创业建国的还是人的努力。刘知几列举了陈氏将有齐国，周王将得天下，虽有符瑞，如果他们创业的君主"德不半古，才不逮人"，他们也不能登上帝王、君主的宝座。

刘知几还指出，把一切诿之于天命，既不能真正说明历史的发展，也不足以给人们以有益的经验教训。他说："夫推命而论

---

① 晋惠公夷吾拒绝忠言，以致失国。事见《左传》僖公十五年。

② 《左传》僖公十年，狐突曾梦见死去的太子申生，申生告诉狐突说上帝将令秦国惩罚晋国，过了五年，秦俘晋君。

兴灭,委运而忘褒贬,以之垂诫,不其惑乎?"(《史通·杂说上》)他还指出,这样相信天命的说法,不但司马迁有这种错误,像后来鱼豢的《魏略议》虞世南的《帝王论》,当他们论到辽东公孙氏的失败的原因,江南陈氏亡国的原因时,都是讲天命。他们与司马迁犯了同样错误。

在马克思主义以前,人类对于历史的规律,基本上是无知的,但是先进的哲学家对历史发展的规律的探索所付出的努力,却是无可厚非的。他们努力在探索决定历史的是人还是神?是人的努力还是天命?历史发展的动力是来自社会外部还是来自社公内部?在刘知几以前,管子、韩非、司马迁、王充等人都力图从天命、鬼神的支配下解放出来,并做出了一定的成绩。刘知几在前人努力的基础上做出了相应的贡献,他的《史通》的主要锋芒指向阴阳灾异、祥瑞符命的迷信思想。他的学术活动时代正是武则天当权的时代。武则天为了登上皇帝的宝座,不惜编造神学预言,收买符命、惑乱人心。刘知几的指斥符命,批判迷信的现实战斗意义就显得更为光辉。

就他反对迷信、天命而强调人的主观努力而言,他是有成绩的。但是他所谓人的主观努力,不是人民群众,而是才智聪明的圣人,一般人民提不到话下。他还是一个历史唯心主义者。至于历史发展的规律性,他还没有认识。他的反对神学的历史论著给后来的柳宗元、刘禹锡的历史观准备了理论前提。

旧经新见 *

——读赵纪彬同志一篇论文的感想

1965 年第 4 期《哲学研究》发表了赵纪彬同志的《孔子"和
而不同"的思想来源及其矛盾调和论的逻辑归宿》一文。这篇文
章有许多新的见解,读后对人有启发。现在略谈一谈自己的一
些初步看法。

对孔子这个人和他的学说如何估价,目前学术界还没有定
论,对孔子的学说的解释也存在着分歧,这个问题看来不可能短
期内获得解决。赵纪彬同志对先秦哲学史下过多年的工夫,自
成一家之言。对于赵纪彬同志的学术见解,人们可以赞同,也可
以持不同的看法。凡属于学术争鸣范围的问题,尽可各抒己见,
不必强求一致。但必须指出,在我们今天,不论怎么争,怎么鸣,
研究哲学史总不能离开马克思列宁主义、毛泽东思想的指导;离
开了马克思列宁主义的历史唯物主义这一革命原理的指导,历

---

* 原载《哲学研究》1966 年第 1 期。

史学就不成其为科学,就不可能促进科学的进步和繁荣。正是由于上述的理由,我觉得赵文①有许多优点值得推荐。

"君子和而不同,小人同而不和"是《论语》的一句话,人所共知。封建学者与资产阶级学者对《论语》这部书都下过功夫。封建学者奉《论语》为圣经,有的皓首穷经,只钻这部书。他们许多著作,都是陈陈相因,没有什么新的看法。资产阶级学者虽然有别于封建学者,但也说不上真正看出什么问题。赵文讲到"和"与"同"的问题,胜过前人的地方,就是运用了马克思列宁主义、毛泽东思想这一武器,运用了阶级分析方法。在古代社会所谓司空见惯的一些事件、现象,有了观察社会、历史的望远镜和显微镜,就会看得远,看得清楚。本文所指的赵文有"新见",就是指的赵文从阶级分析的观点来看待孔子学说的结果。它对于促进孔子哲学的研究有好处。

旧史家对《论语》的"君子和而不同,小人同而不和",总是从字面上阐释,讲来讲去,讲不明白。什么是"君子""小人",不论是封建地主阶级或是资产阶级,都不懂得从阶级观点去分析。虽然也有人说过,"君子",在古代不仅指的"有德"的人,也还指的"有位"的人。"小人",既"无德",也"无位"。他们无论如何也不像今天赵文这样明确地指出"君子"是"奴隶主贵族","小人"是"新兴的个体私有者阶层"。他们根本无法懂得孔子时代的"君子"与"小人"的对立,是当时两种所有制的对立。有了这把钥匙,再看孔子那样坚决地反对"小人",轻视"小人",就更可以说明孔子维护奴隶主贵族的利益的政治立场。赵文说:"孔子的主要批判对象,已经不是奴隶主贵族的'专一',而是新兴小人阶层的'变革';亦即厉幽以来的反'专一'思想,转化成为'君

---

① 以下凡提到赵纪彬同志这篇文章时,简称赵文,不再提到引文的出处。

子'维新与小人'变革'的两条路线斗争。"

赵文根据历史发展的进程,提出了春秋时期孔子的政治态度具体表现为"维新"立场。这里,赵文反驳了"照字面上看"的冯友兰先生的观点,这种反驳是有力的。马克思列宁主义者研究哲学史,只能从阶级内容着眼,而不能"照字面上看"。字面上,美帝也讲"和平",现代修正主义者更是把"和平"捧上了天,奉为政治路线,但他们的"和平",实际意味着压迫与奴役,和全世界广大人民对"和平"的理解远不是一回事。

通过"和"与"同"的分析,赵文对孔门弟子中有若和樊迟的矛盾,也提出了新的看法。

据《孟子》,孔子死后,"子夏、子张、子游以有若似圣人,欲以所事孔子事之"①。旧注说:"有若之貌似孔子,此三子者思孔子而不可复见,故欲尊有若以圣人,朝夕奉事之,礼如事孔子,以慰思也。"②古人有以活人扮作祖先("尸")来举行祭祀的,也只是临时扮演,那只限于祭祖的那会儿。如果说仅仅由于长得相貌与"圣人"相近,把有若当作"模特儿",摆样子,由几个弟子朝夕奉事,"以慰思",供奉一辈子,是不好理解的。旧注把"有若似圣人",解作"有若之貌似孔子",可以算是"从字面上讲"经的典型,拙笨得有些幼稚。赵文分析有若思想时,指出,"有若确是孔子维新思想的忠实传人;其所作的阐发与应用,定有高出同门者。"这是说,有若的思想、作风最接近孔子,所以才引起孔门中子夏、子张、子游的尊敬。这与后来墨家"巨子"代代相承有些类似。儒家是一个政治性的学派,有这种设想,不是不可能的。由于儒家门徒中新旧派别很杂,思想统一不起来,才未成事实。

---

① 《孟子·滕文公上》。

② （汉）赵岐:《孟子注》。

再说樊迟。历来正统封建学者对孔门弟子中樊迟、宰我没有好评。特别是孔子亲自给樊迟作了结论："小人哉，樊须也"，于是樊迟一两千年翻不得身，卫道者们对樊迟哓哓然骂个没完。也有些好心肠为樊迟辩解的封建学者，从封建的立场找出种种理由，论证樊迟并没有离开孔子的正统教育路线，等等。这都是主观猜测。"小人"到底是什么意思？那些剥削阶级的学者（不论是封建的还是资产阶级的）都无法搞清楚。赵文明确指出，樊迟对孔子的思想之所以格格不入，被孔子看不起，并不是别的原因，主要由于樊迟来自"小人"阶层，孔子具有"奴隶主贵族贱视体力劳动的剥削思想"。阶级地位不同，所以两人谈不拢。我们认为，孔子有些思想，特别是办教育有许多好经验，但他轻视体力劳动，显然是错的，樊迟在这一点上比孔子高明。赵文指出，在"和"与"同"问题上，樊迟代表"同而不和"的革新派。赵文说："春秋末期，壮大成熟的'小人阶层'，已不甘受'以礼节和'的桎梏，转而趋于'灭王制，坏礼乐'的变革斗争。"这一论断，显然接触到了问题的实质。至于当时不甘心受节制的这些人属于什么阶级，当前学术界虽有不同的看法，但樊迟等人，孔子所骂的"小人"，并不就像孔子所下的结论那样，一无可取，而是代表着新兴的势力，这是可以断言的。

此外，如关于"使民敬忠以劝"的"劝"字的解释，虽然一般地依照《说文》，但赵文并不像旧注释家那样，找到了《说文》就算找到老家，心安理得，不再深究了。赵文讲到"劝"民时，密切与当时"民"的被迫劳动、采取消极怠工的反抗斗争的总趋势相参照。那末，孔子的"举贤"与"劝"民的涵义，就被赋予明确的政治内容，具有说服力，而不是停留在"字面"的训释上。

如"民散久矣"的"散"，赵解为"逃亡"；"民免而无耻"的"免"，赵解为逃脱的"逸"；"有耻且格"的"格"，赵解为"至"，认为"奴隶相率归来,永安旧居"。这都是用阶级分析方法驾驭了文字、训诂,而没有受到文字、训诂所牵累而不能自拔。治"史"的学者中,有人喜欢望文生义,空议论;也有人常被文字、训诂所淹没,满足于就字论字,结果必然会连字也讲不通。在现实生活中如果忘了阶级斗争,就会迷失方向,人们还比较容易警惕;在搞古代,搞文字、训诂,如果忘了阶级斗争,同样会迷失方向,这一点似乎还没有引起必要的注意。赵文在这方面也使人有所启发。

赵文运用了不少文字、训诂知识,而且运用得较好,好在有马克思列宁主义作为统帅,所以既便于说明问题,又不致游骑无归。至于"散""劝""免"是否就成为定论,虽未必人人都同意赵文的解释,但这些都不是主要的,应着重指出的是,赵文讲解古书的方向是对头的。今天如果谁要光从"字面上讲",就事论事,不联系当时历史实际,必然开口便错。

像"一"训为"仁","仍旧贯"为"仁旧贯","闻一知十"与"闻一知二",所谓"一"都指的是"仁"。这些见解都很新颖,也贯彻了赵纪彬同志对孔子学说的一贯看法。赵文对于孔子的"仁"这个重要哲学范畴,运用了阶级分析方法,言之成理(与赵纪彬同志的先秦哲学史的看法一致),持之有故(有阶级分析)。

在对待古书的训释,吸取古人成果的态度方面,赵文也有新的地方。赵纪彬同志不囿于所谓汉宋藩篱,取精用宏,不拘一格,因而能役使古人,而不为古人所限制。有的采朱注,有的不采,并直斥其谬误;大量利用清人治经的成果,却不受他们封建主义偏见的影响。

在标点方面,也有新的取舍。如引《论语》"礼之用和为贵"一段,旧的断句,多作:"礼之用,和为贵,先王之道斯为美,小大由之;有所不行,知和而和,不以礼节之,亦不可行也。"赵文采用俞樾说,断句改为"……小大由之,有所不行;知和而和……"这也更能帮助说明赵文的观点。

还有,"子在齐闻韶,三月不知肉味。曰:不图为乐之至于斯也"。旧说都认为孔子听了齐国演奏的"韶"乐,高兴得入了迷,吃肉都忘了滋味。赵文没有沿袭这一说法,独采用近人陈汉章的《论语征知录》说,认为韶乐的演奏,是齐国统治者僭越的开始,不是孔子听了韶乐高兴得不知肉味而是气得不知肉味。这一段《论语》与旧的解释,基本上对于刻画孔子的保守的性格,出入不大,但用陈说,则更能烘托出孔子偏于保守的政治面貌。

历代学者看到孔子和一些弟子们有矛盾,总是指责学生不对,说他们是对老师思想的背离,是由于学生认识差,水平低,跟不上孔子的思想高度,才使得"微言绝""大义乖",并造成儒门的损失。赵文指出,即是在孔子活着的时候,儒门已经出现了分崩离析的苗头,原因是新兴的阶层反对维护奴隶主贵族的保守路线的斗争。文章中通过"和""同"的分析,论证孔门弟子中的矛盾及其分化,并指出他们之间的阶级矛盾,为后来"儒分为八"的现象找到立论基础。这都是赵文中相当深刻的地方。

文章中还有些有待于进一步阐明的问题。如讲到孔子的"维新"路线时,说孔子"力求在保留贵族世袭的前提下面,通过调和阶级矛盾,依靠量的损益改良以过渡到封建制;其为'和而不同'的君子维新思想在经济政策上的应用,彰彰明甚"。从孔子的具体的活动和客观作用来看,孔子是要求逐渐和平地"过渡到封建制",还是力图避免过渡到封建制?文章中还可以讲得更充分一些,因为现在学术界也有人根据类似的材料做出孔子"反对过渡到封建制"的结论的。可能由于篇幅的限制,这方面似乎阐发得不够。这个问题太大了,出了本文的范围,可存而不论。

还有,文章中讲到春秋时期,提出奴隶制向封建制过渡的变革时期,有两派:一派是以晏婴为代表的"维新派";一派是以史墨为代表的"变革派"。并认为"变革派""以'民之服焉'为决定历史方向的动力"。这样估价"变革派",是否提得过高了? 什么是"决定历史方向的动力",古人确曾做过这种推测,但他们的努力都失败了。"民之服焉"在客观上成不了"动力",自不待言;史墨等人主观上恐也未必把它当作"决定历史方向的动力",只是史墨等人感到民服不服,这个问题对社会安危相当重要,值得重视而已。

这些意见,很不成熟,写出来,供纪彬同志和其他同志批评。

《孙膑兵法》的哲学思想 *

一

山东临沂出土竹简,在大批兵书中有《六韬》《尉缭子》《孙武兵法》和《孙膑兵法》①。其中引起学术界注意的是《孙膑兵法》的发现。这一丰硕的收获是无产阶级文化大革命在文物、考古战线上的又一巨大成绩,是广大工农兵革命群众贯彻"古为今用"的伟大方针的又一胜利。这一重大发现,不仅在文物、考古以及历史学界将引起广泛的重视,它对当前的批林批孔以及深入展开对尊儒反法思想的批判也起着促进作用,因为这一发现,加深了我们对春秋战国时期儒法斗争形势的认识。

《孙武兵法》和《孙膑兵法》同时发现,顺利地解决了中外学术界长期悬而未决的一个问题,即《孙子兵法》完全是春秋孙武的兵书,未夹杂战国孙膑的著作。我们哲学史工作者也为此感

---

* 原载《文物》1974 年第 3 期。

① 为了区别孙武的著作《孙子》,本文称孙武的著作为《孙武兵法》,孙膑的著作为《孙膑兵法》。

到十分欣庆。

临沂竹简的出土,用事实向全世界宣布在中国共产党领导下我国文化的兴旺繁荣的景象。苏修、国民党反动派诬蔑我国文化大革命"破坏文物""毁灭文化",他们在事实面前只能碰得头破血流。

苏修及林彪等一小撮攻击秦始皇的"焚书坑儒"是"暴虐无道""毁灭文化"。这些先秦兵书的集中发现,说明秦始皇的焚书,只是焚禁那些为鼓吹奴隶主阶级复辟的反动书籍。秦始皇不但没有"毁灭文化",而且为建立适应封建制度的文化扫除了障碍。林彪、蒋介石反动派,以及苏修叛徒集团的御用文人,大肆攻击秦始皇的这一革命措施,他们攻击的并不只是秦始皇这个人,他们是借用秦始皇的"焚书坑儒"来攻击我国的无产阶级专政和文化大革命。这只能再一次暴露他们对革命的中国人民又恨又怕的心情,发出寒蝉凄切的哀吟罢了。

二

孙膑比孙武晚了一百多年。孙武略相当于孔丘时代,孙膑则与孟子、商鞅同时。从春秋到战国,当时儒法斗争的形势有了更大的发展。

春秋时奴隶制正在崩溃,封建制刚刚形成。孔丘的政治目标在为奴隶制打气,力图挽救其危亡,不使它一败涂地。战国时期,奴隶制已被六国各自建立的封建制所代替。奴隶制已成为残余势力,封建制已成定局,奴隶制的拥护者的政治目标是寻找机会进行复辟。

再从政治形势看,春秋时的大国,如五霸的政治势力虽已凌驾于周天子之上,各小诸侯国不得不听命于大的诸侯国,而大诸侯国尚不敢把周天子一脚踢开。战国时期,由于多年的兼并战争,各诸侯国分别被几个大国消灭掉,到了中期只剩下十几个国家,最后只剩下七国。这七国之中,秦、齐、楚势力最大,他们所争的,已不再是挟天子以令诸侯那样的霸权,他们所追求的是由他们亲手统一全中国,建成统一的封建王朝。

战国时期,各个大国都想利用一切机会扩大势力,统一全中国。但又谁也一下子没有这个力量,谁也吃不掉谁。秦国的根据地虽然在陕西,却从未忘记向东方发展。秦、齐两国曾一度相约不称王而称"帝",秦称"西帝",齐称"东帝"。楚国把附近的小国一个一个消灭了,成为七国中领土最大的一个,也在想独霸中国。《孙膑兵法》也透露了当时统一全中国的新形势。它说:

夫万乘国广万乘王,全万乘之民命者,唯知道。知道者,上知天之道,下知地之理,内得其民之心,外知敌之情。
阵则知八阵之经,见胜而战,弗见而(止),此王者之将也。

这些国家的统治者差不多都表达了统一全中国的愿望。难道这仅仅是他们的主观梦想吗? 我们不能这样看。主观愿望也需要有一定客观条件为根据。一百年前为什么他们就不能这样想呢? 在春秋时期,楚国国君打听一下周王朝的鼎的轻重大小,便被保守派斥为"大逆不道",遭到申斥。战国时期,各大国称雄称霸,都要求统一全中国,在客观上已有了可能。就看谁的力量大、条件好,由谁去完成它了。

这个条件,就是建立的封建制度比较完善,消灭奴隶制残余比较彻底,堵住奴隶主阶级复辟的一切道路。历史发展表明,这方面秦国做得比较好,所以最后由秦国完成了统一全中国的使命,并不是偶然的。

实现统一,经济上要巩固,政治上要稳定,还要兵力强大。因为最后完成统一,总要通过战争,靠纵横捭阖的政客手腕是不行的。完成这一历史任务的指导思想是法家的理论。法家指出建设国家的基本路线是发展农业生产和壮大兵力。这就是从吴起、商鞅以来不断提倡的教民耕战的政策。在战国时期,只有通过武力才能消灭分散割据的局面,只有消灭了各国分散割据的局面,才更有利于生产发展,生产力才能进一步解放。也只有实现统一,消灭各国旧贵族,才可以更彻底地禁绝奴隶主复辟的可能。

孙膑是军事专家,没有多讲政治理论,不像商鞅、韩非为了集中全力打击奴隶主阶级的复辟势力,提出了整套的法家政治路线。孙膑的书只是战国中期关于战争的规律和战争经验的总结。这里的规律只是指用兵之道,不是指对战争的性质、战争的产生和消亡的认识,这样的认识,在马克思主义产生以前是不会有的。但在客观上,它是为新兴封建地主阶级服务的,是为统一全中国提供条件的。这种人正是孟轲为之咬牙切齿,主张要处以极刑的人("善战者服上刑")。没落奴隶主阶级的代言人既然和他势不两立,就可以断定他是进步的,是反儒家路线的,是站在法家一边的。

关于孙膑这个人在当时的历史作用,还可以从《史记》中看出一个大致轮廓:

> 孟子游事齐宣王,宣王不能用。适梁,梁惠王不果所言,则见以为迂远而阔于事情。当是之时,秦用商君,富国强兵。楚、魏用吴起,战胜弱敌。齐威王、宣王用孙子(膑)、田忌之徒,而诸侯东面朝齐。(《史记·孟子荀卿列传》)

司马迁对孟轲的不被重用,言辞间有些惋惜,但他毕竟对战国时期各国的政治斗争形势勾画出两条对立的路线。以孟轲为代表的儒家,遭到可耻的失败。站在儒家对立面的法家,如商鞅、吴起、孙膑、田忌,则推动了封建社会前进,使他们所在的国家收到富国强兵的实效。

三

在对待战争的态度问题上,孙膑和其他法家一样,认为战争
是不可避免的,只有通过战争才能解决问题。这种思想对于促
进当时封建国家统一是必要的。他说:

> 战胜而强,今故天下服矣。昔者神戎(农)战斧遂(疑为
> 传说中的地名),黄帝战蜀禄(涿鹿),尧伐共工,舜伐□管[①]
> (疑为有苗),汤放桀,武王伐纣,商奄反,故周公浅(疑为伐
> 字)之。

孙膑列举古代历史及传说中的"圣王",都是通过战争战胜了敌
人,而统治天下的(天下服)。"圣人"尚且不能避免战争,一般的
统治者就更不用说了。孙膑接着说:

> 故曰:德不若五帝而能不及三王,智不若周公,□(而)
> 我欲积仁义,式礼乐,垂衣常(裳)以禁争夺,此尧舜非弗欲
> 也;不可得,故举兵绳之。

这是说光靠仁义、礼乐来治理天下,不用战争,像尧舜那样的"圣
人"也办不到,只有用战争来解决问题。孙膑这里没有指名道姓
地批判儒家孔孟的"仁义忠恕"之道与"和为贵"的思想,但矛头
所向,确是直接指向儒家的。儒家孔孟之道竭力鼓吹"仁义",反
对用兵,妄图用"仁义"的说教来反对新兴地主阶级的革新,以复
辟奴隶制度。林彪完全承袭了孔孟的反动理论,大叫什么"恃德
者昌,恃力者亡"。他反对的是无产阶级专政,是为了变无产阶
级专政为资产阶级专政。但是决定历史前进的是革命的人民,

---

① 舜伐有苗,见《荀子》《淮南子》等书。

而不是少数反动派。不论是孔孟代表的没落奴隶主阶级，还是林彪代表的反动资产阶级，都要遭到彻底毁灭的下场。儒家到了战国时期处处与法家唱对台戏。法家把耕战政策作为治国的根本路线。儒家则叫嚷讲打仗的要"服上刑"，因为当时的战争，从总的趋势看，是走向统一的战争；而儒家则主张分封割据，以利于奴隶主复辟势力的活动，所以反对打仗。儒家还提出开垦荒地、发展生产的也应受到重罚，因为"辟草莱，任土地"，势必破坏了井田的疆界。疆界（阡陌）一废弃，复辟奴隶制的井田制就更没有指望了。

孙膑首先肯定战争不可避免，也不应避免。古代五帝三王没有不用兵的。但是对于从事战争，却主张慎重。

《孙武兵法》主张对战争的行动要慎重，不能有丝毫大意，它说："兵者国之大事，死生之地，存亡之道，不可不察也。"（《计篇》）

《孙膑兵法》也有类似的见解，它说：

> 夫兵者……战胜则所以存亡国而继绝世也。战不胜，则所以削地而危社稷也。是故兵者，不可不察。

这里讲的"战胜则所以存亡国而继绝世"，意思是说可以挽救国家的灭亡，与孔丘的复辟奴隶主的"兴灭国，继绝世"意义不同。战不胜，轻则削地，重则亡国，所以要慎重（"不可不察"）。以用兵为儿戏，掉以轻心而失败的，不是没有，如赵奢的儿子赵括，尽管他"善读父书"，结果却使赵国遭到覆军杀将的失败。无论孙武还是孙膑，他们都是有丰富实践经验的军事家，深知用兵的利与害，所以主张慎重。

《孙膑兵法》又说：

> 乐兵者亡，而利胜者辱。兵非所乐也，而胜非所利也，事备而后动。

这是说用兵要持慎重的态度,不顾主客观的诸种条件进行战争的,反会遭到失败的耻辱。

他说:"用兵无备者伤,穷兵者亡,齐三世其忧矣。"齐国当时还是大国,而且在孙膑的指挥下,确也打过几个胜仗,但是孙膑看到齐国"穷兵",连年作战带来隐忧。果然到了齐湣王时,表面上曾一度强盛,到后来却败于燕国,以致身死国破,齐国从此衰落。这与《孙武兵法》讲的,"不尽知用兵之害者,则不能尽知用兵之利也"(《作战篇》),意思是一样的。

《孙武兵法·作战篇》说:

> 革车千乘,带甲十万……日费千金。

《孙膑兵法》也说:

> 战再胜,当一败。十万之师出,费日千金。

这是说,如果轻率地进行战争,即使连续打了两个胜仗,也和打一个败仗所造成的损失相当("战再胜,当一败"),因为十万人的军队,一天就要消耗千金,长期消耗,将使国力衰竭。

四

孙膑认为用兵打仗,不能凭主观愿望办事,要根据具体情况。《孙膑兵法》中有丰富的朴素唯物主义思想。

对待强大的敌人,又不能不战,有没有办法呢?("敌众且武,必战,有道乎?")

> 孙(膑)子曰:有。埤垒广志,严正辑众,辟而骄之,引而劳之。攻其无备,出其(不意)①。

这与《孙武兵法》十分相近:

———

① "不意"二字,拟补。

　　　　兵者诡道也……卑而骄之,佚而劳之,亲而离之,攻其

　　无备,出其不意。(《计篇》)

只是《孙膑兵法》说得更明确。比如孙武说"卑而骄之",孙膑说
"辟而骄之",避让敌人,使敌人骄傲轻敌。孙武说"佚而劳之",
对待处于安逸状态的敌人,要使它疲劳,如何使它疲劳,孙武没
有具体讲明方法,孙膑则说"引而劳之",引导敌人,使其陷于疲
劳。他们的基本意思是一样的。

　　《孙膑兵法》还提出,战争之前,对于成败要有充分的认识。
作战之前固然要考虑成熟,之后,也要考虑到胜利的善后工作。
这才算是认识用兵作战的道理。

　　　　如有功于未战之前,故不失;可有功于已战之后,故兵

　　出而有功,入而不伤。则明于兵。

　　要取得胜利,不能光看到物质装备方面的条件,还要考虑更
多的条件,它说:

　　　　□□(甲坚)①兵利不得以为威,士有勇力,而不得以为

　　强。

　　　　□□□□(高城深池)②不得以为固,甲坚兵利,不得以

　　为强,士有勇力,不得以卫其将,则胜有道矣。

孙膑认为,战争最终虽要夺取敌方的城池,但也不能只看到夺取
城池有利的这一个方面。

　　　　城之所不攻者,曰,计吾力足以拔之,拔之而不及□,于

　　前得之而后弗□(守)□□□□□……若此者,城唯(虽)可

　　攻,弗攻也。

这里竹简文字有残缺,但大意还是清楚的,它是说攻占一个城

---

　　①　"甲坚"二字,据下文,拟补。

　　②　"高城深池",据《孙武兵法》的大意,拟补。

池,不仅考虑到是否攻得下,还要考虑是否守得住。攻下而不能保有,就不要去攻。

胜利在于一定的物的及人的条件,如条件不具备,还可以创造条件。

> 敌人众,能使之分离而不相救也。

《孙膑兵法》体现唯物主义精神的,还表现在《将失》一篇中。他在这里集中论述率领什么样的军队就会招致战斗的失败。名曰"将失",不只是讲将帅本身的问题,而是讲的造成带兵失败的许多条件。

例如,部队被牵制住,不能自由调动("失所以往来");号令不行,士兵不统一("令不行,众不壹");下面不服从,士兵不去拼命(下不服,众不为用);民众与军队不协作,仇视军队(民苦其师);军队疲沓(师老);军队想家("师怀");军队多次自相惊扰(军数惊);行军时,日暮路远,队伍都急于到达宿营地,一心赶路,失去戒备("日暮路远,众有至气");命令改动次数太多,军队对命令采取敷衍的态度,不认真执行(令数变,众偷);军队有恐敌心理("众恐");打了些侥幸仗,军队因而轻敌麻痹("多幸,众怠");下不了决心("多疑");将帅不愿听到自己的过失("恶闻其过");急于作战,意志分散("期战,心分");战斗中照顾了前方造成后方空虚,或照顾了后方造成前方空虚,或照顾右翼造成左翼空虚,或照顾左翼造成右翼空虚("战而忧前者后虚,忧后者前虚,忧左者右虚,忧右者左虚")等等。孙膑书中列举的"将失"的条件共有三十二种。我们这里不必一一列举。

这里《孙膑兵法》列举了三十二种打败仗的条件,未必完全正确。条目的多少,不是主要的。值得重视的是孙膑看到战争的胜与败都不是偶然的。它有它的一定的条件,这些条件是决定战争胜败的基础。如果违犯了这些条件,不论谁来指挥作战,不论是什么军队,都免不了被打败。

关于将帅的失败,也总结了若干经验。《孙膑兵法》中,讲到指挥官打败仗的一些条件。

> 一曰不能而自能,二曰骄,三曰贪于位,四曰贪于财……八曰寡勇,九曰勇而弱,十曰寡信……十五曰缓,十六曰怠……十九曰自私,廿曰自乱……

上面列举的是指挥官的缺点,有了这些缺点之一,就会造成战争的失败。在《孙武兵法》中,对于为将的一些要求,已有所论述,孙膑对孙武的兵法也有所吸取。因为战争是社会现象,它是客观存在的,不是哪个人的发明创造。在相同或类似的条件下,同样的观点,可以得出相同或相似的结论,《孙膑兵法》与《孙武兵法》有相同或相似之处,应当看到是不可避免的。

从上面列举的"将失"的条件中可以看出,《孙膑兵法》继承了《孙武兵法》的这个重要精神,即比较看重和发挥人的主动精神。在旧唯物主义的哲学中,一般地讲,唯物主义者往往忽视了主观能动的这一方面,而把主观能动精神留给唯心主义者去讲。马克思曾指出:

> ……和唯物主义相反,能动的方面却被唯心主义发展了,但只是抽象地发展了……①

这里,马克思讲的是黑格尔的哲学的情况,在中国哲学史上,这一现象也是值得注意的,的确有不少唯物主义者往往忽视了能动方面。而孙武和孙膑的兵法,既有尊重客观条件的唯物主义精神,也有发挥了人的能动作用的方面,所以值得重视。

战国时期,新兴地主阶级正处在上升时期,当时法家的杰出

---

① 《关于费尔巴哈的提纲》,《马克思恩格斯全集》第3卷,人民出版社,1974年版,第3页。

思想家荀子、韩非都具有人定胜天的积极主动思想。《孙膑兵法》中也体现了这一精神。

《孙膑兵法》也讲到作战中要调动敌人,争取主动;

> 以决胜败安危者道也。敌人众,能使之分离而不相救也。

> 积粮□(盈)库能使饥,安处不动能使劳,得天下能使离……

孙膑又讲到"以一击十",用少击众的方法是"攻其不备,出其不意"。

五

《孙膑兵法》还有另一个重要内容,是它的朴素的辩证法思想。它讲到对待敌我双方长处和短处,不能片面,既要从长处中看到短处,也要从不足之处发现长处。它说:

> 故善战者,见敌之所长则知其所短;见敌之所不足,则知〔其所有余〕。①

孙膑还讲到,战争中要善于因势利导,利用形势:

> 敌战,势胜者益之,败者代之,劳者息之,饥者食之。故民见□人而未见死,道(蹈)白刃而不荀(旋)踵。故行水得其理,祭不折舟,用民得(下缺)……

这是说战斗顺利时,就发展其胜利成果,不顺利时,把败了的军队替换下来,让疲劳的得到休息,让饥饿的得到饱食。这样,就有利于打胜仗。

孙膑认为要做到:

---

① 〔　〕内四字,根据上文,拟补。

　　　　善者能使敌□□□趋远,倍道兼行,卷〔倦〕〔弊〕①而不
　　得息,饥渴而不得食。以此薄敌,战必不胜矣。

这是说,善于作战的,要使敌人远道奔驰,如果我方倍道兼行,疲
倦,饥渴,就要打败仗。

　　又据《史记》,孙膑在齐国将军田忌门下时,曾帮助田忌赛马
取胜。这件事应当看作他的朴素的军事辩证法思想的具体运
用。过程是这样的:

　　田忌和齐国公子赛马,赌输赢。孙膑先观察了一下,他们的
马各分上、中、下三等,双方的实力差不多。孙膑对田忌说,你只
管多下赌注罢,我能让你得胜。田忌为赛马下了千金的赌注。
比赛要开始,孙膑对田忌说,用你的下等的马和对方的上等马比
赛,主动输掉这一局。然后用你上等的马和对方中等的马比赛,
用你的中等的马和对方的下等的马比赛。这样你就能稳胜两
局。田忌用了孙膑的办法。果然一负两胜取得胜利。这事虽
小,却可以看出孙膑的朴素的辩证法思想,要有所失,才能有所
得,要从全面考虑利害得失。

　　孙膑善于分析作战双方的形势,并从中抓住主要矛盾。历
史上长期被人们传诵的"围魏救赵"的战略,就是他利用矛盾,避
实击虚,一再取得胜利的范例。

　　公元前353年,魏国围攻赵国都城邯郸。赵国向齐国求救。
齐王令将军田忌同孙膑出兵救赵。孙膑认为魏国全力出兵攻
赵,国内空虚,应当直接进攻魏国的首都大梁,魏国必然回军自
救,邯郸的围困自然解除。齐国采用了孙膑的战略,乘魏国的军
队的疲惫,大败魏军。这是历史上有名的"围魏救赵"的故事。
后来魏国又攻韩国,韩国向齐求救,孙膑仍然用上述的战略,不

————————

①　"弊",竹简字缺,疑为"弊"字。

救韩,直攻魏,魏国回救,被迫放弃攻韩,遭到孙膑的伏击,魏国大将庞涓被捉,魏太子战死。

伟大领袖毛主席在《抗日游击战争的战略问题》中曾指出,为了打破敌人的围攻,可以采取"围魏救赵"的办法:

> 如果敌在根据地内久踞不去,我……以一部留在根据地内围困该敌,而用主力进攻敌所从来之一带地方,在那里大肆活动,引致久踞之敌撤退出去打我主力;这就是'围魏救赵'的办法。①

毛主席对孙膑的战略思想曾给以肯定,并指出其中有值得借鉴的地方,给我们提供了"古为今用"的光辉范例。

孙膑的朴素的辩证法思想还表现在他提出要主动地打破平衡,避免敌我僵持,要从绝对中看到相对,又要从相对中看到绝对,这样才可以取得胜利。《孙膑兵法》中说:

> 盈胜虚,径胜行,疾胜徐,众胜寡,佚胜劳。

这是说,要利用形势,用一方克服另一方,从而夺得胜利。孙膑认为要注意下面的情况:

> 毋以积当积,毋以疏当疏,毋以盈当盈,毋以虚当虚,毋以疾当疾,毋以众当众,毋以寡当寡,毋以佚当佚,毋以劳当劳。

这里是说,作战的双方如果都是以众当众,都是以寡当寡,就分不出强弱,形成势均力敌,一方的优势就不便发挥出来,就难以取得胜利。上述田忌赛马的例子,即是避免"以盈当盈",改为以两局"以盈当虚",另一局"以虚当盈",从而取得全局的胜利。

---

① 《抗日游击战争的战略问题》,《毛泽东选集》第 420 页。

六

在《孙膑兵法》中,我们还看到关于形名关系的论述,它的理解是比较有价值的。孙膑说:

> 有形之徒,莫不可名;有名之徒,莫不可胜。故圣人以万物之胜胜万物,故其胜不屈。战者以形相胜者也。形莫不可以胜,而莫知其所以胜之形。形胜之变与天地相敝(竞)而不穷。形胜以楚越之竹书之而不足。形者皆以其胜胜者也。

这里讲的是战争与形名的关系。孙膑认为战争是以形相胜的一种斗争。

战国时期,哲学界对形与名的关系问题曾展开过争论。当时争论的中心是:具体的东西(形)和代表这个东西的概念(名)究竟哪是第一性的。根据对于这一问题的不同回答,划分为两大阵营。凡是认为名是第一性的,名可以决定形的,则属于唯心论的阵营。以孔孟为代表的儒家,即属于唯心论阵营,以荀子、韩非为代表的法家,则属于唯物论阵营。在形名问题上,儒法的斗争也是不可调和的。

孙膑站在唯物主义立场来对待形与名的关系。他认为凡是有形质的东西都可以用一定的概念来表达。能用概念来表达的东西都是具体的、可以克服的(可胜)。"圣人"所以能够利用万物来克服万物,即在于他能根据事物的这一性质,利用这一一定的事物来克服另一一定的事物,所以他不断地取得胜利(其胜不屈)。战争是一种具体事物对另一具体事物的斗争(战者以形相胜者也),因此,战争并不是什么神秘的、抽象的,而是具体的可以认识的事物。既然如此,那就没有什么不可克服的(形莫不可以胜）。只是人们不去认识其中的道理，所以才不了解为什么这一事物能克服另一事物（莫知其所以胜之形）。事物之间相互克服的现象是无穷尽的（形胜之变与天地相竞而不穷）。这是因为世界上的事物是无穷无尽的，任何事物总归有它克服和被克服两个方面。

孙膑讲的是战争，这一理论涉及唯物论的认识论的原则，就思想方法上说，也有丰富的辩证法因素。照孙膑看来，事物既有克服（胜）其他事物的可能，同时又有被其他事物克服的可能。战争也是如此，它可以战胜对方，它又可以被对方所战胜。正因为战争具有胜败两种可能，所以要掌握它的规律，克服不利的方面，发扬和创造有利的方面。孙膑辩证地对待战争的胜败关系，他在这个问题上超过了《孙武兵法》。

在这一方面孙膑超过了孙武，倒不是由于孙膑的天才过人，而是由于春秋时期形名关系的讨论还没有深入展开。孔丘讲"正名"，他要以名正实，"实"也就是后来战时期哲学界所谓"形"。孔丘讲"正名"，在于论证奴隶制不可改变，他要永远维护奴隶制的君臣、父子的服从关系。到了战国，形名问题的辩论才深入展开。孙膑的观点，应当看作战国时期唯物主义认识论在军事科学领域的体现。具体的、孙膑的思想在哲学的两军对战中，属于唯物主义阵营。

七

孙膑是我国古代封建社会上升时期的杰出的军事家。他继承了孙武的军事思想，也有所发展。在我国战术史上有他的特殊地位。

战国时期，战争的规模比春秋时更大，战术方面也有所发展。比如在春秋时,《孙武兵法》原则上反对攻城,认为得不偿失。孙武认为战争的利益在于:"掠乡分众,廓地分利。"(《军争篇》)到了战国时期,《孙膑兵法》则主张攻城,这是由于当时各封建国家的经济有了更大的发展,各国出现了"万家之邑"的大城市,城市成为经济、政治、文化的中心,财富、人力都汇聚在城市。像齐国即墨这个城市,被燕国的军队围困了很久,到了反攻时,还可以搜集到牛千余只,黄金千镒和其他大量物资。即墨如此,其他城市可以想见。秦将白起曾先后攻占过七十余城,燕将乐毅也连下齐七十余城。在战国时期,作战如不攻克敌人的城市,就得不到敌方人力、物资的补偿。孙膑兵法主张攻城,是战国经济状况和政治状况在战争思想中的反映。《孙膑兵法》有专门讲战争的主客关系的,"客"是指进入敌国境内作战的军队,"主"是在本国抵御的军队。惜竹简残缺,未见它深入开展论述。所谓客军,当然包括攻城的任务在内。

孙武的兵法中讲到战阵,但还没有系统的阵法,在孙膑的兵法中就总结出若干种阵法。阵战,既不是攻城,也不是单纯利用地形的战斗,而是根据敌情把军队编组成各种作用不同的战斗整体,以适应战国时期大规模的战斗。《孙膑兵法》记载:

昔者梁君将攻邯郸,使将军庞涓带甲八万至于茌丘。

齐君闻之,使将军忌子带甲八万,至……

在这里展开"围魏救赵"的序幕。可惜竹简残缺,作战过程不详。双方各有八万人的战斗部队,用阵法作战,不可能只摆成一个阵,即使摆开了,兵力也施展不开,无法进行战斗。所以阵法应当有图,有说明。《汉书·艺文志》说《吴孙子》和《齐孙子》都有图。《汉书》的说法是有道理的,可惜图已失传了。

孙膑在我国古代军事史上是有卓越贡献的,但是我们也必须指出,孙膑毕竟是一个剥削阶级的军事家。不可能不带有剥削阶级的偏见和局限。比如他在战争中只看到将帅的决定作用,而不认识群众、士兵在战争中的作用,甚至认为士兵、群众不过是一种工具。他说:

> 若欲知兵之请(情),弩矢其法也。矢,卒也,弩,将也。

这里明确地表示士卒只能被调动,将帅才是起支配决定作用的。而"民苦其师""下不服,众不为用""师老"等"将失"的问题,关系到人民在战争中的决定作用和战争的性质,这就更不是战国时代地主阶级的军事家孙膑所能真正认识和解决的了。

八

《孙膑兵法》是战国时期各诸侯封建国家互相争霸、争取统一的总形势下的产物。但是,孙膑生活、活动于齐国(生于"阿鄄之间"),因此,他的思想中又不得不带有特定的齐国阶级斗争、思想斗争的烙印。也就是说,当奴隶制与封建制大搏斗时,在齐国与其他六国有所不同。

当时秦国处在西边,受奴隶制的旧文化传统影响较浅,打击奴隶主贵族比较坚决。所以秦国封建文化开始时比较东方六国迟些,但步子迈得大,反而走在最前面,封建化比较彻底。

齐国地处东边,一开始就比较强大,从管仲以来,已有了初步向封建化过渡的某些改革。但奴隶主阶级旧势力比较大,又没有经过像秦国商鞅那种大刀阔斧的改革,奴隶主贵族没有受到致命的打击。对旧制度破得不够,新制度(封建制)也就立得不牢。因此,它的封建化,总有些拖泥带水。孔丘说:"齐一变至于鲁,鲁一变至于道。"在孔丘看来,齐国的奴隶主贵族虽不及鲁国那末有希望(即势力大),但还有希望。"邹鲁缙绅之士"的文化影响也较大。

　　齐国稷下学宫,由政府供养的一大批知识分子,既有儒家的孟轲,也有法家的慎到、田骈等人,还有其他一些流派。可是齐国的国君"兼而礼之"。虽然推行了法家的一些办法,却未重重打击儒家。孟轲梦想复辟奴隶制,在齐国住了很久,他曾对齐国寄以很大的复辟希望。

　　这一具体的环境,不能不在孙膑的思想中有所反映。比如《孙膑兵法》中论将、论战争,主流是法家的精神,也杂有不少儒家的"仁""义""信"等旧传统的影响。

　　齐国与燕国近邻,燕国的文化也有时影响到齐国。如古书上常说的"燕齐方士"所宣传的宗教迷信思想,在孙膑的兵书中也有所表现。

　　《孙膑兵法》中透露出来的"五行说"即是一例。春秋以前,"五行说"基本上是唯物主义的。战国以后,宗教神学的思想也利用"五行"来进行宣传。还有一些形而上学者,也利用"五行"作为一种格式,以填充其所要求的内容,它逐渐形成烦琐哲学。在《孙膑兵法》中,也有这种迹象。比如讲到地形时,曾有"五地""五草""五壤"等。

　　例如孙膑的五壤相胜,其次序是:

　　　　青胜黄,黄胜黑,黑胜朱,朱胜白,白胜青。

　　按"五行说",青(木)、黄(土)、黑(水)、朱(火)、白(金)这"五行"的关系是木克土(青胜黄),土克水(黄胜黑),水克火(黑胜朱),火克金(朱胜白),金克木(白胜青)。这是"五行"相胜的一个格式。阴阳学派把这一格式到处套用,汉代董仲舒用五行相胜来解释历史的发展,形成一套机械循环论的历史观,为汉朝王权天授制造借口。

　　在《孙武兵法》中已有了"五行"的观念,但他讲的"五行无常胜",还是有科学精神的。

这次出土残简中还有一部分关于阴阳、风角、灾异杂占的，可能是另外的书，也可能是《孙膑兵法》中的一部分。科学与宗教是根本对立的，但在古代，有时科学里面也掺杂着宗教成分。比如唐代的医学已相当发达，本草、脉理、针灸都有相当成熟的经验，并有了较细的分科治疗的教学的制度，但在太医院里，还有"祝由科"（巫医）与其他各科并列。在古代，"国之大事，在祀与戎"。兵家战争总不免冒几分风险，有时要求神问卜。《韩非子·饰邪》中也曾讲到，赵国、秦国、燕国作战之前都进行占卜。齐国是不是就不那末迷信呢？也可能有迷信。如果《孙膑兵法》有这些思想，这些东西当然是它的糟粕，是要不得的。

《孙膑兵法》是战国时期阶级斗争的产物。它反映了当时新兴地主阶级的利益，进步倾向是它的主流。《孙膑兵法》中的糟粕部分，则是受当时奴隶制残余的影响，属于非主流部分，是次要的。

《孙膑兵法》的发现，进一步表明，从春秋到战国，随着地主阶级的壮大，法家思想阵线也逐渐壮大。除了人们早已熟知的李悝、吴起、商鞅、荀子、韩非等人外，又增加了孙膑。又由于考古工作用具体事实进一步肯定了《孙武兵法》为孙武所著，展现在人们面前的法家的阵容扩大了；儒家的阵容则相对地缩小了。这就使我们加深了对于春秋战国时期儒法斗争的总形势的认识。这属于另外的范围，不在这里多说了。

历史的真实与骗子的虚构*

——批判"四人帮"关于秦汉之际
"儒法斗争"的谬论

　　受"四人帮"操纵和御用的"梁效""罗思鼎",一直是炮制反革命舆论的急先锋。这批无耻的反动文人,秉承"四人帮"篡党夺权的政治意图,编造了一个贯串古今、包罗万象的"儒法斗争"的历史,其中落笔着墨最多的是秦汉之际的这一段。他们以讲历史为幌子,大谈其"复辟与反复辟"的斗争,大要其"古为帮用"、影射史学的卑劣伎俩。对此,必须依据历史的真实,来戳穿骗子的种种虚构。

一

　　从历史上看,先秦是存在过儒法斗争的,还有儒墨斗争,儒道斗争。春秋战国时代,诸子"百家争鸣",许多家之间都曾有

---

　　*　原载《安徽劳动大学学报》(哲学社会科学版)1977 年第 4 期。

过斗争。然而，秦汉之际，特别是西汉以后，"百家"逐渐交融，儒道、阴阳、名法都在新的政治形势下，发生了变化，儒法逐渐合流，到了汉武帝时代，董仲舒被尊奉为正统，已经形成了一个统一的封建主义思想体系，从此以后，先秦"儒法斗争"宣告结束。

"四人帮"为了把"儒法斗争"从先秦一直拉长到今天，首先极力歪曲秦汉之际的社会性质。关于封建社会的开始，我国史学界虽有过不同的见解，有的认为封建制起于西周，有的认为封建制起于春秋战国之际。无论哪一种见解，秦汉的社会性质为封建社会则无异议。"四人帮"御用文人怀着不可告人的政治目的，蓄意制造混乱，他们口头上说春秋战国是奴隶制向封建制的过渡时期，然而在他们的毒草文章中，为了适应不同的政治需要，可以任意玩弄历史，当他们叫喊"批孔"的时候，就说春秋时期奴隶制"已经崩溃了"，"已经摇摇欲坠了"，"已经没法维持了"，可是，当谈到秦汉之际的时候，却又说"秦王朝是我国第一个封建王朝"，按照这些"历史家"的说法，封建制越向前发展，奴隶制复辟的危险反倒越大。从春秋到战国，又到秦的统一，历史过了几百年，"摇摇欲坠"的奴隶制不仅没有彻底崩溃，反倒比春秋时期更加强大了。秦始皇一死，赵高篡夺了领导权，在一个早上奴隶制就复辟，封建制的秦王朝的性质就被改变了。照这样说，奴隶制的复辟完全是事出偶然，只要某个人耍点阴谋得逞，历史就倒退了，这是典型的历史唯心主义。

"四人帮"御用文人对秦汉之际的奴隶制残余拼命渲染夸大，甚至说在秦统一后奴隶主与地主阶级之间的斗争是社会的主要矛盾。这又是一个弥天大谎。奴隶制的残余不仅秦汉之际有，而且整个封建社会都可以找到它的痕迹。战国七雄的统治者都是从奴隶主贵族转化来的封建地主阶级,他们的统治带有奴隶制的残余,打上奴隶主阶级的烙印是毫不足奇的。应当看到所有这些都是封建制的补充,而不会改变封建制的性质。"四人帮"御用文人歪曲、伪造历史,完全是为他们的反动政治目的服务的。薄薄的一层"学术理论"伪装掩盖不了他们的恶毒用心。

秦王朝统一后,实行的是封建制的剥削。比较突出的是用各种"严刑峻法"强迫人民无休止地服各种繁重的劳役。修建宫殿、陵墓,一次就调发几十万人,劳动力不足,就发"闾左之戍",还征"七科谪",这些都严重破坏了生产力,同时也就破坏了秦王朝的统治基础。繁重的劳役和严刑峻法逼得劳动人民活不下去的时候就只有起来造反,千百万劳动人民的武装起义是秦王朝覆灭的根本原因。

秦王朝开创了统一,这是我国历史上的一个重大进步,可是由于秦王朝对劳动人民极端残酷的剥削镇压,毫无节制的调发役使,很快就被农民起义所推翻。秦王朝的统一并没有真正得到巩固。在秦王朝覆灭的废墟上建立起来的西汉王朝,中心的任务是把秦王朝开创的中央集权的统一的封建制国家继承并巩固下来,这就是历史上所说的"汉承秦制"的涵义。"四人帮"御用的梁效、罗思鼎把"汉承秦制"解释为继承"法家路线",这纯系捏造。法家思想在秦王朝谋求统一的过程中,作为主要的精神武器曾经起过推动历史发展的进步作用,秦统一后的一套严刑峻法,也是在法家思想指导之下进行的。而正是这种单纯的严刑峻法,激起了人民的反抗,直接促成了秦王朝的灭亡,"以秦为鉴"的西汉统治者不可能再推行什么"法家路线"。西汉初年统治集团的主要成员大都来自下层,他们之中有的在县里当过刀笔吏,有的是杀狗的,有的是贩卖布的,有的是给人家办丧事吹乐器混饭吃的,有的当过乞丐,刘邦自己当过亭长,是地方最下级的吏而不是官。这些人与从奴隶主转化过来的旧的封建贵族还有所不同,他们有过"天下苦秦久矣"的亲身感受,也参加农民起义队伍,直接看到一个强大的秦王朝怎样被"斩木为兵""揭竿为旗"的农民武装起义所推翻。当他们窃取起义胜利果实,爬上统治地位以后,不能不认真地总结秦亡的教训,作为新政权制定政策的依据。汉初在黄老哲学思想指导下实行的休养生息、无为而治的政策,就是这种改弦更张的表现。也正是这种政策的实行,才把中央集权的封建大一统局面巩固下来。

综上所述,秦汉之际政治上总的趋势是统一的,这种政治上的统一的历史趋势是生产力发展造成的经济基础的要求,而这种政治上的统一趋势又要求意识形态上有相应的改变,这就是从先秦的"百家争鸣"到秦汉之际的"百家交融",从先秦的儒法斗争到秦汉之际的儒法合流的根本原因。由于秦汉之际有过一次规模空前的农民大起义,还由于秦是开创统一而汉是巩固统一,就使得在总的交融合流趋势中又显出不同的特点。

二

随着秦王朝政治上统一形势的逐渐形成,思想上也相应地要求统一,这种趋势在《吕氏春秋》一书中已见端倪。"四人帮"的御用工具罗思鼎说它是奴隶主复辟的书,这完全是胡扯。《吕氏春秋》采取了先秦各家学说,拼凑起来,企图用它作为国家统一的指导思想。书中有儒、法、墨、农等许多学派的思想,各篇和各部分经常自相矛盾,构不成一个有机的整体,因而也就实际上起不到统一思想的作用。真正作为秦王朝统一天下、治理国家的思想武器的是《韩非子》一书中的思想。但是,韩非的思想在秦王朝覆亡的过程中暴露了以下的缺点和问题,不能适应地主阶级长远的统治需要。

第一,韩非宣扬进步的历史观,他说历史是发展的,社会是要改变的。这就意味着任何一个王朝都不是永恒的,都要被后来的新势力所取代。这是已经取得统治地位的剥削阶级所不愿意接受的。秦始皇的要求是自己作始皇,儿子叫二世,孙子叫三世,相传下去,以至万世,汉代的统治者当然也希望这样。于是,韩非关于变革、革新的思想也就不再需要了。

第二,韩非反复宣传人和人的关系是相互利用的赤裸裸的利害关系。统治者与人民的利益是绝对对立的。这些本来也是事实,但是大喊大叫地宣扬这些,不加掩饰,这对统治者并不利,这就只宜于充当刽子手的角色,而不能担负牧师的职能。韩非思想中的这个弱点带给秦王朝的后果就是政权没有巩固,在农民起义的打击下,很快垮台。汉代的统治者是看到并利用了秦王朝的这一点,在取得政权之后,当然认为单纯的镇压是很愚蠢的。

第三,韩非的哲学公开讲"术","术"就是驾驭群臣的阴谋诡计。在韩非看来,国君前后左右充满着敌人,大臣、宦官、后妃都不可信,国君要整天提心吊胆地提防着随时可能发生的篡弑政变。这就把封建统治集团内部的矛盾斗争绝对化,导致上下猜疑,不利于协调统治阶级内部关系,形成一个比较稳定的统治集团。封建主义的剥削是"由宗教幻想和政治幻想掩盖着的剥削",这种掩盖的欺骗作用是有限的,但对地主阶级却是不可少的。同样,地主阶级"罩在家庭关系上的温情脉脉的面纱"虽然是虚伪的,也是必要的。因为正是这些"幻想"和"面纱"构成了封建社会上层建筑的伪善之网,巩固并维系封建制度的根本利益。把剥削实质和内部矛盾公开露骨地宣扬,对地主阶级也是不利的。

第四,法家对法令以外的上层建筑的作用缺乏认识,韩非认为只能"以法为教,以吏为师"。道德、艺术、宗教、哲学……统统被认为不但无用而且有害。韩非认为"君上之于民也,有难则用其死,安平则用其力",把劳动人民看成实行耕战政策的工具。对于思想统治要发挥上层建筑各个部分的作用很不理解。

由于韩非思想的弱点在秦王朝覆亡过程中暴露得比较充分,汉朝统一全国后,鉴于秦亡的教训,用另外的思想来代替韩非的法家思想,并非偶然,汉初得到统治者尊奉并广泛传播的是"黄老哲学",这个情况反映了当时政治上巩固统一、经济上恢复和发展生产的要求。

秦王朝在谋求统一的过程中实行商鞅的奖励耕战政策。鼓励一家一户的生产,规定男子成年必须与父母分居,另立门户。女子到一定年龄必须出嫁,以增加劳动力和纳税服役的人口。这样,小农经济得到了发展。秦始皇统一全国后,繁重的劳役、兵役等,又严重干扰破坏了这种小农经济。因为这种小农经济具有很大的脆弱性,一个家庭的主要劳动力被抽调去服劳役,生产就无法进行。而且一旦抽走之后,能活着回来的机会不多。"戍死者固十六七",即使有田也无法耕种,生产受到严重的破坏。《汉书·食货志》形容当时经济残破的景象是:"汉兴接秦之敝,诸侯并起,民失作业,而大饥馑。凡米石五千,人相食,死者过半。高祖乃令民得卖子,就食蜀汉。天下既定,民亡盖臧,自天子不能具醇驷,而将相或乘牛车。"这说明当时经过连年战争之后,人民穷困,户口减少,壮年劳动力缺乏,耕畜不足。于是统治阶级不得不实行"轻徭薄赋",这比"竭泽而渔"对它更为有利些。汉初采取黄老哲学作为其进行统治的指导思想，与当时的经济状况有着直接的关系。汉初的统治者，正是上升时期地主阶级的政治代表。他们讲黄老无为，不过是为积蓄力量，准备有为。黄老哲学表现在政治上就是对秦王朝在法家思想指导下实行的一系列残酷压迫、过分干涉的政策的纠正，通过"清静无为"的手段来达到使民"自正""自朴""自富"的目的。从刘邦直到文、景，基本上都是以黄老哲学作为指导思想的。这种黄老哲学是汉初这个特定的历史时期经济和政治的产物，而不是先秦老庄哲学的简单再版，更不是"四人帮"御用工具所谓的"道表法里"。就思想内容来说是"采儒墨之善，撮名法之要"，也就是体现了百家交融、儒法合流。这种思想上的合流交融是政治上巩固统一的要求，也是统治阶级"霸、王道杂之"的两手策略的产物。秦末农民大起义证明了任何繁苛的法令、残酷的刑罚都不能使秦王朝的统治长久维持下去，要长久地维护封建统治秩序，单靠法家的一套镇压措施是不够的，要同时进行儒家的一套仁义道德的欺骗麻醉，只有这样"文武并用"，才是"长久之术"。在汉初统治者所尊奉的黄老哲学里，法家思想并未被全盘抛弃，儒家思想也并未被全盘接受，而是把对维护地主阶级有利的因素融合为统一的封建主义的思想体系。事实上，从汉初以来，在黄老思潮总的旗帜下，在加强对劳动人民进行思想统治的总的目标下，先秦儒、法两家关于"礼治"与"法治""仁义"与"法术""教化"与"刑罚"的争论逐渐统一起来，这是历史的必然趋势。而不取决于任何统治者的个人好恶。"四人帮"的御用文人唯心史观横行，在他们看来，一种思想的出现兴起和衰落消亡都是很偶然的，只要某一个帝王欣赏"法家"思想，重用"法家"人物，贯彻"法家"路线，于是国家兴盛，天下太平，某一个帝王欣赏"儒家"思想，于是"法家"思想被罢黜，"法家"人物倒霉，"法家"路线中断，从而国家灭亡,天下大乱。这不仅是"一言兴国,一言丧邦",而且是统治者一念之差决定了历史方向!而他们竟敢于把这种荒唐绝伦的谬论说成是"用马列主义来总结历史经验",真是反动透顶!

三

从汉初到武帝,几十年推行在黄老哲学指导之下的"无为而治"的政策,果然对社会生产起到了恢复和发展的作用。到了汉武帝时代,封建国家财富大量增加,这就为政治上、军事上的"有为"打下了基础。对内加强政治上的统一,削弱诸侯王的分封的势力;对外,抗击了匈奴奴隶主贵族的连年入侵。另外,由于小农经济的分化,兼并的盛行,农民与地主阶级的矛盾有了新的发展。"黄老无为"的思想已不能适应当时政治、经济发展的新情况,必然要求有所变革。

全部哲学发展的历史证明:有了统一的政治局面,才会产生统一的哲学,这和宗教发展史上有了地上的统一之君才产生天上的统一之神是一样的道理。秦汉的大一统局面,在我国历史上是一件新事,也是一件前所未有的大事,地主阶级的政治代表和思想家们为了寻找(或者说建立)适应封建制度根本利益的哲学体系,并不是一帆风顺的,要在与旧的思想做斗争中探索前进,经历了曲折的历史过程。

春秋战国时代,盛行"百家争鸣",其社会基础和时代背景是生产关系的变革和诸侯割据纷争以及兼并战争的盛行。秦统一后采用强硬镇压的措施,韩非为代表的法家思想占了支配的地位。我们可以从秦始皇及二世统治时期君臣间的议论中,看到往往引用韩非的学说作为准则,即是明证。秦末农民大起义的浪涛淹没了秦王朝,同时也推翻了"法家"的一尊地位,宣告了秦始皇用"禁私学,焚《诗》《书》百家语"来统一思想的做法的失败。汉初虽然"崇尚黄老",却并不排斥"百家",几乎各个学派的代表人物这时都有所活动。但是由于面临的是封建大一统的政治局面,各派都在为建立统一的封建主义的上层建筑为地主阶级出谋献策,都在吸收他家的观点,改变着自己的面貌,出现了"百家交融"逐渐合流的趋势。这种趋势给当时的思想家打上非常鲜明的时代烙印。汉初的许多思想家都是以总结秦亡的经验来作为提出自己议论的出发点,以如何加强和巩固封建统治秩序作为议论的政治归宿。只有这样,才能打动统治者,受到重视和采纳。当他们这样做的时候,由于出发点和政治归宿的一致性,在思想内容上也就很自然地从逐步接近到走向统一,一个兼采儒、墨、名、法等百家统一的新学派逐渐形成,其主要的奠基者就是董仲舒。虽然历史上还习惯地称之为"儒家",但从思想内容到形式和先秦的"儒"都有很大的区别。汉武帝所尊的"儒",正是这样的"儒"。

董仲舒的思想体系的出现和受到重视都不是偶然的。汉武帝时代,为了巩固封建统一政权,为了进一步在经济、政治、军事上搞大一统,统一思想的问题又提到日程上来。为了改变"今师异道,人异论,百家殊方,指意不同"的情况,董仲舒建议:"诸不在六艺之科、孔子之术者,皆绝其道,勿使并进。"这个建议受到批准,这就是历史上有名的"罢黜百家,独尊儒术"。

汉初"儒"家得到重视,并不是从董仲舒开始的。汉武帝建元元年(前140),丞相卫绾奏"所举贤良,或治申、商、韩非、苏秦、张仪之言,乱国政,请皆罢"。这条建议得到汉武帝的批准("奏可")。建元五年(前136)又置五经博士,也就是用儒家的经典作为国家的教材。汉武帝在实行"罢黜百家,独尊儒术"

的过程中受到了"好黄老刑名之言"的窦太后的干扰和阻挠,但这种政策毕竟是代表了从秦始皇以来的地主阶级要求进一步加强思想统治的要求。汉武帝的"独尊儒术"和秦始皇的"焚书坑儒",尽管表面上作法似乎相反,而实质上却是遵循了同一条路线,即统一思想的路线。这个过程生动地说明了随着阶级斗争形势的变化,随着政治局面的改变,各家各派的学说内容也不得不有所改变。某家的招牌仍旧,推销的货色却随着时代的改变而改变。比如先秦法家单讲刑罚,儒家强调教化,而到了董仲舒这里就统一起来。他指出:"教,政之本也;狱,政之末也。其事异域,其用一也。不可以不相顺。"这就克服了儒法的界限。再如先秦法家在用人问题上强调尚贤使能,论功行赏,而董仲舒也主张"毋以日月为功,实试贤能为上。量才而授官,录德而定位,则廉耻殊路,贤不肖异处矣"。这样的议论和主张,和法家的观点毫无二致。可见,从汉初开始的"百家交融"和儒法合流的趋势,到了汉武帝时代,已经发展到了水到渠成的地步。

四

在董仲舒之前,汉初还有两个比较重要的思想家是贾谊和晁错。"四人帮"的御用工具把这两个人都说成是"法家"。其实,他们的思想中也明显地体现了"百家交融"和"儒法合流"的迹象。

贾谊总结秦亡的经验教训是:"仁义不施,而攻守之势异也。""攻""守"也包含着开创与守成(巩固)的涵义。这就把秦亡的原因归结为在巩固统一时没有实行"仁义",即是只有镇压的一手,而没有欺骗麻醉的一手。这在汉初是十分有代表性的见解。贾谊还指出："汤武置天下于仁义礼乐，而德泽洽，禽兽草木广裕，德被蛮貊四夷，累子孙数十世……秦王置天下于法令刑罚，德泽亡一有，而怨毒盈于世，下憎恶之如仇雠，祸几及身，子孙诛绝，此天下所共见也。"大讲"仁义礼乐"，大反"法令刑罚"，这还能成为法家吗？贾谊在讲"仁义礼乐"的同时，也讲"权势法则"。在贾谊的思想里，已明显地体现了儒法合流。

先秦儒法两家都讲到了"刑"与"德"。两派关于刑、德的涵义有区别。如韩非说"二柄者，刑、德也"，刑即罚，德即赏赐。韩非所讲的"德"不包括"仁义""慈爱"等内容。韩非著作反复强调"仁义""慈爱"等对统治者的统治不但无用，而且是有害的，君主掌握"刑德"的"二柄"，就可治理国家，不必再借助其他。汉初的晁错也讲"赏"与"罚"，赏罚的涵义与先秦韩非有明显的不同。他解释说，"其行赏也，非虚取民财妄与人也，以劝天下之忠孝而明其功也"，"其行罚也，非以忿怒妄诛而从暴心也，以禁天下不忠不孝而害国者也"。把"赏"与"罚"看成是实行"忠孝"的手段，这明显地也是"儒法合流"。而在"四人帮"御用工具的笔下，贾谊与晁错都成了与儒家根本对立的"法家"人物。他们把先秦的各"家"说成是永远不变的，目的在于把儒法斗争比附于我们今天党内的斗争，为"四人帮"这批现代"法家"上台造舆论。

"四人帮"御用工具胡说什么汉初形式上崇奉"黄老"，骨子里是"尊法"的（所谓"道表法里"）。汉武帝形式上"尊儒"，实际上"尊法"，并不真正相信儒家董仲舒，真正相信的是"法家"张汤和桑弘羊。历史事实是这样的吗？据史书记载："（董）仲舒在家，朝廷如有大议，使使者及廷尉张汤就其家而问之。"张汤专管司法，是汉武帝信任的一个高级官员，每当朝廷有了重大事件，汉武帝叫"法家"张汤跑去向"儒家"董仲舒登门请教,汉武帝究竟是信儒家还是信法家呢？史书还记载,张汤这个人在判决重大案件时,也要从儒家经典中寻找理论根据:"(张)汤决大狱,欲傅古义,乃请博士弟子治《尚书》《春秋》。"看来,这个"法家"简直离不开"儒家"了。武帝时,另外一个宰相公孙弘,史书上说他,"习文法吏事,缘饰以儒术"。这些都说明了当时朝廷用人是儒法合流,大官僚个人也是身兼儒法。这时再按先秦关于儒法的观念来区分,是不能把问题讲清楚的。"四人帮"的御用工具把地主阶级的政治代表汉武帝说成是"法家",而把汉武帝尊奉的地主阶级的思想家董仲舒说成是"儒家",事实上他们君臣之间的政治观点是很一致的。董仲舒的哲学体系正是为汉武帝的封建大一统做理论上的论证。他的"天不变,道亦不变"的形而上学观点正适应了地主阶级把封建统治秩序永恒化的政治需要。他讲"天人感应"为君权神授制造借口。这些都体现了哲学、宗教这些高踞凌霄的上层建筑为经济基础服务的特点。董仲舒的哲学体系、神学目的论不能代替廷尉张汤的决狱条文,也不能代替桑弘羊的财政税收政策,但却能作为二者的指导思想。汉武帝用董仲舒是因为他的一套哲学体系能够满足汉武帝"欲闻大道之要,至论之极"的要求;用张汤,是因为他善治狱;用桑弘羊,是因为他善理财;用卫青、霍去病,是因为他们能够领兵打仗;用司马相如,是因为他能够作辞赋来粉饰太平、歌功颂德……用张骞、苏武是因为他们能奉使外国……汉武帝和他的思想家、御用文士、军事将领,分管财政、司法的大臣,组成一个统一的封建统治集团。从根本上说,他们是"一家",把这个说成是"法家"、那个是"儒家",把汉武帝时代的历史真实硬向先秦"儒法斗争"的框架里去套,只能留下几条荒唐的笑柄,为唯心史观的破产增添几个例证。

　　从以上简略的论述,可以看出,"四人帮"所宣扬的所谓秦汉之际的儒法斗争完全歪曲了历史的真实,秦汉之际思想领域内总的趋势是百家交融、儒法合流,而不是什么"儒法斗争"。既然秦汉之际已经儒法合流,此后什么延续两千年的儒法斗争,就更纯属编造虚构。"四人帮"把"儒法斗争"从古代引向当前,引向党内,是为了把以周总理为代表的老一辈无产阶级革命家影射为当代的"大儒",这充分地暴露了他们篡党夺权的狼子野心。

　　在哲学史上,只有唯物主义与唯心主义、辩证法与形而上学的斗争才是贯串古今的基本线索,"四人帮"不仅企图以编造的儒法斗争来取代唯物主义与唯心主义、辩证法与形而上学的斗争,而且还炮制一个儒、法等同于保守、进步的谬论。众所周知,进步与保守是一对政治范畴,而儒、法只是先秦时期的两个学派,根本不能混为一谈。进步与保守是指一定阶级、集团或个人在一定历史时期内对历史发展前进趋势所持的态度与所起的作用,离开了具体的历史的阶级分析,就根本无法判断什么是进步,什么是保守,这是事实,也是常识。"四人帮"捏造一个"法家一贯进步",这种超阶级、超历史的"一贯进步",是他们唯心史观的一贯胡诌,历史上从来没有过。事实上,随着地主阶级取得并巩固政权以后,思想上革命开创逐渐转化为保守落后,法家思想中的进步因素逐渐被抛弃,而它的落后以至反动的因素则和儒家思想融合在一起,形成一个统一的封建主义思想体系,两千年来一直起着维护封建统治的作用。"四人帮"吹捧"法家",也就是鼓吹封建主义思想体系。他们把"法家思想"说成比马列主义还先进,把许多帝王、将、相、后妃都说成"法家",说得比无产阶级和共产党人还高明。相反,他们对我们党参加过反帝反封建的民主革命的老干部则恨入骨髓,说老干部等于"民主派""民主派"等于"走资派",必欲都置之死地而后快。一爱一憎,立场分明。他们的现实表现和他们的罪恶历史都说明他们是地主资产阶级的代表,他们搞的复辟活动带有浓厚的封建性和买办性。不论如何伪装,他们臀部都带上鲜明的封建、买办的印记。"四人帮"的这个特点,也是现代在中国搞复辟的反动派所共有的特点。这和旧中国的社会性质直接有关,也和我国两千年来的封建主义思想影响直接有关。这是我们在批判并肃清"四人帮"的流毒时,所必须给以充分注意的。